Madama Butterfly

Questo volume è stato realizzato grazie al contributo della
Fondazione Festival Pucciniano di Torre del Lago Puccini (Lucca)
*The realization of this volume was made possible through a contribution by the
Fondazione Festival Pucciniano di Torre del Lago Puccini (Lucca)*

"Forte e nuova, ma non facile"
Traduzione italiana di Ilaria Narici

*A Snapshot View: Giacomo and Cio-Cio-San
Madama Pinkerton's Rouge
English Translation by Anna Herklotz*

Progetto grafico di Giorgio Fioravanti e Maria Merlini, G&R Associati (Milano)
Artwork by Giorgio Fioravanti and Maria Merlini, G&R Associati Milan

Printed in Italy

NR 139168
ISBN 88-7592-714-6

Madama Butterfly
1904-2004

SAGGI DI / *ESSAYS BY*

Julian Budden
Vittoria Crespi Morbio
Maria Pia Ferraris

A CURA DI / *EDITED BY*

Ilaria Narici

RICORDI

Premessa

La collana *Opera at an Exhibition* raccoglie volumi dedicati all'opera raccontata, nei suoi molteplici aspetti, attraverso le immagini. Ad un evento importante, il centenario di *Madama Butterfly* di Giacomo Puccini, è dedicato questo primo volume. Il 17 febbraio 1904 infatti quest'opera ebbe il suo battesimo sulla scena del Teatro alla Scala di Milano, dove incontrò una pessima accoglienza. Si riscattò tuttavia il 28 maggio dello stesso anno al Teatro Grande di Brescia. Raccogliendo i materiali iconografici e letterari l'idea di un volume celebrativo si è sviluppata, trasformandosi – attraverso i saggi di un grande studioso del melodramma come Julian Budden, dell'esperta di scenografia Vittoria Crespi Morbio e della curatrice dell'Archivio Storico Ricordi Maria Pia Ferraris – in un libro sulle fonti di ispirazione di Puccini per questo nuovo soggetto esotico, che si inscriveva in quell'epoca nel diffuso interesse per le culture di paesi lontani. Il *Japonisme*, in particolare, era nato nel 1856 in Francia con la scoperta, da parte di Félix Bracquemond, dei 15 volumi di schizzi, o *manga*, di Hokusai; il fenomeno era poi cresciuto con l'Exposition Universelle del 1867, culminando in quella del 1900. Immagini del Giappone, di luoghi, di usi e costumi: tutto questo arrivò anche in Italia, attraverso viaggiatori, narratori, studiosi (si pensi a Vittorio Pica), collezionisti, tra cui Edoardo Chiossone che raccolse un'importante collezione di oggetti giapponesi, oggi collocati nel museo a lui intitolato a Genova. È stato spesso sottolineato quanto fosse importante per Puccini lo stimolo visivo come fonte di ispirazione. Questo libro parla proprio di questo, delle suggestioni che il compositore cercò nell'accingersi a confrontarsi con la drammaturgia suscitata da una nuova ambientazione: la musica giapponese, i rituali, i costumi, le immagini per le scene, e le forti implicazioni emotive che la creazione del personaggio di Butterfly esercitò su di lui. Nei confronti di *Madama Butterfly* Puccini nutrì per tutta la vita un amore particolare, attento e duraturo attestato dalle lettere, da particolari della vita privata, dalla cura con cui ne seguiva le rappresentazioni, annotando sullo spartito modifiche, piccoli ritocchi, fino quasi alla fine della vita.

Tra le fonti di ispirazione in primo luogo il dramma di David Belasco *Madame Butterfly*, che Puccini vide rappresentato a Londra nel 1900; il compositore ne riportò una suggestione che egli stesso paragonò all'effetto che produce la benzina sul fuoco. La *pièce* del drammaturgo americano viene qui riprodotta nell'originale inglese e nella sua traduzione italiana. Belasco segue fedelmente il racconto *Madame Butterfly* dell'avvocato americano John Luther Long (1861-1927) apparso per la prima volta sulle pagine del *Century Illustrated Monthly Magazine* nel 1898, apportandovi due significativi cambiamenti: in Long infatti Pinkerton non ritorna alla casa, ma lascia al console del denaro per Madama Butterfly, che lei rifiuta; infine, nell'ultimo capitolo del racconto, l'intento suicida di Butterfly è inibito dall'arrivo dell'ancella Suzuki. Il racconto di Long viene anch'esso pubblicato nell'originale inglese, unitamente alla traduzione italiana, necessariamente riveduta e corretta, presente nell'Archivio Storico Ricordi nella forma di un dattiloscritto che Giulio Ricordi fece preparare per Puccini e i librettisti, Luigi Illica e Giuseppe Giacosa.

Ilaria Narici

Preface

Opera at an Exhibition *is a series dedicated to describing opera through the presentation and exploration of its various different visual aspects. The publication of this first volume also marks an important historic event: the centenary celebration of the birth of Giacomo Puccini's* Madama Butterfly. *Notwithstanding the poor reception that greeted its premiere on 17 February 1904 at the Teatro alla Scala in Milan, it soon after avenged this fiasco with a rousing success when it was revived on 28 May that same year at the Teatro Grande in Brescia. During the preparatory investigation of the opera's iconographic and literary history, the idea of a commemorative volume evolved (thanks to contributions from renowned opera historian Julian Budden, the authoritative scenography specialist Vittoria Crespi Morbio, and the librarian Maria Pia Ferraris of the Archivio Storico Ricordi) into that of a book embracing Puccini's sources of inspiration for this new exotic subject, one which reflected a widespread interest at the time in the cultures of distant foreign lands.* Japonisme *was a particular trend that had begun in 1856 in France with the artist Félix Bracquemond and his discovery of a copy of Hokusai's 15 volumes of sketches or* manga. *The phenomenon was fully flourishing by the time of the Exposition Universelle of 1867, and it reached its culmination in the Exposition of 1900. This fascination with the picturesque settings and customs of Japan made its way to Italy as well, stimulated by travelers, writers, scholars (such as Vittorio Pica), and collectors, among them Edoardo Chiossone, whose important collection of Japanese objects is currently preserved in the museum in Genoa that bears his name. Because it has so often been emphasized that Puccini drew significant inspiration from visual sources, this book highlights precisely those evocative elements that the composer sought as he prepared to undertake a drama in such an unfamiliar ambience. Whether they were drawn from the rituals, costumes, or scenery of Japan, not to mention the influence of Japanese music itself, all contributed to the strong emotional implications he would encounter in creating the character of Butterfly. Puccini maintained a steadfast affection and concern for*

Madama Butterfly *throughout the remainder of his life, evident in his correspondence, in details that surface from his private life, and in his frequent and attentive supervision of performances of the opera, complete with minor changes and adjustments that he would continue to add to the score over the years, nearly to his death.*

Puccini's fundamental source of inspiration was the drama by American playwright David Belasco, Madame Butterfly, *which the composer had seen performed in London in 1900 and described as having aroused in him a sensation similar to the effect of gasoline cast onto burning flames. It, in turn, is the largely faithful adaptation of a short story by the American lawyer/writer John Luther Long (1861-1927), also entitled* Madame Butterfly *and first published in 1898 in "Century Illustrated Monthly Magazine". Belasco nonetheless made two significant changes. In the story by Long, Pinkerton does not return to Butterfly's house but rather entrusts the consul with a sum of money for her, which she does not accept; and in the final chapter Butterfly's attempted suicide is aborted thanks to the clever intervention of Suzuki. Both the play and the short story are included here in English and in Italian translation. It is interesting to note that the translation of the Long story is a necessarily revised and corrected version of the heavily flawed translation which Giulio Ricordi had commissioned for Puccini and his librettists, Luigi Illica and Giuseppe Giacosa; the original typescript is preserved today in the Archivio Storico Ricordi.*

Ilaria Narici

Julian Budden

“Forte e nuova, ma non facile”

"Forte e nuova, ma non facile": così Luigi Illica descriveva il soggetto di *Madama Butterfly* a uno scettico Giulio Ricordi, del tutto incline a considerarlo come un facile argomento strappalacrime. Per il poeta era davvero "la cosa più forte che abbia mai avuto Puccini" e "la più adatta [...] alla sua eleganza"[1]: fu, da ogni punto di vista, una previsione veramente profetica. La tragedia giapponese avrebbe infatti segnato un nuovo stadio nell'evoluzione del compositore, sia la sua gestazione sia la sua nascita avrebbero comportato più di una difficoltà.

L'entusiasmo di Puccini per l'atto unico di Belasco *Madame Butterfly*, cui il compositore aveva assistito durante il soggiorno a Londra in occasione della prima di *Tosca* al Covent Garden, è stato descritto dallo stesso autore della *pièce* teatrale; questi diede il suo consenso incondizionato all'adattamento operistico "perché non è possibile discutere di affari con un impulsivo italiano che ha le lagrime agli occhi e ti tiene le braccia intorno al collo"[2]. Che cosa aveva suscitato tanto entusiasmo? Considerato che non conosceva l'inglese, Puccini non poteva aver seguito una parola del dialogo, quindi era solo dall'azione che aveva riconosciuto la *femme fragile* che corrispondeva al suo stesso cuore. Un indizio può essere ritrovato nella lettera di Illica sopra citata, dove il poeta critica Puccini di attribuire troppa importanza ai "dettagli della scena conditi dal Belasco". Fra questi il più importante era l'interludio di quattordici minuti nel corso del quale veniva rappresentata la veglia notturna della *geisha* senza che venisse pronunciata una sola parola mentre lo spettatore assisteva solamente al cambio della luce dal crepuscolo all'alba. Lo stimolo visivo era per Puccini così importante da diventare spesso lo spunto per un'intera scena. L'imbarco a Le Havre in *Manon Lescaut*, con lo sfondo dominato da una nave da guerra (impossibile, come sottolineò il poeta Domenico Oliva, prima dell'età dei rimorchiatori) era stata un'idea di Puccini e provocò il ritiro di Emilio Praga dall'impresa; lo stesso può dirsi della "Signora Senna" nel *Tabarro*, dall'incessante barcollio, che il compositore insisteva dovesse essere il vero protagonista del dramma[3]. Era

1. Lettera a Giulio Ricordi, aprile 1901, *Carteggi Pucciniani*, a cura di Eugenio Gara, Milano, Ricordi, 1958, n. 252, p. 211.
2. William Winter, *The Life of David Belasco*, New York, 1918, cit. Mosco Carner, *Puccini: a Critical Biography*, London Duckworth, III edizione, 1992, p. 135; edizione italiana *Giacomo Puccini - Biografia critica*, Milano, Il Saggiatore, 1961, p. 183
3. Giuseppe Adami, *Il romanzo della vita di Giacomo Puccini*, Milano-Roma, Rizzoli, 1942, p. 218.

l'aspetto pittorico che suscitava il suo interesse per soggetti che poi scartava, come si evince da molte delle sue lettere. L'interludio di Belasco avrebbe potuto offrire l'occasione per uno scorcio di pittura sonora degna del compositore che nella sua opera precedente [*Tosca n.d.r.*] aveva evocato con tanta magia lo sbocciare dell'alba sulla campagna romana: e così sarebbe accaduto.

In primo luogo c'era il problema di convertire un dramma in un atto in uno spettacolo della durata di una serata completa. La prima idea di Puccini di un prologo ambientato nel Nord America mostra quanto poco egli avesse compreso il *background* della trama. Fortunatamente nella storia originale dell'avvocato John Luther Long, da cui era derivata la *pièce* di Belasco, vi era sufficiente materiale per fornire una cornice adatta all'esposizione: il matrimonio secondo l'uso giapponese, la separazione di Butterfly dalla sua famiglia (che avviene in Long su ordine di Pinkerton) e un indispensabile duetto d'amore.

Ma una sfida ancora più formidabile veniva offerta dal punto di vista del linguaggio musicale. Compositore e librettista lessero il dramma nei termini di uno scontro tra Oriente e Occidente; ma considerato che l'impostazione del dramma prevedeva l'azione interamente ambientata in Giappone, con un'unica scena nel consolato americano – scena che venne poi scartata da Puccini –, l'equilibrio finiva col pendere sensibilmente verso l'Oriente. Erano passati i tempi in cui l'uso di bassi ostinati, di una vasta gamma di percussioni, degli intervalli eccedenti della scala 'orientale', di inflessioni modali e accordi paralleli fornivano una 'lingua franca' che bastava ad evocare qualsiasi continente fuori dal nostro. Il miglioramento della comunicazione globale, aiutata anche dall'invenzione del grammofono da parte di Edison, aveva reso accessibile come mai prima d'ora materiale folclorico autentico. Con l'integrazione dell'esotico autentico all'interno delle partiture i compositori furono in grado non solo di costituire un'atmosfera specifica ma anche di allargare il loro vocabolario musicale. Il pubblico di allora non si aspettava nulla di meno. Anche Verdi, quando gli venne richiesto di comporre la musica per i ballabili di *Otello* per le rappresentazioni che avrebbero avuto luogo all'Opéra di Parigi nel 1894, si sentì obbligato a domandare al suo editore esempi di musica popolare levantina, sebbene poi, come era accaduto per *Aida,* decidesse di procedere per la propria strada, citando nella sua *Danza araba* la chiamata del Muezzin in una veste fortemente stilizzata, traendola dall'ode sinfonica *Le Désert* composta da Félicien David nel 1844.

Di tutte le civiltà asiatiche l'ultima ad essere scoperta dagli occidentali fu quella giapponese che si mostrò all'Europa per la prima volta in occasione della "Exposition Universelle de Paris" del 1867. Da quel momento i motivi giapponesi iniziarono ad infiltrarsi nella pittura francese come, ad esempio, nel ritratto di Émile Zola dipinto da Claude Monet. Camille Saint-Saëns, che aveva viaggiato molto, si premurò di includere alcune melodie pentafoniche dalla tinta orientale nella sua operetta *La Princesse jaune (1872)*, in cui si narra di una giovane ragazza che sogna una vita beata nella terra del sol levante. Prima di metter mano all'operetta *Il Mikado*, nel 1885, il compositore inglese Arthur Sullivan ottenne da un ufficiale della Legazione inglese a Tokio una trascrizione della canzone patriottica *Myasama* che avrebbe annunciato l'ingresso dell'imperatore nel secondo atto. Mascagni, che nelle sue opere raramente attingeva al repertorio delle musiche nazionali, incluse alcuni strumenti popolari nella sua opera giapponese *Iris* (1898).

La ricerca condotta da Puccini su materiali musicali autentici fu molto più completa. "Ormai sono imbarcato in Giappone", scrisse a Illica nel gennaio 1902 "e farò del mio meglio per renderlo, ma più delle pubblicazioni di costumi morali e materiali, mi sarebbe filo qualche nota di musica popolare!... N'ho cercata e ne ho trovata, ma è povera e poca cosa"[4].

Illica gli suggerì di intervistare l'attrice giapponese Sada Yacco che, con la *Kawakami Play Company*, diretta dal marito, sarebbe apparsa a Milano in aprile. Puccini e Sada Yacco non si incontrarono, ma il compositore affermò di avere comunque già trovato "molto materiale della razza gialla che mi serve"[5]. È invece più che probabile che egli abbia assistito alle rappresentazioni di Sada Yacco dato che la maggior parte delle melodie che si ritrovano nella partitura di *Madama Butterfly* si possono ritrovare nella pubblicazione *La Musique japonaise* che contiene il repertorio musicale della *Kawakami Play Company*. Ma la sua ricerca non si arrestò qui. In giugno iniziò una corrispondenza con il musicologo belga Gustav Knopf sulla melodia e il ritmo giapponesi. Incontrò poi la moglie dell'ambasciatore giapponese che gli fornì preziose informazioni riguardanti la nomenclatura e la pronuncia e gli cantò alcune canzoni nazionali del suo paese, delle quali promise di inviargli un volume. In cambio di una lirica (che sarebbe stata *Canto d'anime* su parole di Luigi Illica) Alfred Michaelis, direttore della "Gramophone and Typewriter Company", regalò al compositore registrazioni di musica giapponese che non sappiamo con certezza se arrivarono in tempo per essere di una qualche utilità. Tra gli altri volumi che Puccini consultò non va dimenticato *Il Mikado*, di cui esiste nella sua libreria una copia della riduzione per voce e pianoforte in cui risulta inserita a matita una traduzione italiana del testo.

4. Lettera a Luigi Illica del 10 gennaio 1902, *Carteggi Pucciniani*, n. 266, p. 216.
5. Lettera a Luigi Illica del 30 aprile 1902, *Ibid.*, n. 277, p. 221.

La partitura di *Madama Butterfly* contiene non meno di dieci melodie originali, certamente un record per l'epoca[6]. Esse appaiono tutte strettamente filtrate da orecchie occidentali e le loro possibilità espressive sono sviluppate in funzione di esse; dunque i loro testi originali hanno poca o nessuna relazione con l'uso che Puccini fa della loro musica: una melodia popolare volgare (*Il collo sopra la testa è innamorato*) segna il momento in cui Butterfly mostra trionfalmente suo figlio al console; *L'alta montagna*, un canto che parla di melanzane e cetrioli, serve ad accompagnare la preghiera angosciata di Suzuki ai propri dei all'inizio dello stesso atto; un'ode alla primavera si riveste di un'aria dall'esito sinistro quando Butterfly menziona la morte del padre.

Va notato come, dal punto di vista della musica, Butterfly non appaia mai così giapponese come nei punti in cui immagina se stessa come americana. Una volta firmato il contratto di matrimonio, i suoi parenti si congratulano con "Madama Butterfly", un nome che essa corregge in "Madama Pinkerton"[7] sulla melodia di *Il ponte Nihon a Oedo*, così come quando Sharpless arriva, nell'atto II, Cio-Cio-San corregge il suo saluto allo stesso modo e sulla stessa musica. Convinta di comportarsi come un'ospite americana, chiede notizia dei suoi parenti e gli offre una pipa. È in questo punto che si percepisce una esposizione completa del canto *Myasama (Nobile Principe)*, gioiosamente ripreso quando lei sente parlare della lettera di Pinkerton, non conoscendone ancora il contenuto ("Io sono la donna più lieta del Giappone!"). Più tardi questo stesso tema viene associato al Principe Yamadori in un'armonizzazione sofisticatamente europea sulla quale egli si avvia cerimoniosamente alla partenza, in quanto lui stesso ha pretese occidentali.

Per completare il quadro, Puccini fa ricorso a un cospicuo numero di temi pseudo-giapponesi, procedimento che adotterà, *mutatis mutandis*, in *Turandot.* La maggior parte di essi sono temi brevi, basati su piccoli intervalli e con vari gradi di intervento delle percussioni e dei legni acuti; e alcuni hanno un tono deliberatamente comico (ad esempio la melodia del fagotto che accompagna il primo accenno di Goro ai parenti di Butterfly). La ragione di queste scelte è facilmente spiegabile. A quel tempo, l'immagine del Giappone era stata offerta agli occhi occidentali dalla novella autobiografica di Pierre Loti *Madame Chrysanthème* del 1888. Loti, come Pinkerton, aveva prestato servizio come ufficiale della marina e mentre era in servizio in Giappone aveva preso una "moglie" giapponese alle stesse condizioni (matrimonio rescindibile da entrambe le parti dopo la separazione di almeno un mese). Incantato dalla bellezza del paese, dalle sue pitture e dall'architettura, Loti ricevet-

6. Per un elenco completo delle melodie e dei loro titoli originali si veda Michele Girardi, *Giacomo Puccini: l'arte internazionale di un musicista italiano*, Venezia, Marsilio, 1995, pp. 217-218.

7. Le iniziali F. B. derivano dall'originale stesura di Illica per il primo atto dove al luogotenente americano viene attribuito l'improbabile nome di "Sir Francis Blummy Pinkerton". Secondo una fatua tradizione anglosassone le iniziali di Franklin Benjamin furono invertite in modo da ottenere una familiare abbreviazione per l'insulto "bloody fool" ("imbecille dannato"), un punto di vista riguardo a Pinkerton che a ben vedere il console avrebbe potuto assolutamente condividere.

te una cattiva impressione dagli abitanti, che gli apparirono una razza di scimmie pettegole. D'altronde, anche sua moglie aveva la grazia di un gattino, ma fuori dalla stanza da letto lo annoiava provocandogli una costante distrazione. Durante la sua ultima visita provò un senso di sollievo nel vederla martellare le monete che egli le aveva lasciato per essere certa che fossero vere.

Il quadro delineato da Loti recava grande offesa agli stessi giapponesi così come ai turisti sensibili che visitavano il paese; nei loro confronti la storia di Long può essere vista come contraltare di *Madame Chrysanthème*. Illica comunque prese Loti come punto di partenza quando preparò la sua stesura iniziale per l'Atto I dell'opera; da qui la ridicola caratterizzazione dell'*entourage* di Butterfly: sua madre una ghiottona congenita; un bambino sfrenato il figlio della cugina, che l'aveva avuto troppo giovane per essere in grado di educarlo; un buffone lo zio. Per quanto nelle successive edizioni dell'opera questo aspetto, unitamente all'arroganza di Pinkerton e alla divertita tolleranza di Sharpless nei suoi confronti, fosse stato progressivamente messo in secondo piano attraverso l'eliminazione di molte scene comiche, esso rimase a colorire la presentazione del Giappone da parte di Puccini. Il fugato iniziale ci introduce in un mondo vicino al Lilliput di Dean Swift, con i gesti corti e nervosi e le cadute verso il basso, chiaramente intese a suggerire gli incessanti inchini di Goro accompagnati da una sottile allusione al raglio dell'asino. Tutto questo è spesso in aperto contrasto con gli ampi contorni melodici che Puccini associa agli Americani, come *The Star Spangled Banner* [*La bandiera scintillante di stelle*, l'inno della marina, divenuto inno nazionale nel 1931 *n.d.r*], che delinea un arpeggio.

La fusione di questi diversi elementi è magnificamente realizzata al primo ingresso di Butterfly. Il suo arrivo, insieme alla famiglia, è inizialmente annunciato dal tema *kabuki Leone di Echino,* esposto all'unisono sotto una scintillante quinta aperta e declinando gli intervalli caratteristici della scala giapponese *in*. Il colore occidentale prende il sopravvento allorché lo splendore della scena viene evocato da ricche armonie che generano un ampio paragrafo lirico senza precedenti nell'opera di Puccini. Inserito nella cadenza finale è un altro canto giapponese, *Primavera fiorita*, delineato sulla tipica scala pentafonica comune al canto popolare di ogni parte del mondo. Se i flauti, l'ottavino, le campane e l'arpa, con espressive note di grazia all'ottava, danno alla melodia un sapore esotico, le armonie, unitamente a un'espressiva nota estranea alla scala (una appoggiatura, secondo la terminologia tecnica), sono assolutamente europee. Nessun tema avrebbe potuto ritrarre in modo più toccante la determinazione di Butterfly a inserirsi nel mondo del suo amante. Esso ricorre precisamente in corrispondenza del punto in cui la fanciulla confessa di essersi convertita alla religione di Pinkerton ("Io seguo il mio destino.").

Un'ulteriore espansione del vocabolario musicale di Puccini in *Madama Butterfly* sta nella sua esplorazione delle possibilità dell'armonia esatonale. Non che questa fosse di per sé una novità. Essa si ritrova infatti già nell'opera di Glinka *Ruslan e Lyudmila* (1842), dove viene utilizzata per ritrarre il perfido mago Chernamor, nei pezzi tardi per pianoforte di Franz Liszt oltre ad essere già diventata, al tempo in cui scriveva Puccini, uno dei cardini del linguaggio musicale di Debussy. Puccini stesso vi aveva fatto ricorso in alcuni punti di *Tosca*, ma in *Madama Butterfly* l'armonia esatonale diventa la caratteristica distintiva di un tema, in particolare di quello associato al rinnegamento di Butterfly da parte della sua famiglia. Puccini comunque non confina questa componente linguistica a momenti di emozione negativa. Essa serve altrettanto bene allo scambio sottovoce tra Sharpless, Yamadori e Goro nell'atto II, come prima alla timida ammissione di Butterfly al console sulla propria età. Un accordo a toni interi può veicolare un senso di incantamento quando raggiunto da semplici alterazioni cromatiche, come nel primo ingresso di Butterfly; similmente nell'epilogo del "duetto dei fiori", dove Suzuki indugia su un accordo simile prima di procedere con la sua cadenza. In questo modo la scala a toni interi viene accolta a vari livelli come normale componente del discorso lirico di Puccini, processo reso più semplice dal *penchant* del compositore – evidente dal tempo della composizione di *Le Villi* – verso sovrapposizioni di accordi prive di scontri di semitono. A questo si può aggiungere il semplice mutamento della disposizione di accordi isolati e non risolti per rendere il senso di desolazione dell'eroina. Anche questo procedimento trova un parallelo in Debussy.

Nessun compositore italiano dell'epoca fa un uso così ampio dei temi ricorrenti intesi come principio organizzativo quanto Puccini: un lascito wagneriano, certamente, ma che egli piega secondo le proprie intenzioni. I *Leitmotiven* in Wagner sono per la maggior parte specificatamente referenziali, vuoi nei confronti di una persona, o di un evento, vuoi semplicemente nei confronti di un'idea che occupa la mente del cantante. In Puccini i temi ricorrenti sono molto più liberi nel loro percorso associativo e in *Madama Butterfly* più che in qualsiasi altra opera. Il caso della melodia *Myasama* è già stato menzionato e ancora più sorprendente è quello di *Primavera fiorita*. Spogliata dai sui contorni occidentali e accelerata, questa melodia è adottata per indicare, nella scena della veglia notturna di Butterfly, il risveglio della città all'arrivo del nuovo giorno, mentre in un passaggio successivamente scartato accompagnava la descrizione del formidabile Zio Bonzo da parte degli amici di Butterfly mentre l'incedere del tema e la sua orchestrazione suggerivano che questi non lo prendevano troppo sul serio. Una figura ascendente che raggiunge il sesto grado innalzato della scala minore melodica, per poi discendere, si caricherà di numerose e diverse connotazioni nello svolgimento della partitura. In questo modo Puccini può combinare un movimento drammatico naturalistico con un saldo senso dell'architettura musicale.

In *Madama Butterfly* possiamo inoltre notare l'inizio di un nuovo modo di disporre i temi. In *Tosca*, più che in tutte le opere precedenti, questi sono trattati in modo caleidoscopico, in alternanza o anche in combinazione, in modo da riflettere una situazione in continua modificazione. Nell'incedere più lento di *Butterfly* incontriamo per la prima volta larghe fasce temporali basate sulla ripetizione di uno stesso motivo, mai sviluppato sinfonicamente alla maniera di Wagner, quanto piuttosto con ogni riaffermazione avvicinata per suggerire un procedere continuo. Così accade con le due battute della falsa *japonnerie* che accompagna l'esposizione da parte di Butterfly dei propri beni a Pinkerton e in modo analogo con il motivo espressivo di ansia e desolazione che precipita verso il basso e che domina il dialogo della fanciulla con Suzuki all'inizio dell'Atto II. Il risultato è un ampliamento della gamma del pensiero musicale che acquisterà una prepotente evidenza nelle opere successive.

C'è poi la caratterizzazione della stessa Butterfly. Sono relativamente rare le eroine operistiche che evolvono durante il corso dell'azione pur rimanendo la stessa persona (ciò che, ad esempio, non accade nel caso della pucciniana Manon). La Semele di Händel è una di queste, come lo è la mozartiana Ilia (*Idomeneo*). L'esempio più eclatante è certamente Violetta nella *Traviata* di Verdi, con la sua duplice trasformazione da donna di piacere a donna innamorata e da questo stato a quello di donna che sacrifica la felicità della vita, per quanto breve, per la salvezza dell'uomo che ama. Il percorso di Butterfly dall'infantile e fiduciosa ingenuità alla disillusione e alla morte è più semplice e lento, ma non meno convincente. Né Butterfly è una vittima passiva. Anna ne *Le Villi* si strugge e muore, Fidelia (*Edgar*) viene pugnalata da una rivale, Manon muore d'inedia e spossatezza, Mimì di consunzione; Tosca gettandosi dai bastioni anticipa un destino che l'avrebbe in ogni modo travolta. Butterfly non deve obbligatoriamente morire; la presenza del figlio avrebbe potuto non intralciare il ritorno alla sua professione, invece lei sceglie di improntare la sua vita al senso dell'onore. Così Puccini per la prima volta ci regala con Butterfly un'eroina tragica nel senso completo del termine.

"Non facile", aveva detto Illica riferendosi al soggetto; e l'esistenza di non meno di quattro versioni dell'opera nella riduzione canto-pianoforte lo conferma.

L'opera che sentiamo oggi deriva, con alcuni piccoli aggiustamenti, dalla rappresentazione di Parigi del 1906. L'edizione originale del febbraio 1904 fu, come noto, un fiasco clamoroso, quasi certamente dovuto alle macchinazioni dell'editore rivale. L'autografo dell'opera corrisponde alla partitura nella veste presentata a Brescia qualche mese dopo (maggio 1904), con il secondo finale chiaramente diviso in due parti e l'aggiunta dell'aria di rimorso di Pinkerton ("Addio, fiorito asil"). Che i vari tagli e modifiche successivi – in seguito alla ripresa di Londra del 1905, poi per Parigi nel 1906 (molti dei quali richiesti da Albert Carré, direttore dell'Opéra Comique) – comportarono un miglioramento è considerazione in larga parte condivisa. Rimangono due punti dubbi. Anche se, come accade spesso oggi e del tutto giustamente, l'intervallo fra le due parti del secondo atto viene abolito, la transizione dal "coro a bocca chiusa" all'intermezzo sinfonico risulta molto brusca. Nella versione di Milano era stata invece realizzata senza soluzione di continuità, con il coro che si fondeva nel tema *Leone di Echigo* suonato pianissimo. La revisione attribuisce al coro una cadenza completa, facendolo poi procedere direttamente verso un momento enfatico della stessa melodia che originariamente indicava il punto in cui Suzuki si sveglia da un breve sonno, va ad accendere alcune lanterne per poi ritornare a scrutare attraverso il paravento, al fianco della sua padrona. È impossibile ricostituire la transizione originale come Puccini l'aveva orchestrata, dato che essa risulta nell'autografo coperta da un altro foglio; la ricostruzione necessiterebbe quindi di una discreta riorchestrazione.

Il secondo punto riguarda un passaggio del duetto d'amore, certamente il più bello mai scritto da Puccini, in cui, come accade nel duetto che chiude il primo atto dell'*Otello* di Verdi, una felice successione di idee liriche è governata da una salda struttura di sostegno. Per Parigi, e quindi per l'edizione standard, Puccini tagliò trentasette battute nel punto in cui Butterfly indietreggia dal tentativo di Pinkerton di accarezzarla. La ragione? Perché nelle edizioni precedenti Butterfly era memore della sua iniziale avversione a sposare un americano ("...un barbaro! Una vespa!"). Tutto ciò veniva illustrato da un tema che si avviluppa su un flusso di melodie congianti che tornano come reminescenze nell'intermezzo, dove sfocia nell'inno americano. La figura arpeggiata ascendente che accompagna il suo cambiamento emotivo ("Adesso voi siete per me l'occhio del firmamento") può essere percepita come una versione nobilitata del primo inciso dell'inno americano. Nella versione corrente la relazione tematica si perde e la parola "adesso" risulta priva di senso. Inoltre il motivo della repulsione non è più una reminescenza allorché lo si ode per la prima volta nell'intermezzo. D'altra parte si può ben essere d'accordo con Michele Girardi nel considerare che il passo in questione non solo alterava la struttura del duetto ma "soprattutto introduceva una narrazione estranea alla curva emotiva del brano"[8].

Rimane comunque significativo che una riduzione canto-pianoforte usata per una ripresa dell'opera al Teatro Carcano di Milano nel 1921 contenga tre inserti manoscritti tratti dalla prima edizione a stampa con una nota nella quale si afferma che il loro inserimento era stato autorizzato dallo stesso autore. Uno di questi consiste nelle trentasette battute in questione. Sembrerebbe dunque che lo stesso compositore fosse disposto a lasciare la questione aperta.

Per molti anni la critica ufficiale ha sposato il luogo comune secondo cui la triade popolare costituita da *La Bohème, Tosca* e *Madama Butterfly* avrebbe segnato un periodo di stasi nell'evoluzione pucciniana, un giudizio che lo stesso compositore sembra avesse avallato quando scriveva a Tito Ricordi dall'America: "Ora basta colla *Bohème, Butt.* e compagnia; anch'io ne ho sotto i capelli"[9]. Niente poteva essere più lontano dal vero. *Madama Butterfly* mostra infatti un imponente avanzamento dal punto di vista del pensiero musicale e del linguaggio armonico. Il suo posto nell'*œuvre* pucciniana è stato paragonato dallo studioso Dieter Schickling a quello di *Elektra* nella produzione drammatica di Richard Strass[10]. Concludiamo facendo eco alle parole di Illica (ancora!) in una lettera a Giulio Ricordi dopo il trionfale riscatto dell'opera a Brescia: "Viva *Butterfly*, for ever!"[11].

Julian Budden

8. Girardi, *op. cit.*, p. 251.
9. Lettera a Tito Ricordi del 18 febbraio 1907, *Carteggi Pucciniani*, n. 500, p. 340.
10. Dieter Schickling, *Giacomo Puccini. Biographie*, Stuttgart, Deutsche Verlags-Anstalt, 1989, p. 200.
11. Lettera a Giulio Ricordi, fine maggio 1904, *Carteggi Pucciniani*, n. 381, p. 274.

"Forte e nuova, ma non facile" ["Strong and new, but not easy"]: that was how Luigi Illica described the subject of Madama Butterfly *to a sceptical Giulio Ricordi, all too inclined to regard it as a facile tear-jerker. Indeed, for the poet it was "la cosa più forte che abbia mai avuto Puccini" ["The strongest thing that Puccini has ever had"], and "la più adatta [...] alla sua eleganza" ["The one most suited to his stylishness"][1]. In the event he proved a true prophet on all counts. The Japanese tragedy would mark a new stage in the composer's evolution, and both its gestation and birth would be beset with many a difficulty.*

Puccini's enthusiasm for Belasco's one-act play, seen during a visit to London for the Covent Garden première of Tosca, *has been memorably described by the playwright himself, who gave his unconditional consent to an operatic adaptation, "since it was impossible to discuss business arrangements with an impulsive Italian who has tears in his eyes and both arms around your neck"[2]. Wherein lay the attraction? Having no English, Puccini could not have followed a word of the dialogue, though from the action alone he could have recognised a* femme fragile *after his own heart. A clue can be found in Illica's letter quoted above, where he criticises Puccini for attaching too much importance to "i dettagli di scena conditi dal Belasco" ["scenic details spiced up by Belasco"]. Chief amongst these was a 14-minute interval depicting the* geisha's *all-night vigil, during which no word was spoken, but only the lighting changed from evening twilight to dawn. A visual stimulus was always important to Puccini and could often prove the starting point for an entire scene. The embarkation at Le Havre in* Manon Lescaut *with the background dominated by a man-of-war (impossible, as the poet Domenico Oliva pointed out, before the age of tugs) was Puccini's own idea, and it resulted in Praga's withdrawal from the enterprise; likewise the ever-rolling "Signora Senna" ["Lady Seine"] in* Il tabarro, *which the composer insisted should be the true protagonist of the drama[3]. It was the pictorial aspect that attracted him to subjects that he later discarded, as several of his letters make clear. Belasco's interlude could prove the*

1. *Letter to Giulio Ricordi, April 1901,* Carteggi Pucciniani *ed. Eugenio Gara, Milan, Ricordi, 1958, no. 252, p. 211.*
2. *William Winter,* The Life of David Belasco, *New York, 1918, cit. Mosco Carner,* Puccini: a Critical Biography, *London, Duckworth, 3rd. Edition, 1992, p. 135.*
3. *Giuseppe Adami,* Il romanzo della vita di Giacomo Puccini, *Milan-Rome, Rizzoli, 1942, p. 218.*

*occasion of a tone-picture worthy of the composer who in his previous opera [*Tosca, *n.d.r] had evoked so magically the breaking of dawn on the Roman campagna: and so it would come to pass.*

First, however, there was the problem of converting a one-act drama into a full-length evening's entertainment. Puccini's first suggestion of a preliminary act set in North America only shows how little he had understood the background of the plot. Fortunately there was sufficient material in the original story by the lawyer John Luther Long, from which Belasco's play is derived, to provide a suitable framework for the exposition: the wedding according to Japanese law, Butterfly's separation from her family (by order of Pinkerton in Long) and an indispensable love-duet.

A more formidable challenge was presented by the musical language. Both composer and librettists saw the drama in terms of a contrast between East and West; but with the action located entirely in Japan with a single scene set in the American consulate that was in due course discarded by Puccini, the balance was heavily tilted in the direction of the Orient. Gone were the days in which drone basses, assorted percussion, the augmented intervals of the "gypsy" scale, modal inflections and parallel chords provided a lingua franca *that sufficed to evoke any continent outside our own. Improvements in world communication aided by Edison's invention of the gramophone had made genuine folk material accessible as never before. The integration of the authentically exotic into their scores enabled composers not only to plant a specific ambience but also to enlarge their musical vocabulary. Indeed, audiences of the time expected nothing less. Even Verdi, when called upon to provide ballet music for* Otello *in its version for the Paris Opéra in 1894, felt obliged to ask his publisher for specimens of folk-music from the Levant, though in the event, as in* Aida, *he went his own way, merely quoting in his* Danse arabe *the heavily stylised "call of the Muezzin" from Félicien David's* Le Désert *of 1844.*

Of all the Asiatic civilisations the last to be discovered by Westerners was that of Japan. Its first showcase in Europe was at the Paris Exposition of 1867. From then on Japanese motifs began to infiltrate French paintings, as, for instance, Monet's portrait of Émile Zola. In his operetta La Princesse jaune *(1872), in which a young girl dreams of a blissful life in the land of the rising sun, the much-travelled Saint-Saëns took care to include a few "black note" pentatonic melodies of oriental colouring. Before setting his hand to* The Mikado *in 1885, the English composer Arthur Sullivan acquired from an official of the British Legation at Tokyo a transcription of the patriotic song* Myasama, *which would herald the emperor's entrance in Act II.*

Mascagni, who rarely drew on national music for his operas, nevertheless included a few native instruments in his Japanese opera Iris *(1898).*

Puccini's search for authentic material was much more thoroughgoing. "Ormai sono imbarcato in Giappone," he wrote to Illica in January 1902, "e farò del mio meglio per renderlo, ma più delle pubblicazioni di costumi morali e materiali, mi sarebbe filo qualche nota di musica popolare!… N'ho cercata e ne ho trovata, ma è povera e poca cosa" ["By now I've set sail for Japan… and I will do my best to represent it. But as well as publications regarding material and moral customs I should need a few notes of folk music. I've searched and found some, but very little, and it's poor stuff."][4]. Illica suggested that he interview the Japanese actress Sadayoko, who would be appearing with her husband's company in Milan in April. They never met, however, Puccini claiming that he had already found "molto materiale della razza gialla che mi serve" ["plenty of material of the yellow race which will do for me."][5]. But that he attended her performances is more than likely, since most of the melodies that occur in his score can be traced to the publication La Musique japonaise, *which contains the company's musical repertory. Nor did his search end there. In June he began a correspondence with the Belgian musicologist Gustav Knopf about Japanese melody and rhythm. Later still he visited the wife of the country's ambassador who gave him valuable information regarding nomenclature and pronunciation, and sang him some of her national songs, of which she promised to send him a volume. In return for a song (it would be* Canto d'anime *to words by Illica) Alfred Michaelis, director of the Gramophone and Typewriter Company, offered the composer records of Japanese music; but whether they arrived in time to be of any use remains doubtful. Amongst Puccini's other books of reference we should not forget* The Mikado, *a vocal score of which exists in his library marked with the pencilled draft of an Italian translation.*

The score of Madama Butterfly *contains no less than ten national melodies, surely a record for the time[6]. All, however, are heard strictly through Western ears and their expressive possibilities exploited accordingly. Therefore their original texts bear little or no relation to the use Puccini makes of their music. A trivial 'pop' tune* Kappore honen (The neck above the head is in love) *marks the moment when Butterfly triumphantly presents her son to the consul.* Takai yama (The high mountain), *a song about eggplants and cucumbers, serves for Suzuki's anguished prayer to her native gods at the start of the same act. An ode to the spring takes on an air of sinister finality when it follows Butterfly's reference to her father's death.*

4. Letter to Luigi Illica, 10.1.1902, Carteggi Pucciniani, *no. 266, p. 216.*
5. Letter to Luigi Illica, 30.4.1902, Ibid. *no. 277, p. 221.*
6. For a full list of the melodies together with their original titles see Michele Girardi, Giacomo Puccini: his International Art, *trad. Laura Basini, Chicago, Chicago University Press, 2000, pp. 212-215.*

It may be noticed how, musically speaking, Butterfly is never more Japanese than when she imagines herself to be American. The marriage contract signed, her relatives offer their felicitations to "Madama Butterfly", a name that she corrects to "Madama F. B. Pinkerton"[7] to the strains of Oedo Nihonbushi (Nihon bridge at Oedo). When Sharpless arrives in Act II, she corrects his salutation in the same way and to the same music. Convinced that she is playing the American hostess, she enquires after his ancestors and offers him a pipe. It is at this point that we hear a full statement of Myasama (Noble Prince), joyously repeated when she hears of Pinkerton's letter, not knowing its contents ("Io sono la donna più lieta di Giappone!"). Later this same theme will be associated with Prince Yamadori, harmonised in a sophisticated European manner where he takes a ceremonious departure. For he too has Western pretensions.

7. The initials F. B. derive from Illica's original draft for the first act, where the American lieutenant is given the unlikely name of "Sir Francis Blummy Pinkerton." A fatuous Anglo-Saxon tradition has it that the initials of Franklin Benjamin were reversed because they are a familiar abbreviation of the colloquial term of abuse, "bloody fool", admittedly a view of Pinkerton that the consul might well have endorsed!

In order to fill out his picture, Puccini resorts to a number of pseudo-Japanese motifs, a procedure that he would later adopt, mutatis mutandis, in Turandot. Mostly they are short, moving by narrow intervals and touched in with varying degrees of percussion and high woodwind. Many of them have a deliberately comic flavour (see the bassoon melody that accompanies Goro's first mention of Butterfly's relatives). The reason for this is easily explained. At the time, the image of Japan in Western eyes had been fixed by Pierre Loti's autobiographical novel Madame Chrysanthème of 1888. He, like Pinkerton, had served as a naval officer, and while on duty in Japan had taken a native "wife" under the same conditions (the marriage dissoluble after a month's desertion by either party). Enchanted by the beauty of the country, its painting and architecture, he was unimpressed by the inhabitants. To him they were a race of chattering monkeys. Even his bride had merely charm of a pet cat. Outside the bedroom she bored him to distraction. On his last visit to her he was relieved to find her hammering the coins he had left her to make sure they were genuine.

It was a picture that gave great offence to the Japanese themselves, as well as to sympathetic visitors to the country; and Long's story can be seen in part as a counterblast to it. Illica, however, took Loti as his starting point when he set out his initial draft for Act I of the opera; hence the ridiculous character of Butterfly's entourage: her mother a congenital glutton; an unruly child, the son of a cousin who had borne him too young to be able to control him; a tipsy buffoon of an uncle. Although in successive editions of the opera this aspect, together with Pinkerton's arrogance and Sharpless's amused tolerance of it, was progressively played down, with much of the comic by-play eliminated, it remained to colour Puccini's presentation of Japan. The

opening fugato, *introduces us to a world akin to Dean Swift's Lilliput, with its short, fidgeting gestures and downward plunges, surely intended to suggest Goro's incessant bowing with just the hint of a donkey's bray. All this is in marked contrast to the broad melodic contours associated with the Americans, often, like* The Star-Spangled Banner, *incorporating an arpeggio.*

The fusion of these diverse elements is beautifully achieved at Butterfly's first entrance. She and her family are first heard approaching to the Kabuki *theme* Echigo-Jishi (The dancing lion of Echigo), *set out in unison beneath a shimmering open fifth and featuring the peculiar intervals of the Japanese* in-*scale. Western tone-painting takes over as the splendour of the scene is evoked in rich harmonies, generating a huge lyrical paragraph without precedent in Puccini's* œuvre. *Dovetailed into the final cadence is another Japanese song,* Hana sakuharu (Blossoming Spring), *couched in the familiar "black note" scale common to folksong throughout the world. If flutes, piccolo, bells and harp with octave grace-notes give the melody an exotic flavour, the harmonies, together with an expressive extra note outside the scale (an appoggiatura, to give it its technical name) are strictly European. No theme will depict more movingly Butterfly's determination to reach out into the world of her lover. Appropriately, it will recur at the point where she confesses to having converted to his religion ("Io seguo il mio destino").*

A further expansion of Puccini's musical vocabulary to be found in Madama Butterfly *lies in his exploitation of hexatonic harmony. Not that this was new in itself. It had already surfaced in Glinka's opera* Ruslan and Lyudmila *(1842) as a means of portraying the evil magician Chernamor. It can be found in the late piano pieces of Franz Liszt and had already become a staple of Debussy's musical language. Puccini himself had flirted with it at certain points in* Tosca. *Not until* Madama Butterfly *does it become the distinguishing property of a motif, namely that associated with the heroine's rejection by her family. Nor does Puccini confine the device to moments of negative emotion. It will equally well for whispered exchanges between Sharpless, Yamadori and Goro in Act II and earlier for Butterfly's shy admission to the consul of her age. A whole-tone chord can convey a sense of enchantment when arrived at by mere chromatic alteration, as at Butterfly's first entrance. Likewise the epilogue of the "flower duet" with Suzuki dwells dreamily on a similar chord before proceeding to its cadence. In this way the whole-tone scale becomes integrated in varying degrees as a normal ingredient of Puccini's lyrical discourse, a process made all the easier by his penchant, evident as early as* Le Villi, *for piled-up chords that avoid* semitonal clashes. To this may be added the occasional pattern of plain chord-inversions, isolated and unresolved, to convey the heroine's sense of isolation. This too finds a parallel in Debussy.

No Italian composer of the time makes a more abundant use of recurring themes as an organising principle than Puccini, a Wagnerian legacy, certainly, but one which he bent to his own purposes. Wagner's Leitmotiven are for the most part specifically referential, whether to a person, an event or simply an idea in the mind of a singer. Puccini's are much freer in their association, and nowhere more so than in Madama Butterfly. The case of Myasama has already been mentioned. Even more surprising is that of Blossoming Spring. Shorn of its Western accessories and speeded up, it serves during Butterfly's night vigil to indicate the city's waking to a new day; while in a passage later discarded it accompanied the description by Butterfly's friends of the formidable Zio Bonzo, both pace and scoring suggesting that they do not take him very seriously. An ascending figure reaching to the raised sixth of the melodic minor scale, then falling back, will encompass a multitude of varying connotations throughout the score. In this way Puccini is able to combine naturalistic dramatic movement with a firm sense of musical architecture.

In Madama Butterfly we can also note the start of a new way of disposing the themes themselves. In Tosca, more than in any of the preceding operas, they are treated kaleidoscopically, whether in alternation or even in combination, so as to reflect the constantly changing situation. In the slower paced Butterfly we encounter for the first time large stretches based on repetitions of the same motif, never symphonically developed in Wagner's manner, but each restatement approached in such a way as to suggest a continuing progress. So it is with the two bars of fake japonnerie that accompany Butterfly's display to Pinkerton of her various possessions; likewise with the downward plunging motif expressive of grief and desolation that dominates her dialogue with Suzuki that begins Act II. The result is an enlarged scale of musical thought that will become increasingly evident in the operas to come.

Then there is the characterisation of Butterfly herself. Operatic heroines who develop during the course of the action, while remaining the same person (as Puccini's Manon does not) are comparatively rare. Händel's Semele is one, Mozart's Ilia (Idomeneo) another. The most striking instance is Verdi's Violetta (La Traviata) with her double transformation from woman of pleasure to woman in love and from there to one who sacrifices a life's happiness, however brief, for the sake of the man she loves. Butterfly's progress from child-like, trusting naiveté to disillusion and death is *simpler and steadier but no less convincing. Nor is she a passive victim. Anna* (Le Villi) *pines and fades away; Fidelia* (Edgar) *is stabbed by an adversary; Manon dies from hunger and exhaustion, Mimì from consumption. Tosca, by hurling herself from the battlements anticipates a fate that would have befallen her anyway. Butterfly does not have to die at all. She could have resumed her profession unencumbered by her infant. Instead she chooses to take her life into her own hands from a sense of honour. With her Puccini gives us for the first time a tragic heroine in every sense of the word.*

"Non facile", Illica had said, referring to the subject; and the existence of no less than four versions of the opera in vocal score bears him out.

The opera as we hear it to-day derives, with a few minor adjustments, from the Paris performance of 1906. In the original edition of 1904 it was, as we know, a resounding fiasco, almost certainly due to the machinations of a rival publisher. The autograph corresponds to the score as presented at Brescia later that year, with the second act firmly divided into two parts and the addition of Pinkerton's aria of remorse ("Addio, fiorito asil"). That the various excisions and alterations that followed, first after the revival at London in 1905, then for Paris in 1906 (many of them at the instance of Albert Carré, manager of the Opéra Comique) amount to an improvement is for the most part generally agreed. Two doubtful points remain. Even if, as is often done to-day, and quite rightly, the interval between the two parts of the second act is abolished, the transition from the "humming chorus" to the interlude is distinctly abrupt. In the Milan version it had been effected seamlessly, the former merging into The dancing lion of Echigo *played* pianissimo. *The revision brings the chorus to a full cadence, then proceeds directly to an emphatic moment in the same melody, originally marking the point at which Suzuki awoke from a brief sleep, went to light a few lanterns, then returned to keep watch beside her mistress. To restore the original transition as Puccini scored it is impossible, since in the autograph it is pasted over. A discreet re-orchestration would therefore be necessary.*

The second point concerns a passage in the love duet, surely the finest ever written by Puccini, in which, as in that of Verdi's Otello, *an inspired succession of lyrical ideas is governed by a firm underlying structure. For Paris, and thus for the standard edition, Puccini cut 37 bars at the point where Butterfly shrinks from Pinkerton's attempted caress. Her reason? Because in the earlier editions she recalled her initial aversion to marrying an American ("…un barbaro! una vespa!"). So much was illustrated by a coiling motif over alternating harmonies, later to be recalled in the intermezzo, here giving way to* The Star-Spangled Banner. *The rising arpeggiated figure that accompanies her change of heart ("Adesso voi siete per me l'occhio del firmamento") could then be heard as a ennobled version of the first strain of the American anthem. In the standard version the connection is lost and the word "adesso" makes no sense. Moreover, the motif of repulsion is no longer a reminiscence when it is heard for the first time in the intermezzo. On the other hand, one may well agree with Michele Girardi that the passage in question not only loosened the structure of the duet but "sopratutto introduceva una narrazione estranea alla curva emotiva del brano" ["Above all it introduced a narration extraneous to the emotional thrust of the piece."][8]. However, it may be significant that a vocal score used for a revival of the opera at the Teatro Carcano, Milan in 1921 contains three manuscript inserts from the first printed edition with a note that their re-instatement was authorised by the composer himself. One of them consists of the 37 bars in question. It would seem that even the composer was disposed to leave the matter open.*

It has long been a commonplace of uninformed criticism to view the popular triad of La bohème, Tosca *and* Madama Butterfly *as marking a period of stasis in Puccini's evolution, a judgment which the composer himself might seem to have endorsed when he wrote to Tito Ricordi from America, "Ora basta colla* Bohème, Butt. *e compagnia; anch'io ne ho sotto i capelli" ["Enough of* La Bohème, Butt. *and company"; I'm sick of them as well!"][9]. Nothing could be further from the truth. The last of the three displays a huge advance in scale of musical thought and harmonic language. Its place in the Puccinian canon has even been compared by the scholar Dieter Schickling to that of* Elektra *in the dramatic output of Richard Strauss[10]. Let us conclude by echoing the words of Illica (again!) in a letter to Giulio Ricordi following the opera's triumphant vindication at Brescia: "Viva* Butterfly, *for ever!"[11].*

Julian Budden

8. *Girardi,* op. cit., *p. 251.*
9. *Letter to Tito Ricordi, 18.2.1907,* Carteggi Pucciniani, *no. 500, p. 340.*
10. *Dieter Schickling,* Giacomo Puccini: Biographie, *Stuttgart, Deutsche Verlags-Anstalt, 1989, p. 200.*
11. *Letter to Giulio Ricordi, end of May 1904,* Carteggi Pucciniani, *no. 381, p. 274.*

Vittoria Crespi Morbio

Il carminio di Mrs. Pinkerton

PUCCINI E L'ESTETICA DELL'ARTIFICIO

Madama Pinkerton's Rouge

PUCCINI AND THE AESTHETICS OF ARTIFICE

Puccini, diceva Bruno Barilli, fu "uno degli ultimi che han mirato da vicino la Sfinge"[1]: e la Sfinge ha il delicato volto di Cio-Cio-San. A quell'ovale bianco, a quegli occhi allungati, Puccini destina non soltanto uno sguardo innamorato. Ne è, a un tempo, stregato e vinto: al magnetismo di quella luce obliqua non potrà più sfuggire. Butterfly gli è entrata nel cuore, "me la vedevo dinanzi... la seguivo nella sua vita, la immaginavo seduta sul ciglio della collina, la testa reclinata ad aspettare"[2], suscitatrice di una passione tenace e dolorosa: "Come la amavo, e come la amo!"[3]. È la predilezione che si accorda alle creature sofferenti.

Il tonfo della prima esecuzione assoluta non fece che rafforzare il legame; e sotto l'apparenza di un affetto fragile e malinconico, Puccini maturò il più fedele attaccamento mai nutrito per una donna: "Io non ascolto mai con piacere le mie opere, tranne forse l'ultimo atto della *Bohème*. Ma questa sì [*Madama Butterfly*], tutta, e divertendomi, e interessandomi"[4]. Andrà a pesca, in Toscana, sulla barca battezzata Cio-Cio-San; a caccia accompagnato dal segugio Goro...

Forse neppure Puccini stesso immaginava, con la scelta dell'esotico Giappone come sfondo al melodramma, di scendere al fondo di se stesso, di smarrirsi in modo così radicale e stupefatto nello sguardo di una ragazza di quindici anni. In Butterfly incontrerà un volto che cela l'umano sentimento anziché svelarlo come in Mimì, Musetta e (nei connotati della violenza passionale) in Tosca. Non troverà emozioni a fior di pelle, s'imbatterà piuttosto in una gestualità raggelata in specie rituale, secondo la tradizione giapponese: conoscerà movimenti strani, affascinanti e pericolosi,

Puccini, in the words of Bruno Barilli, was "one of the last to contemplate the Sphinx":[1] a sphinx with the delicate visage of Cio-Cio-San. Her white oval face and almond eyes attracted more than his enamored gaze. He was simultaneously bewitched and overwhelmed, hopelessly captivated by the magnetism in that glimpse of light. Butterfly penetrated his heart ("I saw her before me... I followed her existence, I imagined her sitting on the ridge of the hill, her head tilted with expectancy"),[2] igniting a passion that was both gripping and painful: "How I loved her, and how I love her still!"[3] His devotion was stimulated by her suffering.

The fiasco of the opera's premiere only strengthened this bond. Beneath an apparent attitude of mild, melancholy affection, Puccini developed the most faithful attachment he would ever have for a woman: "I never enjoy listening to my operas, apart perhaps the last act of La bohème. *But this one [Madama Butterfly] yes, all of it, and with delight and interest."[4] He went fishing in Tuscany on his boat christened Cio-Cio-San; hunting with his hound named Goro...*

Perhaps Puccini had never imagined that in choosing the exotic setting of Japan for his opera he would find himself immersed to the very depths of his soul, thoroughly lost in the gaze of a fifteen-year-old girl. He discovered that her countenance concealed rather than revealed human feelings, unlike his experience with Mimì, Musetta, and the intensely passionate Tosca. She did not wear her emotions on her sleeve, as it were, but rather expressed herself with the conventional gestures of Japanese tradition. Hers were enigmatic, fascinating, problematic movements, unimagined customs; and spaces, such as her "folding" house, which he

L'interno della casa di Madama Butterfly, atto II.
Carlo Songa, Bozzetto. Milano, Teatro alla Scala, 1904. Archivio Storico Ricordi.
Michel Jambon e Alexandre Bailly, Bozzetto. Parigi, Opéra-Comique, 1906. Archivio Storico Ricordi.

Madama Butterfly's house, interior. Set design, act II.
Carlo Songa, Set design. Milan, Teatro alla Scala, 1904. Archivio Storico Ricordi.
Michel Jambon e Alexandre Bailly, Set design. Paris, Opéra-Comique, 1906. Archivio Storico Ricordi.

" La casa di Butterfly è uno scrigno che non deve essere violato, un improfanabile *sancta sanctorum*...

" *Butterfly's house is a safe never to be forced, an inviolable* sancta sanctorum...

consuetudini non immaginate, spazi mai veduti, come la "casa a soffietto" della *geisha*, e per quegli spazi avvertirà una familiarità strana, un sentore domestico: come la tana pucciniana di Torre del Lago, il nido della piccola Cio-Cio-San è talamo, prigione, tomba.

Pinkerton (e noi con lui) impara a conoscere l'àmbito visivo della casa di Butterfly ancor prima di incontrarne l'abitatrice. Quella dimora non è che il primo guscio, il tegumento di carta che altri ne fascia e sotto gli strati del quale si cela un mistero attraente e raggelante. Le pareti scivolano sopra una trama d'impercettibili solchi, amplificando o frammentando lo spazio in piccoli vani. La casa creata per Cio-Cio-San è senza peso, non poggia su pilastri portanti, è fatta di carta e di legno: non affonda le sue radici nel suolo, ma aleggia delicatamente su di esso[5].

È il luogo, il primo a vedersi schiuso il sipario, che smentisce ogni idea di stabilità. Cangia fisionomia al mutare delle stagioni, inclinando l'asse della 'facciata'[6] per inquadrare la transitorietà della natura: il colore delle azalee a tarda primavera, il rosso degli aceri in autunno, la bianca coltre invernale che attutisce i suoni. La luce notturna la fa vibrare "comme un grand violon sec"[7], e al chiarore del giorno essa si apre al paesaggio e si fonde in esso, nel riflesso dei rami che si proiettano al suo interno. La casa di Butterfly è uno scrigno che non deve essere violato, un improfanabile *sancta sanctorum*: è la metaforica membrana protettiva di un cuore vulnerabile. Sulle sue pareti se ne disegna l'oscillografia, il tracciato eccitato e dolente del battito, e sulle sue superfici chiare risuona tenue la cadenza di passettini femminei, un fruscio di stoffe, il soffio dei petali di fiore lanciati per aria e ricadenti con lentezza.

La gelida mansarda parigina è l'abitacolo provvisorio di Mimì, che ne fugge appena può per la serata intirizzita ancorché luccicante al Quartiere Latino; la rustica camera di legno si addice a Minnie, spartana e generosa; il salotto borghese è il "demi-monde" di cui amministra le cerimonie, con sublime frivolezza, la Magda della "Rondine": Butterfly è una creatura spirante e pur profonda, un'efflorescenza della notte che si sporge e si ritrae, lasciando l'alo-

had never seen but nonetheless found strangely familiar. Like his retreat at Torre del Lago, Cio-Cio-San's nest is her nuptial chamber, prison, and tomb.

Pinkerton, and we along with him, are able to ponder the visual aspects of Butterfly's home before encountering its inhabitant. Her dwelling is only the outer layer, the paper wrapping around others that together hide an enticing yet ominous mystery. Its interior walls slide over a system of hidden runners, expanding the space or partitioning it into smaller rooms. The house itself seems weightless, made of paper and wood without columns for structural support, lightly resting the ground rather than a foundation.[5]

It is the first thing to be seen when the curtain rises, immediately creating an impression that belies any idea of stability. It changes physiognomy with the seasons, the slant of its "facade"[6] *directing attention to the transient quality of nature: the spring colors of azaleas in full bloom, the autumn red of falling maple leaves, the winter white of a muffling blanket of snow. The evening light makes it vibrate "like a large taut violin",*[7] *and with the dawn it opens to embrace the surrounding countryside and merge with it as the branches of nearby trees cast their shadows within. Butterfly's house is a safe never to be forced, an inviolable* sancta sanctorum, *the metaphorical protective membrane for a vulnerable heart whose excited and suffering pulse traces an oscillating pattern over the walls, while the smooth surfaces lightly reverberate with the sounds of delicate feminine footsteps, the rustle of cloth, the breath of flower petals as they are cast into the air and slowly fall to the ground.*

Mimì carved her makeshift nook from a bleak Parisian garret, which she fled whenever she could for even colder but exhilirating evenings in the Latin Quarter; the generous and spartan Minnie found her suitable home in a rustic log cabin; and Magda of La rondine *kept magnificently extravagant court in her demi-monde bourgeois suite. Butterfly is both ephemeral and profound, a nocturnal flower that blooms and contracts, leaving the scent of musk and lotus flowers behind.*[8] *Those who cross her threshold learn, as Puccini painfully did, that familiar conventions have been*

ne del suo profumo, muschio e fior di loto[8]. Chi varchi la soglia della sua casa sa, come Puccini imparò soffrendone, che le consuetudini vi sono dismesse e che un altro lessico vi regna, di movenze e di affetti.

Lucien Jusseaume, incaricato dall'editore Giulio Ricordi di realizzare gli studi scenici dell'opera per la prima scaligera (1904), e gli scenografi Carlo Songa e Vittorio Rota che curarono l'allestimento, commisero l'errore d'invadere la zona d'ombra di Butterfly. La casa di Cio-Cio-San è da loro visitata in uno spaccato che occupa in lunghezza il palcoscenico della Scala, chiuso dagli immancabili tendaggi a cornice del boccascena; ogni suo angolo sembra visto attraverso un binocolo voyeuristico: la lente d'osservazione dell'uomo occidentale del primo Novecento che si compiace del "diverso". L'*horror vacui* di una casa che non risponde alla volontà dello stesso Puccini, e che toglie ossigeno alla sua Butterfly, è concepito per dare una risposta al quesito: "Come descrivere una casa giapponese, quando non c'è nulla che corrisponda a una casa?". Lo aveva posto nel 1892 lo studioso Henry Norman[9].

Nel 1888 Edward S. Morse[10] non era riuscito neppure a trovare i termini esatti per descrivere una dimora che scompagina la prospettiva e stravolge i criteri dell'armonia coloristica, mentre Chamberlain[11] rimarcava con asprezza la tecnica della sottrazione, lamentando l'assenza dei tavoli, delle sedie, del lavabo, del caminetto e del pianoforte. Nell'allestimento scaligero del 1904[12], Butterfly conosce gli agi di una sedia a dondolo, i vasi Gallé accanto alle giapponeserie che si riversavano sui mercati occidentali a inizio secolo, ma è costretta a muoversi anche davanti alla medesima finestra tonda che Edward S. Morse aveva schizzato nel suo trattato, accanto ai tanti disegni per "offrire una chiara idea dell'aspetto in generale" di una casa giapponese[13]. Non mancano i *ramma*, fregi intagliati nel legno, il paravento a sei ante, e un'abbondanza di aperture e di scorci tale da alimentare l'insofferenza verso una cultura che non fa uso della tradizionale porta, al punto da procu-

abandoned for another vocabulary of gestures and emotions.

Lucien Jusseaume, who had been engaged by the publisher Giulio Ricordi to make preliminary studies for the original set designs (La Scala,1904), and the opera's first scenographers Carlo Songa and Vittorio Rota, made the mistake of invading the protagonist's privacy. They created an interior view of Cio-Cio-San's house that occupied the entire length of the stage, its perimeter framed by the obligatory curtains. Every corner seems studied with voyeuristic care, as though it had been scrutinized through the binocular of an early twentieth-century Westerner observing the "other". Their horror vacui *produced a habitat that did not correspond to what Puccini had imagined for his Butterfly, depriving her of air in an apparent attempt to answer the question posed by Henry Norman in1892: "How to describe a Japanese house, where nothing is like anything corresponding to it at home?".*[9]

In 1888 Edward S. Morse[10] *had been similarly unable to find the exact words to describe a home that seemed to distort normal perspective and upset criteria based on a balance of colors, while Chamberlain*[11] *sharply criticized what he called the technique of divestment, lamenting the absence of tables, chairs, wash-basin, fireplace, and piano. The 1904 La Scala staging*[12] *furnished Butterfly with such comforts as a rocking chair, Gallé vases, and Japanese-inspired bric-à-brac that had become popular at the turn of the century, along with the same round window that Morse had sketched in his book containing various other illustrations intended "to give a clear idea of the general appearance" of a Japanese home*[13]*. There was also an array of* ramma *(decorative ceiling borders made of carved wood), a six-paneled screen, and enough angles and openings to excite antagonism toward a culture that made no use of traditional doors. Chamberlain reported the distress of an elderly French diplomat, who exclaimed in resignation to his insomnia: "But the Japanese do adore their drafts!"*[14]

“ La casa creata per Cio-Cio-San è senza peso, non poggia su pilastri portanti, è fatta di carta e di legno: non affonda le sue radici nel suolo, ma aleggia delicatamente su di esso.

“ *The house itself seems weightless, made of paper and wood without columns for structural support, lightly resting the ground rather than a foundation.*

Keita Asari (regia) e Ichiro Takada (scene), *La casa di Madama Butterfly in costruzione, atto I, preludio.* Milano, Teatro alla Scala, 1985. Foto Lelli&Masotti.

Keita Asari (stage direction) e Ichiro Takada (set designs). Onstage construction of Madama Butterfly's house. Act I (orchestral prelude). *Milan, Teatro alla Scala, 1985. Photos: Lelli&Masotti.*

Foujita. *Bozzetto per l'interno della casa di Madama Butterfly,* atto II. Milano, Teatro alla Scala, 1952. Archivio di scenografia del Teatro alla Scala.

Foujita, Madama Butterfly's house, interior. Set design, act II. *Milan, Teatro alla Scala, 1952. Archivio di scenografia del Teatro alla Scala.*

“ ...valicare la collina, attraversare il ponticello o il sacro *torii*...

“ *Climbing the hill, crossing the bridge, or passing through the sacred* torii...

La collina di Nagasaki, atto I
Vittorio Rota, Bozzetto. Milano, Teatro alla Scala, 1904. Archivio Storico Ricordi.
Michel Jambon e Alexandre Bailly, Bozzetto. Parigi, Opéra-Comique, 1906. Archivio Storico Ricordi.

A hill near Nagasaki, act I
Vittorio Rota, Set design. Milan, Teatro alla Scala, 1904. Archivio Storico Ricordi. Michel Jambon e Alexandre Bailly, Set design. Paris, Opéra-Comique, 1906. Archivio Storico Ricordi.

Nagasaki nel 1900: veduta della città. Fotografia procurata da Giulio Ricordi perché servisse da ispirazione a Puccini. Archivio Storico Ricordi.

An overview of Nagasaki, 1900. Photograph procured by Giulio Ricordi meant to serve as an inspiration to Puccini.

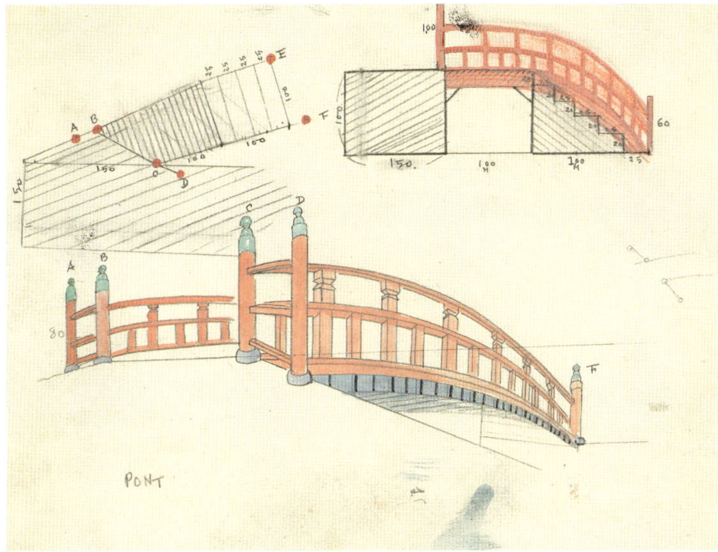

Foujita, Studio. Milano, Teatro alla Scala, 1952. Archivio di scenografia del Teatro alla Scala.

Foujita, Study. Milan, Teatro alla Scala, 1952. Archivio di scenografia del Teatro alla Scala.

Enrico Prampolini, Bozzetto, versione finale. Milano, Teatro Lirico, Compagnia del Carro di Tespi, 1947. Collezione privata.

Enrico Prampolini, Set design, final version. Milan, Teatro Lirico, Compagnia del Carro di Tespi, 1947. Private Collection.

Keita Asari (regia) e Ichiro Takada (scene). *Madama Butterfly tra le amiche*. Milano, Teatro alla Scala, 1985. Foto Lelli&Masotti.

Keita Asari (stage direction) e Ichiro Takada (set designs). Madama Butterfly among her friends. *Milan, Teatro alla Scala, 1985. Photo: Lelli&Masotti.*

rare notti insonni, secondo la testimonianza resa a Chamberlain da un anziano diplomatico francese. Monseigneur si arrenderà all'evidenza dei fatti sbottando: "Mais les Japonais adorent les courants d'air!"[14].

Nell'edizione parigina del 1906[15], Michel Jambon e Alexandre Bailly, indirizzati dall'intuito teatrale del direttore dell'Opéra-Comique Albert Carré, sublimano la pedanteria descrittiva scartando tutto "quanto non è strettamente necessario"[16], racchiudendo la casa di Butterfly in uno spazio circoscritto, incassandolo in una immaginaria parete decorata dai suggestivi *kakemono*, i dipinti verticali inquadrati dai bordi di seta. La dimora di Butterfly appare remota, invalicabile e al contempo fascinosamente concreta, sospesa in un'astrazione geometrica di straordinaria pulizia visiva. Con il nuovo allestimento ideato per l'Opéra-Comique, Albert Carré percorre il medesimo binario di Puccini che, a due anni dalla prima assoluta, distribuisce gli ultimi colpi di cesoia sulle scene ritenute secondarie, per non cadere nell'errore di Mascagni, il quale nell'*Iris* si era dilungato in "un'azione che non interessa e si diluisce e langue in tre atti"[17].

Nei più recenti allestimenti, l'immagine della dimora di Butterfly si ricongiunge alla purezza di un Giappone ancora vergine da ogni tentazione occidentalizzante: nell'allestimento del giapponese Ichiro Takada[18], la scheletrica ossatura di un'impalcatura si compone a scena aperta con il perimetro delle pareti mobili; nell'edizione parigina di Robert Wilson[19], la casa rimane un semplice basamento privo dello *shoji*[20].

Puccini non ha un rapporto sereno con la propria creatura: la soccorre e al contempo la ferisce con il sottile sadismo di chi ama e distrugge. Un'attrazione morbosa lega il compositore all'infelice Butterfly: carnefice e vittima si ritrovano nell'ambigua zona di confine in cui la *pietas* non può fare a meno della crudeltà. Puccini in Butterfly amplifica le conseguenze di quelle gioie che egli ricercava e che "non sono altro che dolori e ferite e delusioni"[21]; assieme alla

For the 1906 French premiere in Paris,[15] Michel Jambon and Alexandre Bailly, guided by the theatrical intuition of the director of the Opéra-Comique, Albert Carré, distilled the pedantry of the descriptive information, eliminating "everything that was not strictly necessary"[16] and providing Butterfly with a space circumscribed by an imaginary wall embellished with suggestive kakemono, *long decorative scrolls with silk borders. The house seems remote, impenetrable, and at the same time fascinatingly concrete, suspended in a geometric abstraction that created an extraordinarily direct visual impact. With this new staging, two years after the original, Carré was able to follow the same path as the composer, who trimmed away some secondary scenes in order to avoid prolonging the dramatic action as Mascagni had done in* Iris, *making it "uninteresting and diluted, languishing in three acts".[17]*

In more recent productions Butterfly's house has returned to an uncontaminated image that reflects Japan before it was exposed to the temptation of westernizing influences. Ichiro Takada[18] chose to assemble skeletal scaffolding furnished with shoji, *moving walls that change the perimeter as the narrative proceeds; while for Paris Robert Wilson[19] constructed a simple fixed framework with no* shoji[20] *whatsoever.*

Puccini did not have an easy rapport with the creature he conceived: he comforted her and simultaneously hurt her with the sadistic touch of someone who destroys what he loves. There is a morbid attraction in his rapport with the unfortunate Butterfly. Victim and executioner meet in an ambiguous area where compassion cannot do without cruelty. In Butterfly Puccini amplified the consequences of his own search for happiness, which was "nothing more than pain and anguish and disappointment";[21] in her company he fled all sense of serenity, rousing himself from tranquil catharsis ("how much energy I save and bitterness I avoid!")[22] to plunge into a precarious sentimental adventure.

propria creatura egli sfugge la pace dei sensi, si svincola da una serena catarsi ("quanto risparmio di energie e di amarezze!"[22]), e si getta nell'avventura della precarietà sentimentale.

Il rito di iniziazione di Cio-Cio-San segue un percorso di non ritorno: valicare la collina, attraversare il ponticello o il sacro *torii*[23] che anticamente adduceva ai templi shintoisti, costituiscono le numerose tappe metaforiche di rottura con il mondo della prima giovinezza. Al momento di apparire, Butterfly volteggia nell'universo della transitorietà nipponica, seguendo una strada allusiva, un cammino di anse arrotondate concepito dall'uomo sul modello di una natura pulita, mai aspra, domata dagli artifici della bellezza che ne rimodula la struttura. Così la ritroverà Robert Wilson nel proprio allestimento[24]. Butterfly non può percorrere l'ampia strada maestra tracciata dallo scenografo Vittorio Rota (1904), ma lievita benissimo sulla ghiaia bianca finemente rastrellata, fluttuando nell'astratta sospensione del giardino geometrico di Ichiro Takada[25].

Puccini condanna la sua Butterfly all'infelicità perenne sin dal momento in cui ella appare, offrendole profumate strofe che infingono primavera e giovinezza ("io sono la fanciulla / più lieta del Giappone, anzi del mondo"), dopo essere state intinte nel cianuro di un brindisi in cui il promesso sposo inneggia "...al giorno in cui mi sposerò con vere / nozze, a una vera sposa ... americana". Le combina un matrimonio da farsa, dove l'unica persona a crederci è la sposa; le tarpa le ali prima ancora che essa possa spiccare il volo ("...di rincorrerla – furor m'assale / se pure infrangerne – dovessi l'ale": Pinkerton a Sharpless). La breve esistenza di Butterfly è inconsumata gioia, inanità del tempo: si sposa bimba, all'età dei giochi e dei confetti, e un giorno, specchiandosi, si ritrova già vecchia: "Non son più quella! / Troppi sospiri la bocca / mandò". Il suo creatore la lusinga con una promessa di felicità: perseguirne il compimento ne è il *karma*.

Segni premonitori di un sinistro fatalismo, dal quale Puccini non si riteneva immune, si depositano visivamente sulle trame ricamate. Sono le farfalle che stillano sangue dai

The initiation of Cio-Cio-San is a rite of passage from which there is no return. Climbing the hill, crossing the bridge, or passing through the sacred torii[23] *before the ancient shinto temples, are all various metaphors for the definitive abandonment of youth. Butterfly initially moves within the transient universe of her native land, following an allusive road, a winding path conceived by man and based on a levigated view of nature, never rough, governed by an artificial conception of beauty that manipulates its structure, as in the interpretation of Robert Wilson.*[24] *Butterfly may not be able to walk down the broad road of Vittorio Rota's original set design (1904), but in Ichiro Takada's geometric garden*[25] *her step is wonderfully light, as if she were suspended over its finely raked white sand.*

Puccini sentenced his Butterfly to perpetual unhappiness from the moment she enters, offering her lines redolent of spring and youth ("Io sono la fanciulla più lieta del Giappone, anzi del mondo" [I am the happiest girl in Japan, indeed in the world]) only after they had first been dipped in poison when her betrothed raised his glass in a private toast with Sharpless "al giorno in cui mi sposerò con vere nozze, a una vera sposa... americana" (to the day when I will truly be married, to a real wife... an American one). The composer arranged a pretend marriage for her, where the only person who believes it is the bride herself; he clips her wings before she can even fly ("di rincorrerla furor m'assale se pure infrangerne dovessi l'ale" [I am stricken with a mad desire to pursue her, even should I have to break her wings]: Pinkerton to Sharpless). Her brief existence is unfulfilled joy, the senseless depletion of passing time: she marries while still a child, "l'età dei giuochi... e dei confetti" (an age of toys and treats), and one day suddenly finds in her reflection that she is already old ("Non son più quella! Troppi sospiri la bocca mandò" [I am no longer her! My mouth betrays too much yearning]). Puccini enticed her with the promise of happiness and the attainment of karma *in its pursuit.*

Sinister hints of Puccini's own belief in the inexorable power of fate are woven into the very fabric of the costumes: whether the butterflies dripping blood onto the ruby colored

“Segni premonitori di un sinistro fatalismo, dal quale Puccini non si riteneva immune, si depositano visivamente sulle trame ricamate. Sono le farfalle che stillano sangue dai nastri color rubino…

“*Sinister hints of Puccini's own belief in the inexorable power of fate are woven into the very fabric of the costumes: whether the butterflies dripping blood onto the ruby colored ribbons…*

Maria Callas nei panni di Madama Butterfly al Lyric Opera di Chicago, 1955. Fotografia Luxardo.

Maria Callas as Madama Butterfly, Chicago Lyric Opera, 1955. Photo: Luxardo.

Giuseppe Palanti, *Studio per la veste di un uomo del coro, atto I.* Milano, Teatro alla Scala, 1904. Archivio Storico Ricordi.
Foujita, *Figurino per Madama Butterfly; particolare del costume, atto I.* Milano, Teatro alla Scala, 1952. Archivio di scenografia, Teatro alla Scala.

Giuseppe Palanti, Male chorus member. Costume design, act I. *Milan, Teatro alla Scala, 1904. Archivio Storico Ricordi.*
Foujita, Madama Butterfly, Costume design; detail of the costume, act I. *Milan, Teatro alla Scala, 1952. Archivio di scenografia, Teatro alla Scala.*

nastri color rubino della veste di uno degli invitati alle nozze di Butterfly (Palanti, 1904[26]). Sono le macchie rosso fiamma della veste di Cio-Cio-San, nella zona poco sopra la spalla in cui converge il volo leggero delle farfalle (Foujita, 1951[27]).

Butterfly non conosce il corteggiamento. Il suo darsi all'uomo è immediato e totale. "Dapprima lo credetti un Dio, perché era tanto grande e bello, ed aveva degli abiti turchini tutti pieni di cose d'oro": così la faceva sospirare John Luther Long nel dramma che servì da ispirazione a Luigi Illica[28]. Ella appare leggera come il suo canto che si rifrange nelle lontananze in un vibrare di cristallo[29]: il suo luminoso incedere si impregna di una calda sensualità densa di profumi (una linea che accomuna *Madame Chrysanthème* di Pierre Loti alla recente edizione cinematografica di *Madama Butterfly* di Frédéric Mitterrand[30]), ma può raggelarsi nella funerea tonalità notturna di Max Bignens[31].

ribbons decorating the kimono of one of the wedding guests (Palanti, 1904),[26] or the bright red spots on Cio-Cio-San's kimono in the area just above the shoulder where the butterflies converge in delicate flight (Foujita).[27]

Butterfly knows no courtship. Her commitment to Pinkerton is immediate and unconditional. "At firs' I thing him a god, *he so tall an' beautiful, and got on such a blue clothes all full golden things" she confessed in the story by John Luther Long that served as original inspiration for Illica.[28] She seems as light as her song resounding like crystal in the distance.[29] But while her luminous movement is steeped in warm, densely fragrant sensuality (a quality that can be traced from* Madame Chrysanthème *by Pierre Loti to the recent film version* Madame Butterfly *directed by Frédéric Mitterand),[30] it may come to stiffen in the context of a funereal nocturnal atmosphere such as that created by Max Bignens.[31]*

La cerimonia del matrimonio di Butterfly con Pinkerton è il momento in cui la gran mascherata si fa corale: "Che burletta la sfilata / della novella parentela, / tolta in prestito, a mesata", commenta cinicamente Pinkerton. È la comparsa brutale dello zio bonzo, l'unico parente maschio rimasto in vita, che emerge improvvisamente da lontano, da dietro la collina o addirittura dal cielo[32] per ripudiare, con la sua voce di basso, la nipote dissennata, a segnare la definitiva scissione di Butterfly dalla propria identità.

Cio-Cio-San non rimane l'unica figura "sola e rinnegata! / rinnegata e felice!". I figurini disegnati da Giuseppe Palanti (1904) narrano il dramma di un'intera collettività che precipita nel baratro di un'occidentalizzazione forzata, da qualche decennio corruttrice della purezza incontaminata del Giappone. "L'antico Giappone è morto, non rimane che seppellirne il cadavere"[33], avvertiva Chamberlain (1902) nel documentare l'involuzione intrapresa dalla nuova era della dinastia Meiji (1867-1912) che, aprendo i propri porti all'Occidente, poneva fine alla lunga stagione del Medioevo nipponico. Butterfly è una fanciulla che per il Pin-

Butterfly's great deception assumes choral proportions for the wedding: "Che burletta la sfilata della novella parentela, tolta in prestito, a mesata" ("What a farce is this parade of new relatives, on loan by the month"), Pinkerton comments sarcastically. The fierce interruption by her only living male relative, Bonzo, who emerges suddenly from the distance, or from behind the hill, or even from the sky[32] to repudiate his foolish niece in resonant bass tones, marks her definitive alienation from her former self.

Cio-Cio-San is not the only one to be "sola e rinnegata! rinnegata e felice!" ("alone and disowned! disowned and happy!"). The costume designs by Palanti (1904) narrate the drama of an entire populace plunged into the abyss of a compulsory westernization that had already begun to contaminate the purity of Japanese culture several decades before. "Old Japan is dead, and the only decent thing to do with the corpse is to bury it," observed Chamberlain in 1902,[33] referring to the complex developments initiated during the new era of the Meiji dynasty (1867-1912), when the opening of the nation's ports to western commerce had final-

Hanae Mori, *Figurini per la cerimonia nuziale; Goro; Le invitate alle nozze, atto I.*
Milano, Teatro alla Scala, 1985. Archivio di scenografia del Teatro alla Scala.

Hanae Mori, Costume designs for the wedding; Goro; Wedding guests, act I.
Milan, Teatro alla Scala, 1985. Archivio di scenografia del Teatro alla Scala.

“ La cerimonia del matrimonio di Butterfly con Pinkerton è il momento in cui la gran mascherata si fa corale…

“ *Butterfly's great deception assumes choral proportions for the wedding…*

Keita Asari (regia) e Ichiro Takada (scene). *Il matrimonio, atto I.* Milano, Teatro alla Scala, 1985.
Foto Lelli&Masotti.

Keita Asari (stage direction) e Ichiro Takada (set designs). The wedding, act I. *Milan, Teatro alla Scala, 1985. Photo: Lelli&Masotti.*

kerton di Long coll'amore diventa "la migliore americana da invenzione giapponese"[34]. È un'esiliata, una reietta che viola la legge orale delle convenzioni tribali, ma non le norme ufficiali. Si reca "tutta sola in secreto alla Missione", in un'epoca in cui da un cinquantennio erano state abrogate le leggi che imponevano la persecuzione dei cristiani (1857). Offre sigarette americane al console Sharpless e indossa, fattasi Mrs. Pinkerton, la veste occidentale[35]. Ma il nuovo costume che, nel gioco del travestimento caro a Puccini, segna un esotismo all'inverso, non suscita più scandalo. Nel 1886 l'imperatrice in persona si era mostrata in pubblico, in compagnia delle dame di corte, con il décolleté "alla berlinese"[36], e alcune signore di alto lignaggio avevano sostituito il tradizionale sandalo con la nuova calzatura, mostrando la medesima disinvoltura nel portamento di "chi ha appena bevuto un goccio di troppo"[37].

L'eterogeneo carosello dei parenti e amici di Butterfly, è uno spettacolo "veramente triste e pietoso"[38]. Così, nel 1892, a Tokyo, era apparso a Henry Norman un ballo occidentalizzato. Per scrupolo filologico, Palanti compie una rigorosa ricerca d'archivio, indirizzandosi alle pubblicazioni straniere per supplire alla carenza degli stimoli nazionali, ancora relegati all'area del pittoresco che dominava la cultura del tempo. Cultura ben riscontrabile nella vasta quantità di prodotti commerciali esibiti nel 1902 come opere d'arte nipponiche nell'Esposizione internazionale di arte decorativa di Torino[39]. Mescolando involontariamente le epoche storiche, Palanti accentua il varco che separava l'antica tradizione giapponese dalle nuove gerarchie che stravolgevano la struttura sociale del primo Novecento. "...Eppure / conobbi la ricchezza. Ma il turbine rovescia / le querce più robuste – e abbiam fatto la ghescia / per sostentarci...", confida Butterfly a Pinkerton.

Un velo di tristezza sembra depositarsi sull'anacronistica figura disegnata dal Palanti, con la doppia spada affondata nella cinta. Nel periodo in cui Butterfly si concede in sposa, nell'"epoca presente" in cui Puccini compone l'opera, l'eletta casta militare dei samurai aveva da tempo perso l'antico privilegio di sfoggiare la duplice spada (1876); ed

ly brought Japan's middle ages to an end. Butterfly is a young girl whose love for Pinkerton transforms her, according to Long, into the best American that Japan could create.[34] She is an exile, an outcast who breaks the unwritten code of tribal convention but not the official rules. She chooses to visit a mission secretly in an epoch when the laws enforcing the persecution of Christians had already been revoked some fifty years earlier (1857). She offers American cigarettes to the consul Sharpless, and as Madama Pinkerton she wears western clothing.[35] But this new manner of dressing, which signifies exoticism from the opposite perspective (while indulging Puccini's ongoing fondness for masquerade), was in fact no longer a source of scandal. Already in 1886 the empress had appeared in public, along with the women of her court, in a dress with the low-cut Berlin-style neckline,[36] and numerous aristocratic gentlemen had abandoned their traditional sandals for fashionable new shoes, sporting them with the same nonchalance as someone who had drunk a bit too much.[37]

The colorful assortment of Butterfly's friends and relatives made for a sad and pitiful spectacle,as Henry Norman wrote after he attended a European-style ball in Tokyo in 1892.[38] In the desire to be as accurate as possible, Palanti had undertaken an exhaustive search of foreign publications to compensate for the lack of adequate resources in Italy, where the predominant perception of Japan was far more whimsical (demonstrated by the enormous quantity of common merchandise displayed as Japanese artwork at the Esposizione internazionale di arte decorativa in Turin in 1902).[39] By involuntarily mixing historical periods, Palanti only emphasized the evident breach between ancient Japanese tradition and the new hierarchies that assailed the social structure at the turn of the twentieth century. "Eppure conobbi la ricchezza. Ma il turbine rovescia le querce più robuste... e abbiam fatto la ghescia per sostentarci" (Yet I was once wealthy. But a tornado uproots even the strongest oaks... and we became geishas to support ourselves) Butterfly confides to Pinkerton.

There seems to be a sorrowful hue to Palanti's sketch of a

era ormai un remoto ricordo l'austero profilo del cranio rasato nella parte anteriore, sagomato dal ciuffo dei capelli raccolti sulla nuca, simbolo di una nobile classe che, nel 1877, aveva perso le sue prerogative[40]. Le meste comparse racchiuse nelle estranianti giacchette di taglio europeo, con il cappello a bombetta calato sui capelli acconciati all'occidentale, anticipano la sinistra apparizione del ricco Yamadori ingessato nell'ostentazione del *tight*, in una ricerca di eleganza che non gli appartiene. Il volto sfiorito della madre di Cio-Cio-San si apre a un sorriso color pece, secondo l'uso delle donne sposate di tingersi di nero i denti in epoca Edo (1603-1867)[41], mentre i soldati di cavalleria e di fanteria indossano le uniformi di un esercito rinnovato che, in quegli stessi anni, era vittorioso sui russi (1904-1905).

Nel vasto campionario dei costumi che costituisce il guardaroba tradizionale di *Madama Butterfly*, con le ricche stoffe seriche ricamate e i cotoni stampati, si profila con nitidezza la rigida codificazione dei ruoli della gerarchia giapponese. La scala sociale, cui Puccini si attiene scrupolosamente, segue il percorso immaginario di una linea verticale che tocca il vertice nell'aristocratica figura di Butterfly, con l'incarnato intinto nella polvere di riso, la bocca ritagliata a cuore, le ciglia disegnate sulla fronte rasa e la postura longilinea; e si inabissa tra le meschine subordinazioni dei portatori dalle ghette tagliate sopra il ginocchio. La figura tarchiata della donna del popolo, la serva Suzuki che "non sembra neppure appartenere alla stessa razza"[42], si combina col pigmento più scuro della pelle.

Madama Butterfly è costruita su linguaggi inconciliabili. Pinkerton è destinato a non comprendere la propria sposa: al suo apparire ne è stregato ("Con quel fare di bambola quando parla m'infiamma"), eppure lei non tradisce lo stereotipo prevedibile della fanciulla giapponese: "Ma la conoscevo già! Molto prima di giungere in Giappone, l'avevo vista su tutti i ventagli, sul fondo di tutte le tazze da tè...", esclama il Pinkerton di Pierre Loti[43]. Durante la tournée di *Madama Butterfly* negli Stati Uniti, nell'ottobre 1906 per un tour di sei mesi, il pubblico parteggia senza remore per

samurai, an anachronistic figure with the double sword sheathed by his side. In the epoch in question, which was contemporary for Puccini when he composed the opera, this elite military cast had long been forbidden to wear the double sword as it once had done by ancient privelege (1876). The austere profile of the samurai's head, shaven in front with his remaining hair tied behind at the neck, was also an image of bygone times, before this noble class had lost its position of authority in 1877.[40] *Other supernumeraries pathetically imprisoned in their alienating Western jackets and their derbies perched over European-style haircuts pave the way for the ominous appearance of the rich prince Yamadori, stiff in his garish morning-coat as he feigns an air of elegance that he cannot understand. The withered face of Cio-Cio-San's mother wears a pitch-black smile, reflecting a custom during the Edo period (1603-1867) for married women to darken their teeth,*[41] *yet the cavalry and infantry soldiers sport the uniforms of a regenerated army victorious in its recent war with Russia (1904-1905).*

The costumes that constitute the vast traditional wardrobe for Madama Butterfly, *with their rich embroidered silks and printed cottons, clearly reflect the rigidly codified roles in Japanese society. This social scale, which Puccini scrupulously respected, follows an imaginary vertical line that reaches its apex in the aristocratic figure of Butterfly, her skin whitened with rice powder, her mouth painted in the shape of a heart, her eyebrows plucked and penciled, her bearing long and lithe; and it sinks to its nadir in the miserable servility of the attendants with their gaiters cut above the knee. Butterfly's maid, Suzuki, who "doesn't even seem to belong to the same race",*[42] *has a solid peasant figure and a darker tone to her complexion.*

Madama Butterfly *is constructed on misconception. Pinkerton is incapable of understanding his wife: he is bewitched by her manner ("Con quel fare di bambola quando parla m'infiamma" [Her doll-like way when she speaks sets me on fire]), yet he perceives her according to the standard stereotyped image of a young Japanese girl: "But I already knew her! Long before I came to Japan I had seen her on all*

“I figurini disegnati da Giuseppe Palanti (1904) narrano il dramma di un'intera collettività che precipita nel baratro di un'occidentalizzazione forzata, da qualche decennio corruttrice della purezza incontaminata del Giappone.

“*The costume designs by Palanti (1904) narrate the drama of an entire populace plunged into the abyss of a compulsory westernization that had already begun to contaminate the purity of Japanese culture several decades before.*

Giuseppe Palanti, *Figurini* (dall'alto in basso e da sinistra a destra):
Lo zio Bonzo, atto I; *Il commissario imperiale, atto I*; *Un invitato alle nozze, atto I*; *Goro, atto I.*
A destra: *Il principe Yamadori*, non realizzato, e *Un invitato alle nozze, atto I.*
Milano, Teatro alla Scala, 1904. Archivio Storico Ricordi.

Giuseppe Palanti, Costume design *(Top, lef to right)* Uncle Bonze, act I; The Imperial Commissioner, act I; A wedding guest, act I; Goro, act I;
Right: Prince Yamadori, *unrealized;* A wedding guest, act I. *Milan, Teatro alla Scala, 1904. Archivio Storico Ricordi.*

Pinkerton, l'Adone di una razza eletta che non si lascia piegare dalle pene di una giapponese. Quest'ultima non può produrre sull'animo americano "maggiore effetto che la sofferenza fisica osservata dal padrone in un piccolo animale preferito"[44]. Eppure, nelle edizioni successive alla prima milanese, Puccini aveva limato gli sboccati interventi *yankee* di Pinkerton per concentrarsi sul dramma intimo di Butterfly e farne momento di raccoglimento poetico. I recenti allestimenti di *Madama Butterfly* seguono il duplice binario dello strappo urlato di un capitalismo che annienta la fragile trama di una civiltà alla deriva (da Ken Russel[45] a Henning Brockhaus[46]), e della delicata visione del regista Asari[47], che sussurra velenose dolcezze dosando il gioco dei chiaroscuri sulla scena e facendo brillare la delicata tonalità di zucchero dei costumi delle coriste con il bagliore smeraldino dei paramenti dei funzionari intervenuti al matrimonio.

Intorno alla sua Butterfly, come fa l'orafo con le creaturine in filigrana che, infilate dentro una bottiglia, non potrebbero uscirne per il collo, Puccini anima la teca di cristallo dell'artificio, del complesso cerimoniale di convenzioni amabili dove si traduce l'ordine, geometrico e spietato, dell'estetica nipponica. Il perfetto vaso è destinato a crettarsi, poiché sotto la superficie preme una passione tutta italiana[48]. Il rito dell'apparizione e del distacco di Butterfly, la gestualità quotidiana, la pettinatura, il trucco, l'abbigliamento, rispettano la rigida convenzione di "questo piccolo mondo immaginario, artificiale"[49], dove le donne agiscono da consumate attrici nella recita della vita: "Sono come se qualcuno le guardasse sempre"[50], persino in quel "sorriso costante, agghiacciante, che è la risata giapponese"[51]. Cio-Cio-San non è la figura da paravento che custodisce "qualche cosa come un'anima... di una specie differente dalla mia"[52], lasciando freddo Pierre Loti, lo scrittore francese che in *Madama Chrysanthème* celebrò la propria Butterfly senza amarla: sotto il drappo di seta che annulla il disegno del corpo di Cio-Cio-San, incalza

the fans, at the bottoms of all the teacups," Pinkerton exclaimed in the story by Pierre Loti.[43] *When* Madama Butterfly *went to the United States in October 1906 for a six-month tour, it encountered a public heavily biased in favor of Pinkerton because he represented their own chosen race, one with little compassion for the anguish of a Japanese girl. Indeed, she produced "no greater effect than the physical suffering of a favorite small pet would make upon its owner";*[44] *this despite the fact that after the premiere Puccini had reduced the amount of courseness in Pinkerton's interventions in order to center the focus of attention on Butterfly's personal, poetic drama. Recent productions of the opera have followed different but compatible paths: one, the outspoken denunciation of capitalism annihilating the fragile organic structure of a civilization in decline (from Ken Russel*[45] *to Henning Brockhaus*[46]*); the other, the subtle approach of Asari*[47] *suggestive of venom-laced confections, with its judicious use of chiaroscuro stage effects and the reflection of the delicate pale colors of the wedding chorus costumes glistening like sugar in the glare of the emerald-green uniforms of the attending officials.*

Like a goldsmith who inserts filigreed bibelots into bottles from which they can never be removed, Puccini furnished his glass case with artifice, with the code of charming ceremonial customs that represented the uncompromising geometrical order of Japanese aesthetics. But the case was destined to shatter from the internal pressure of a thoroughly Italian passion.[48] *Butterfly's formal facade, her habitual demeanor, her coiffure, her make-up, her clothing, all respect the strict rules of "this little imaginary, artificial world",*[49] *where women are consummate actresses in the pageant of life. They seemed as though they were always being watched,*[50] *with their "constant, chilling smile meant to signify Japanese mirth".*[51] *But Puccini's Cio-Cio-San is not a figure on a folding screen with "something resembling a soul... which is different from my own",*[52] *as Loti cooly described her in* Madame Chrysanthème, *exploring her with*

Giuseppe Palanti, *Figurini: Suzuki, atto I; Il servo di Pinkerton, atto I.* Milano, Teatro alla Scala, 1904. Archivio Storico Ricordi.

Giuseppe Palanti, Costume designs: Suzuki, act I; Pinkerton's servant, act I. *Milan, Teatro alla Scala, 1904. Archivio Storico Ricordi.*

Foujita, *Figurino per il servo di Yamadori, atto II.* Milano, Teatro alla Scala, 1952. Archivio di scenografia del Teatro alla Scala.

Foujita, Yamadori's servant, Costume design, act II. *Milan, Teatro alla Scala, 1952. Archivio di scenografia del Teatro alla Scala.*

> “La scala sociale, cui Puccini si attiene scrupolosamente, segue il percorso immaginario di una linea verticale che tocca il vertice nell'aristocratica figura di Butterfly…

> “*This social scale, which Puccini scrupulously respected, follows an imaginary vertical line that reaches its apex in the aristocratic figure of Butterfly…*

Keita Asari (regia) e Ichiro Takada (scene). *Giardinieri al lavoro.* Milano, Teatro alla Scala, 1985. Foto Lelli&Masotti.

Keita Asari (stage direction) e Ichiro Takada (set designs). Gardeners at work. *Milan, Teatro alla Scala, 1985. Photo: Lelli&Masotti.*

Giovanni Zenatello, il primo Pinkerton; Milano e Brescia 1904.
Teatro alla Scala, 1904. Archivio Storico Ricordi.
Giuseppe Palanti, *Figurini per Pinkerton*. Milano, Teatro alla Scala, 1904.
Archivio Storico Ricordi.
Vivien Alexandra Hewitt (regia) e Kan Yasuda (scene), *Pinkerton e Madama Butterfly, atto I*. Torre del Lago Puccini, Festival Pucciniano, 2000.

Giovanni Zenatello, who created the role of Pinkerton; Milan and Brescia, 1904. Milan, Teatro alla Scala, 1904. Archivio Storico Ricordi.
Giuseppe Palanti, Pinkerton, Costume designs. *Milan, Teatro alla Scala, 1904. Archivio Storico Ricordi.*
Vivien Alexandra Hewitt (stage direction) e Kan Yasuda (set designs), Pinkerton and Madama Butterfly, act I. *Torre del Lago Puccini, Festival Pucciniano, 2000.*

“Il compositore non fa mistero della sua attrazione per il rigoroso ordine delle uniformi indossate da Pinkerton, [...] ...il costume scenico segna il rito di passaggio dall’intuizione sentimentale alla concretezza della vita...

“*The composer made no mystery of his attraction for the rigorous cut of Pinkerton’s uniforms, [...] ...the stage costume signifies the transition from sentimental instinct to concrete reality...*

un'ansia, un rovello tenace e insoddisfatto che è lo stesso di Puccini.

Il compositore non fa mistero della sua attrazione per il rigoroso ordine delle uniformi indossate da Pinkerton, il quale va a nozze nel costume da cerimonia in tela bianca chiusa in alto, e non nell'improbabile doppiopetto immaginato da Foujita[53], e veste poi l'ordinaria divisa blu con la giacca calata fino al ginocchio, ben in vista i gradi di sottotenente di vascello[54]. Come sempre in Puccini, il costume scenico segna il rito di passaggio dall'intuizione sentimentale alla concretezza della vita, alla fisicità del personaggio di teatro. Un personaggio che vive non in grazia del proprio imperativo morale, ma dell'involucro che lo definisce, lo individua, lo fa muovere, e che ha ragione su ogni possibile resistenza della volontà.

Sul crinale fra l'autoritratto del compositore e la verità drammaturgica delle creature da lui evocate, il trucco scenico segna il passaggio decisivo: ed è la natura artificiosa di quella porta a svelare come, per l'appunto, il trucco non tenga. L'*obi*, gli strumenti per pittarsi il viso, i petali da spargere al suolo, il "tocco di carminio" che restituisce a Butterfly un'inutile parvenza di calore, sono gli utensili dell'esistenza e i muti testimoni dell'inanità, come il "topo bianco, d'avorio" che accompagna Dora Markus[55]. Suscitano il richiamo ingannevole della vita grazie alla propria natura di cosa morta: polvere, biacca, tintura grazie alle quali Cio-Cio-San ci sembra respirare, ed è già destinata all'ultimo "ferro del mestiere", la dura lama luccicante.

Il kimono, nella sua semplicità sontuosa che deriva dall'arte complicatissima del taglio e della piega, è il compimento della duplicità propria al costume, che è finto ma, grazie a chi lo indossa, par vero. Quando Luigi Illica, per stimolare la vena creativa del compositore, gli fa pervenire il kimono con i motivi a farfalla[56], Puccini ne resta sedotto, riconoscendo in quel lessico lontano un tratto di sé. Il guardaroba di Cio-Cio-San può così toccare l'apoteosi della raffinatezza nelle numerose stratificazioni delle vesti che nel 1755 già avevano affascinato François Marie de Marsy[57], per essere poi riproposte dalla costumista Regina Schrec-

complete emotional detachment:beneath the folds of silk that hide her human contours is the same anxious longing, the same persistent unsatisfied yearning that Puccini himself suffered.

The composer made no mystery of his attraction for the rigorous cut of Pinkerton's uniforms, both his dress whites with the high closed collar (not the improbable double-breasted suit envisioned by Foujita),[53] *and his basic blue uniform with the knee-length jacket and prominently displayed sub-lieutenant stripes.*[54] *As always in Puccini, the stage costume signifies the transition from sentimental instinct to concrete reality, to the palpable physical being of a character whose life is sustained not by moral motivation but by the surrounding context that defines, identifies, and animates him or her, and that prevails over every possible temptation to resist.*

The cosmetic stage props (balanced between autobiographical implications and the actual dramaturgical context of the characters Puccini created) announce the decisive phase of passage; and the artificial nature of that passage reveals how in fact no maquillage can completely conceal the truth. Butterfly's obi *(decorative sash), her face-painting instruments, the flower petals scattered over the floor, the "tocco di carminio" (touch of rouge) to restore some useless suggestion of warmth to her complexion, are existential devices and the silent demonstration of an irrational state, like the white ivory mouse amulet that Dora Markus preserved.*[55] *They give a deceptive impression of vitality precisely because their very nature is dead: the powders, white paint, and pigment are all intended to make Cio-Cio-San seem alive when in fact her ultimate "tool of the trade" is another, a glistening blade of steel.*

The kimono, with its sumptuous simplicity derived from the complicated art of cutting and folding, is the consummate example of the duplicitous nature of a costume, which is false but seems genuine thanks to the character wearing it. When Luigi Illica sent Puccini a kimono with a butterfly motif to stimulate his imagination,[56] *the composer was quite taken with it, recognizing something of himself in that dis-*

ker sul palcoscenico di Torre del Lago[58]. Max Bignens[59] rende preziose le delicate sfumature della veste di giglio che, secondo la tradizione giapponese, segna il lutto della donna che si concede in sposa[60]. Frida Parmeggiani[61] attinge la ricercatezza dell'eleganza nel taglio essenziale delle elaborate vesti, da cui si sprigiona la naturale fragranza delle fibre naturali.

I grandi interpreti dei kimono di *Madama Butterfly* sono spesso stati pittori prestati al teatro, per la sensibilità con cui hanno riscoperto le sfumature di un bianco che può abbracciare le tonalità dell'argento ("ventre di pesce") e del verdognolo ("bianco melanzana"), o del bleu che si cangia nel bleu chiaro ("neve bluastra"), nel bleu intenso ("nero del cielo") e nel bleu rosato ("luna del pescatore"), secondo la fascinosa descrizione della varietà delle tinte giapponesi riportata da Edmond de Goncourt[62]. Giuseppe Palanti si lascia trasportare dal proprio intuito creativo nello spostare la documentazione filologica con la propria sensibili-

tant idiom. Cio-Cio-San's first wardrobe thus reached the apotheosis of refinement in multi-layered garments like those that had so fascinated Francois Marie de Marsy in 1755[57] and that would later be revived by Regina Schrecker for a production of the opera at Torre del Lago.[58] Max Bignens[59] was able to exalt the delicate nuances in the lily-motif fabric of Butterfly's kimono, signifying her bereavement, according to Japanese tradition, as she gives herself to marriage.[60] The clean, elegantly refined cut of Frida Parmeggiani's elaborate costumes[61] seems to release the fragrance of their natural fibers.

Often the great designers of the kimono for Madama Butterfly *have turned into painters for the occasion, demonstrating an extraordinary sensitivity for subtle variations of white ranging from "fish-belly" silver to "eggplant-white" pale green, or of blue ranging from "blue-tinged snow", to an intensely deep "sky blue", to the rosy blue of a "fisherman's moon", as in Edmond de Goncourt's charming de-*

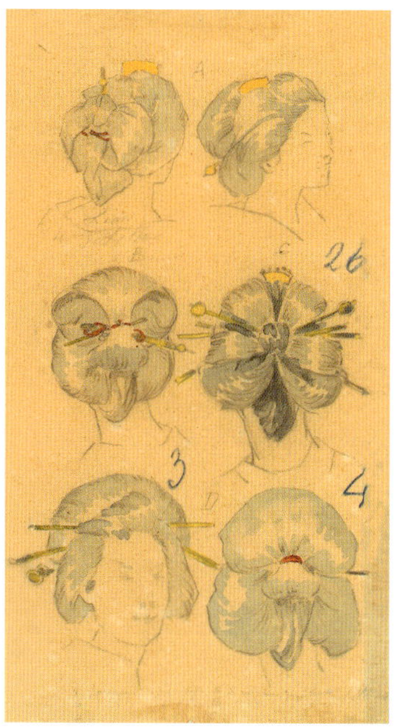

Giuseppe Palanti, *Figurino per Madama Butterfly, atto I. Studio per le acconciature*; Milano, Teatro alla Scala, 1904. Archivio Storico Ricordi.

Giuseppe Palanti, Madama Butterfly, Coiffures. Costume design and study. *Milan, Teatro alla Scala, 1904. Archivio Storico Ricordi.*

"L'*obi*, gli strumenti per pittarsi il viso, i petali da spargere al suolo, il "tocco di carminio"...

"*Butterfly's* obi *(decorative sash), her face-painting instruments, the flower petals scattered over the floor, the "tocco di carminio" (touch of rouge)...*

Max Bignens, *Figurino per Madama Butterfly e Suzuki, atto I*, Teatro alla Scala, 1978. Archivio di scenografia del Teatro alla Scala.

Max Bignens, Madama Butterfly and Suzuki, act I. Costume design. *Milan, Teatro alla Scala, 1978. Archivio di scenografia del Teatro alla Scala.*

tà di artista. Adotta la veste violetto con i fiori di crisantemi per la scena finale, sfilandola dai dodici kimono che, per tradizione, a Nagasaki andavano in dote alle giovani spose di alto lignaggio[63]. Nei costumi delle donne del coro sa dare peso ai neri purissimi, tenebra che avvolge la rossa sfera di un sole notturno, e fa fluttuare le acquose trasparenze di colorazioni lattee al vento immaginario che soffia sulla trama dorata dei fili d'erba. Foujita fa convivere nel medesimo kimono di Butterfly l'astrazione geometrica e l'efflorescenza naturalistica: a un accenno di movimento, un passo che incede o la nuca che si arcua, germogliano i piccoli segreti dell'edera nella fodera, che può raffreddare la vampata rosso fuoco del panno sottostante.

Agli occhi del principe Fujmara Tokajama che, nel 1951, a New York assisteva alla toccante interpretazione di Licia Albanese, Butterfly appare il simbolo reale di una bellezza inattingibile e perduta. Commosso, invierà al soprano un favoloso dono di "casse di stoffe di stupefacente

scription of Japanese colors.[62] *Giuseppe Palanti allowed his creative intuition to run free in combining the knowledge gained from his research with his particular artistic sensitivity. For the final scene he chose a violet fabric with a pattern of chrysthanemums, one of the twelve kimonos that were the traditional dowry of high-born young brides in Nagasaki.*[63] *He made skillful use of pure black, creating an illusion of darkness around the red circle of an evening/setting sun, and he used liquid, transparent milk tones to represent a breeze fluttering over the golden blades of grass. Foujita's kimono design for Butterfly is a combination of geometrical abstraction and realistic flora: at the slightest movement, a step or an inclination of the head, the lining reveals tiny sprouts of ivy that give a cooling effect to the flash of red fabric beneath.*

When Prince Fujimara Tokajama attended a performance of Madama Butterfly *in New York in 1951, he was deeply impressed by Licia Albanese's moving interpretation*

Frida Parmeggiani, *Costumi per la veste di un uomo del coro e la zia*.
Parigi, Opéra National de Paris, Opéra Bastille, 1998. Fotografie di Florian Kleinefenn.

Frida Parmeggiani, Madama Butterfly: Costume designs; Male chorus member and The Aunt. *Paris, Opéra National de Paris, Opéra Bastille, 1998. Photos: Florian Kleinefenn.*

“Come sempre in Puccini, il costume scenico segna il rito di passaggio dall’intuizione sentimentale alla concretezza della vita…

“*As always in Puccini, the stage costume signifies the transition from sentimental instinct to concrete reality,…*

Giuseppe Palanti, *Figurini per* Madama Butterfly. Milano, Teatro alla Scala, 1904. Archivio Storico Ricordi.
A sinistra: *Madama Butterfly (atto I), Una invitata alle nozze (atto I).*
In questa pagina: *Madama Butterfly (atto II), Le invitate alle nozze (atto I).*

Giuseppe Palanti, Madama Butterfly, Costume designs. *Milan, Teatro alla Scala, 1904. Archivio Storico Ricordi.*
Left: Madama Butterfly (act I), A wedding guest (act I). *On this page:* Madama Butterfly (act II), and Wedding guests (act I).

“Cio-Cio-San abita un mondo immerso nei colori di lacca o di carta da zucchero, e quel mondo conosce la vita segreta e impercettibile delle piccole cose…

“*Cio-Cio-San inhabits a world immersed in pale blue or lacquered colors, a world accustomed to the imperceptible, secret significance of small treasures…*

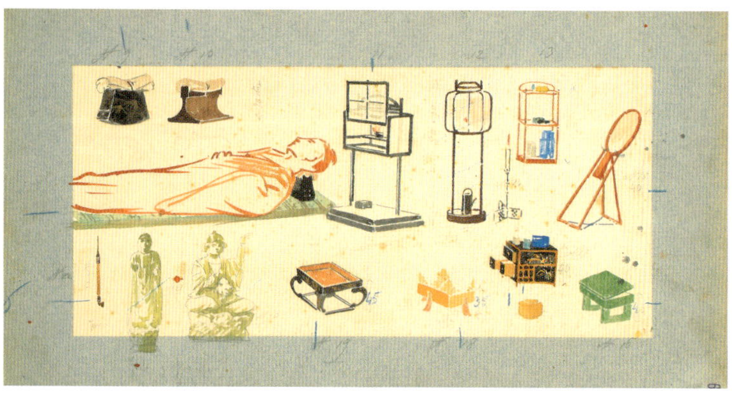

Giuseppe Palanti, *Studi per l'arredo della casa di Madama Butterfly*. Milano, Teatro alla Scala, 1904. Archivio Storico Ricordi.

Giuseppe Palanti, Furnishings for Madama Butterfly's house. *Milan, Teatro alla Scala, 1904. Archivio Storico Ricordi.*

Robert Wilson, *La sedia dell'attesa*. Parigi, Opéra National de Paris, Opéra Bastille, 1998. Fotografia di Florian Kleinefenn.

Robert Wilson, The chair of vigil, *Paris, Opéra National de Paris, Opéra Bastille, 1998. Photo: Florian Kleinefenn.*

bellezza"[64], destinate ad essere accolte nel Museo Storico del Metropolitan. Per Puccini l'eleganza di Butterfly, che è povera ma ha conosciuto la ricchezza (al contrario di quanto accaduto al compositore, nato povero e divenuto ricchissimo), è un segreto autoritratto: il medesimo mondo di preziose apparenze è, per lui, una disciplina che offre provvisorio riparo alle fragilità esistenziali. "La mia timidezza è tale", annota, "da farmi apparire quello che non sono"[65]. Puccini si chiude in una corazza "di ghiaccio"[66] per raggelare l'immagine del fanciullo troppo cresciuto, bonario, semplice, calmo, che sfugge la mondanità per rifugiarsi nella sua tana toscana: "Noi siamo gente avezza alle piccole cose"[67].

Per necessità e malcelato narcisismo, egli indossa la maschera dell'uomo spavaldo, di colui che si rifugia "in un costume bianco, come quello degli ufficiali di marina, con il panama sulle ventitré, l'immancabile sigaretta fra le labbra"[68]. Piccoli segnali di un temperamento inquieto solcano l'impeccabile superficie del *gentleman* che non riesce a esser tale fino in fondo: il lampo intelligente che colora "gli occhi grigio-marrone, non grandi, ma vivaci fino alla più raffinata furbizia"[69] si offusca in una nota di mestizia, sino a spegnersi "a volte fino alla tristezza più accorata"[70]. Le angosce sussurrate che storcono la bocca piccola e sensuale di Puccini in una piega amara (quella piega riscontrabile *post mortem* nel calco del volto[71]), trovano una loro rispondenza nel "dolore intimo e chiuso"[72], sofferto ad occhi asciutti da Butterfly.

Cio-Cio-San abita un mondo immerso nei colori di lacca o di carta da zucchero, e quel mondo conosce la vita segreta e impercettibile delle piccole cose, la pipa con il bocchino in bronzo, lo specchio, "l'anima delle donne"[73] secondo un antico proverbio giapponese, il pugnale con il quale Butterfly si darà la morte, con l'elsa immaginata da Long avvinghiata dal serpente, riposta nella fodera con il drago dorato dagli occhi rubini e la sfera di cristallo nella bocca[74]. Gli oggetti in *Madama Butterfly* acquistano un valore

of the protagonist, which seemed to him to be the living symbol of an irrecuperably lost beauty. In homage he sent the soprano an extraordinary gift of "chests of incredibly beautiful cloth"[64] *which were donated to the Metropolitan Opera Museum. For Puccini, who was poor by birth but became very rich, there were autobiographical connotations to the elegance the once-wealthy Butterfly maintains even in poverty: his cultivation of an air of savoir-faire was a discipline that offered him temporary protection from his own existential vulnerability. "My shyness", he wrote, "makes me seem like someone I am not".*[65] *He adopted a distant, aloof posture*[66] *to offset the image of an adult who had remained a child at heart, good-natured, simple, and calm, and who fled in the face of social events to hide in his Tuscan cave: "We are people used to simple things".*[67]

Necessity combined with poorly disguised narcissism prompted him to assume a dapper look, disguised "in a white suit, like a naval officer, with his panama hat cocked to one side and a cigarette always between his lips".[68] *But hints of his restless temperament nevertheless wrinkled this impeccable, self-assured surface: the intelligent sparkle in his "grey-brown eyes, not large but animated with exceeding cleverness"*[69] *would darken with a suggestion of melancholy, sometimes to become extinguished "in utterly heartbroken sadness".*[70] *The anguish that gave Puccini's small and sensuous mouth its slightly bitter twist (to the end of his life, as his death mask demonstrates)*[71] *found its counterpart in the "intimate and hidden pain"*[72] *Butterfly suffers without a tear.*

Cio-Cio-San inhabits a world immersed in pale blue or lacquered colors, a world accustomed to the imperceptible, secret significance of small treasures: the pipe with the bronze mouthpiece, the mirror, or "woman's soul"[73] *according to an ancient Japanese proverb, the dagger Butterfly would use to kill herself ("It would have been very beautiful to a Japanese, to whom the sword is a soul. A golden dragon writhed about the superb scabbard. He had eyes of rubies, and held*

“L’ultimo oggetto di Butterfly, quello che più di ogni altro è compagno alla pena, pertiene non alla dimensione dello spazio, ma a quella del tempo, ed è l’attesa.

“*The last of Butterfly’s possessions, and her closest companion in suffering, has temporal dimensions rather than spatial ones: it is her waiting in expectation.*

Nagasaki nel 1900: veduta della città. Fotografia proveniente dalla corvetta della Regia Marina Italiana “Vettor Pisani”, procurata da Giulio Ricordi perché servisse da ispirazione a Puccini. Archivio Storico Ricordi.
Jorge Lavelli (regia) e Max Bignens (scene), *L’attesa, atto II.* Teatro alla Scala, 1978. Fotografia Piccagliani.

An overview of Nagasaki, 1900. Photograph procured from the corvette “Vettor Pisani” of the Regia Marina Italiana by Giulio Ricordi meant to serve as an inspiration to Puccini. Archivio Storico Ricordi.
Jorge Lavelli (stage direction) e Max Bignens (set designs), The vigil, act II. *Milan, Teatro alla Scala, 1978. Photo: Piccagliani.*

Keita Asari (regia) e Ichiro Takada (scene), *Due momenti dell'attesa, atto II*, Teatro alla Scala, 1985. Foto Lelli&Masotti.

Keita Asari (stage direction) e Ichiro Takada (set designs), Two scenes of the vigil, act II, *Milan, Teatro alla Scala, 1985. Photo: Lelli&Masotti.*

Leopoldo Metlicovitz, Manifesto, 1904. Archivio Storico Ricordi.

Leopoldo Metlicovitz, Poster, 1904. Archivio Storico Ricordi.

esistenziale, perché su di essi sopravvive tutto ciò che è rimasto a una ragazza sola che, per amore, sconfessa le certezze della vita, la fede, la famiglia, persino il proprio nome, non più Cio-Cio-San, e neppure Butterfly, ma Madama Pinkerton.

Nel mondo di Butterfly gli oggetti sono testimoni silenziosi, fissati nelle austere forme geometriche della "sedia dell'attesa" di Robert Wilson[75], o del *makura*, il poggiatesta d'uso comune per non sciupare, nel sonno, l'artificio dell'acconciatura femminile. La magia delle piccole cose può dilatare i propri confini, tradurre in assoluto la realtà spicciola. Lo spillone di una *geisha* o l'elsa di una spada possono svelare le metamorfosi di un universo dolorosamente armonico, dove il tutto confluisce nel particolare, e la fine si ricongiunge al suo inizio. L'ondulazione di una capigliatura corvina può farsi metafora di un essere acquatico, flutto nella trasfigurazione di Hokusai, che, senza distinzioni tra le arti più o meno elette, dona alla grazia femminile un capolavoro che racchiude in sé il mistero del mare[76]. In *Madama Butterfly* l'espediente della cosmesi riconduce la morte alla vita: il "tocco di carminio" non serve solo a ravvivare il pallore delle gote di una giovane madre e del proprio figlioletto, ma ad allontanare l'assedio della fine. Se per Baudelaire[77] il trucco poteva trasfigurare prodigiosamente l'umana imperfezione nello splendore atemporale della statua, per la piccola Cio-Cio-San esso ha esattamente funzione opposta: di lei, da sempre votata alla fissità della morte, fa un simulacro provvisorio della vita.

L'ultimo oggetto di Butterfly, quello che più di ogni altro è compagno alla pena, pertiene non alla dimensione dello spazio, ma a quella del tempo, ed è l'attesa. Un tempo che revoca il peso delle cose e annulla la definizione materica degli elementi, per liquefarsi nel colore puro della luce distillata dal tempo che scorre. Nella veglia, secondo Keita Asari[78], la figura di Butterfly si assottiglia fino a diventare l'ombra di se stessa, incarnazione della tristezza avvertita, simbolo del fardello che grava sull'anima innamorata: "Io sono solo la vostra follia, mio amato, un'illusione, un sogno, un'ombra che passa attraverso la vostra vita"[79]. *Madama*

in his mouth a sphere of crystal which meant many mystical things to a Japanese. The guard was a coiled serpent of exquisite workmanship").[74] They take on existential value because they represent all that is left to a solitary girl who was forced for the sake of love to renounce the certainties of life – her religion, her family, even her name, no longer Cio-Cio-San nor even Butterfly but rather "Madama Pinkerton".

Objects in Butterfly's world are silent witnesses, frozen in austere geometric forms like Robert Wilson's "chair of hopeful expectation"[75] or in the makura, *a sleeping cushion commonly used by women to preserve their coiffure The magic of the little things can expand one's limits, raising their reality to absolute dimensions. The hairpin of a* geisha *or the handle of a knife may reveal the metamorphosis of a painfully harmonious universe, where everything comes together in emblematic details, and the end returns to its beginning. Waves of raven-black hair can become the metaphor for an acquatic nature, as in their undulating transfiguration by Hokusai, celebrating feminine grace with a masterpiece (in a medium chosen without regard for its classification as canonical high art) that harbors the mystery of the sea.[76] In* Madama Butterfly *the cosmetic expedient is intended to bring death back to life: the "touch of rouge" not only revives the pale cheeks of the young mother and her son, but it also postpones the onslaught of the end. While Baudelaire believed that make-up was a prodigious means of transforming human imperfection into the timeless splendor of a statue,[77] for the little Cio-Cio-San, who always embraced the inevitability of death, its function was exactly the opposite, providing her with a temporary likeness of life.*

The last of Butterfly's possessions, and her closest companion in suffering, has temporal dimensions rather than spatial ones: it is her waiting in expectation. The passing of time takes with it all sensation of weight as it annulls the material definition of things, causing it to dissolve into pure, distilled light. In the staging by Keita Asari,[78] Butterfly's image during her vigil slowly tapers into a mere shadow of herself, the incarnation of apprehensive sadness, the symbol

Butterfly può avvicinarsi al nulla, l'ambientazione scenica farsi astratta e il suono dileguare nella rarefazione del coro a bocca chiusa. La sottile trama di suggestioni che costituisce l'ossatura dell'opera ("rotta quella suggestione, l'incanto cade"[80]), può rifrangersi nelle lontananze di tutto ciò che risuona o appare oltre la collina che segna il perimetro esistenziale della *geisha*. Il coro delle fanciulle che accompagnano la giovane sposa in un soave cinguettare primaverile, e la baia lumeggiante di Nagasaki come una calamita attraggono lo sguardo di Butterfly: oltre quel colle vi può essere una realtà respingente, come testimonia il navigante che, una sera di marzo del 1896, rifugge dalla fastidiosa sensazione di aria bagnata e dall'infelice apparizione delle "piccole donne imbrattate che, ciarlando e ridacchiando, portano i loro carichi di carbone a bordo"[81], salpando spedito per Kobe.

Ogni gesto di Butterfly si moltiplica in una statica ripetitività, incanalando l'esistenza della protagonista nel fluire indefinibile della malinconia. Solo il rito violento del *seppuku*[82] avrà ragione dell'attesa. Una morte cercata per disperazione, una volta che si è spezzato il sogno impossibile, ma anche per riconquistare l'identità che l'indugio ha sfaldato, per riaffermare l'offeso onore. Butterfly si ricongiunge a se stessa nell'artificio per eccellenza, la cerimonia del suicidio.

Il senso di morte ha tante volte assillato la nevrotica creatività di Puccini. Nel momento in cui il compositore appone la parola "fine" ai suoi drammi e si accomiata dalle proprie creature, egli sprofonda nella risacca oscura dell'insofferenza e della noia, mitigate, queste dalle passioni di sempre, la caccia, la chimera erotica e le corse in macchina. Le lunghe pause trascorse nell'inquieta ricerca di un libretto "che parli al cuore"[83] segnano i momenti di maggiore incertezza nell'esistenza del compositore: "Cerco qualcosa di più semplice, di più tenero, di più passionale. Lo troverò? Leggo, leggono per me, speriamo che mi capiti la fortuna che cerco"[84]. Il soffio vitale giunge a Puccini in soccorso quando l'atmosfera musicale raggiunge la fibrillazione. Allora tutto è compiuto in una stretta rapinosa e sof-

of the heavy burden her devoted spirit is forced to bear: "I am nothing more than your folly, my beloved, an illusion, a dream, a shadow passing over your life".[79] Madama Butterfly *can touch sheer oblivion when the scene grows abstract and the sound becomes diffused and rarefied in the humming chorus. The delicate, suggestive nature of the narrative structure ("should that suggestion falter, the dream disintegrates")*[80] *is refracted through distant sights and sounds, beyond the hill that marks the boundary of the* geisha's *existence. The sweet warbling spring song of Butterfly's approaching wedding attendants and the sparkling bay of Nagasaki attract her gaze like a magnet: the reality on the other side of that hill might well be repellent, as is was for a sailor who found the humidity and the sight of "little griny girls, who in a chattering, laughting line carried their peskets of coal on board",*[81] *disagreeable when he landed there one evening in March 1896, and promptly set sail for Kobe.*

Butterfly's every gesture betrays static repetition, channeling her existence into an unpredictable current of melancholy. Only the violent ritual of seppuku[82] *will ratify her waiting. She seeks death in desperation once the impossible dream has been shattered, but also to retrieve her disintegrating sense of identity, to defend her affronted honor. Butterfly recovers her former self in the very paradigm of artifice, the ceremony of suicide.*

Puccini's neurotic creativity was often plagued by the specter of death. With the termination of each opera and his farewell to its characters he would soon sink into the dark undertow of impatience and boredom, mitigated only by his eternal passion for hunting, women, and automobiles. He suffered the greatest uncertainty of his life during those long interim periods spent anxiously searching for a libretto "that speaks to the heart":[83] *"I am looking for something simpler, more tender, more passionate. Will I find it? I read, others read for me, with the hope that I will be fortunate enough to find what I seek."*[84] *An invigorating burst of inspiration would come to his aid when the musical atmosphere reached its most vertiginous level of intensity, propelling it violently,*

“ Solo il rito violento del *seppuku* avrà ragione dell'attesa. Una morte cercata per disperazione…

“ *Only the violent ritual of* seppuku *will ratify her waiting. She seeks death in desperation once the impossible dream has been shattered…*

Miss Vivienne (Madama Butterfly) nella scena finale di *Madama Butterfly*, pubblicata in "Ars et Labor", febbraio 1907, a. 62, vol. II.
Adolf Hohenstein, *Manifesto per la prima rappresentazione di* Madama Butterfly, 1904. Archivio Storico Ricordi.

Miss Vivienne (Madama Butterfly) in the final scene of Madama Butterfly, *published in "Ars et Labor", February 1907, a. 62, vol. II.*
Adolf Hohenstein, Poster for the first performance of *Madama Butterfly, 1904. Archivio Storico Ricordi.*

Hanae Mori, *Figurino per* Madama Butterfly, *Scena finale*. Milano, Teatro alla Scala, 1985.
Archivio di scenografia del Teatro alla Scala.
Vivien Alexandra Hewitt (regia) e Kan Yasuda (scene), *Scena finale*. Torre del Lago Puccini, Festival Pucciniano, 2000.

Hanae Mori, Madama Butterfly, final scene, costume design. *Milan, Teatro alla Scala, 1985. Archivio di scenografia del Teatro alla Scala.*
Vivien Alexandra Hewitt (stage direction) e Kan Yasuda (set designs), Madama Butterfly: Final scene. *Torre del Lago Puccini, Festival Pucciniano, 2000.*

ferente, nella voracità afflitta del desiderio, che alla morte si sposa.

Il dramma di Cio-Cio-San scivola via in un ritmo che si fa "serrato, efficace, terribile", poiché "tutto deve correre drammaticamente alla catastrofe"[85]: Puccini non si dilunga troppo negli addii, anche se rivolti a Butterfly, alla Sfinge e, in parte, a se stesso.

painfully to a rapid conclusion in the throes of a rapacious desire that found its partner in death.

The drama of Cio-Cio-San presses forward at a "rapid, powerful, terrible" pace, since "everything must precipitate dramatically toward the tragic denouement".[85] Puccini did not tarry in his adieus, not even to Butterfly, to the Sphinx and, in some ways, to himself.

NOTE

1. "Quando il Metodo entrò dalla porta, dalla finestra uscì ratta l'ispirazione... Salutiamo Puccini..., uno degli ultimi che han mirato da vicino la Sfinge", in BRUNO BARILLI, riportato in MOSCO CARNER, "*L'elemento esotico in Puccini*", in AA.VV., *Giacomo Puccini*, a cura di Claudio Sartori, Ricordi, Milano, 1959, p. 208.
2. ARNALDO FRACCAROLI, *Giacomo Puccini si confida e racconta*, Ricordi, Milano, 1957, p. 150.
3. *Ibid.*
4. *Ibid.*
5. "The house stands on the ground, not partly in it", in BASIL HALL CHAMBERLAIN, *Things Japanese*, John Murray, Londra, 1902, ed. 1905, p. 35.
6. "Vi manca del tutto il concetto di facciata", in GIAN CARLO CALZA, *Stile Giappone*, Einaudi, Torino, 2002, p. 94.
7. PIERRE LOTI, *Madame Chrysanthème*, Calmann-Lévy Éditeurs, Parigi, 1987, ed. 1936, p. 88. Questo romanzo servì da fonte per la storia di *Madama Butterfly* di John Luther Long, pubblicato nel gennaio 1898 nel "Century Illustrated Monthly Magazine", e più tardi apparso sul palcoscenico con la collaborazione di David Belasco. Puccini assistette allo spettacolo durante la sua visita a Londra nell'estate 1900.
8. "...une étrange odeur mêlée à celle du musc et des lotus; une intime odeur de Japon...", in LOTI, *cit.*, p. 85.
9. "How to describe a Japanese house, where nothing is like anything corresponding to it at a house?", in HENRY NORMAN, *The real Japan; Studies of contemporary japanese manners, morals, administration, and politics*, Charles Scribner's Sons, New York, 1892, p. 21.
10. EDWARD S. MORSE, *Japanese Homes and Their Surroundings*, Sampson Low, Marston, Searle & Rivington, London, 1888, p. 108.
11. CHAMBERLAIN, *cit.*, p. 36.
12. Milano, Teatro alla Scala, 1904. Scene di Vittorio Rota e Carlo Songa, costumi di Giuseppe Palanti.
13. "...to give a clear idea of the general appearance...", in MORSE, cit., p. 108.
14. CHAMBERLAIN, *cit.*, p. 37.
15. Parigi, Opéra-Comique, 1906, scene di Michel Jambon e Alexandre Bailly.
16. "Townsend Harris, who arrived in 1856 as the first US consul general to Japan, noted, everything and everyone in Japan conformed rigidly to the proverb 'move not that which is still'", in SHIGERU YOSHIDA, *Japan's Decisive Century 1867-1967*, Frederick A. Praeger, New York-Washington-London, 1967, p. 5.
17. MOSCO CARNER, *Giacomo Puccini*, Il Saggiatore, Milano, 1961, ed. 1981, p. 363.
18. Milano, Teatro alla Scala, 1985, regia di Keita Asari, scene di Ikiro Takada, costumi di Hanae Mori.
19. Parigi, Opéra National de Paris, Opéra Bastille, 1998, regia e scene di Robert Wilson, costumi di Frida Parmeggiani.
20. "In winter, semi-transparent paper slides, called *shoji*, replace the wooden sliding doors during the day-time", in CHAMBERLAIN, *cit.*, p. 35
21. GUIDO MAROTTI, FERRUCCIO VAGNI, *Giacomo Puccini intimo (nei ricordi di due amici)*, Vallecchi, Firenze, 1926, p. 151.

NOTES

1. *"Quando il Metodo entrò dalla porta, dalla finestra uscì ratta l'ispirazione... Salutiamo Puccini... uno degli ultimi che han mirato da vicino la Sfinge" (When Method came in through the door, inspiration quickly left through the window... Our salutations to Puccini... one of the last to contemplate the Sphinx): BRUNO BARILLI, quoted in MOSCO CARNER,* "L'elemento esotico in Puccini", in Giacomo Puccini, *ed. Claudio Sartori (Milan: Ricordi, 1959), p. 208.*
2. *ARNALDO FRACCAROLI,* Giacomo Puccini si confida e racconta *(Milan: G. Ricordi & C., 1957), p. 150.*
3. Ibid.
4. Ibid., *p. 151.*
5. *"The house stands on the ground, not partly in it": BASIL HALL CHAMBERLAIN,* Things Japanese *(London: John Murray, 1902; ed. 1905), p. 35.*
6. *"Vi manca del tutto il concetto di facciata" ("There is no concept whatsoever of a facade"): GIAN CARLO CALZA,* Stile Giappone *(Turin: Einaudi, 2002), p. 94.*
7. *"...comme un grand violon sec": PIERRE LOTI [Julien Viaud],* Madame Chrysanthème *(Paris: Calmann-Lévy Editeurs, 1887; ed. 1936. p. 88). This novel of Japanese manners was one of John Luther Long's sources for his story "Madame Butterfly", which was first published in the January 1898 issue of "Century Illustrated Monthly Magazine" and later adapted for the stage with the collaboration of David Belasco. Puccini would attend a performance of this play with interest during his visit to London in the summer of 1900.*
8. *"...une étrange odeur mêlée à celle du musc et des lotus; une intime odeur de Japon": LOTI,* cit., *p. 85.*
9. *HENRY NORMAN,* The Real Japan: Studies of Contemporary Japanese Manners, Morals, Administration, and Politics *(New York: Charles Scribner's Sons, 1892), p. 21.*
10. *EDWARD S. MORSE,* Japanese Homes and Their Surroundings *(London: Sampson Low, Marson, Searle & Rivington, 1888), p. 108.*
11. *CHAMBERLAIN,* cit., *p. 36.*
12. *Milan, Teatro alla Scala, 1904. Scenes by Vittorio Rota and Carlo Songa, costumes by Giuseppe Palanti.*
13. *MORSE,* cit., *p. 108.*
14. *"Mais les Japonais adorent les courants d'air!": CHAMBERLAIN,* cit., *p. 37.*
15. *Paris, Opéra-Comique, 1906. Scenes by Michel Jambon and Alexandre Bailly.*
16. *"Townsend Harris, who arrived in 1856 as the first US consul general to Japan, noted, everything and everyone in Japan conformed rigidly to the proverb 'move not that which is still'" in Shigeru Yoshida,* Japan's Decisive Century 1867-1967 *(New York-Washington-London: Frederick A. Praeger, 1967), p. 5.*
17. *"...un'azione che non interessa e si diluisce e langue in tre atti": MOSCO CARNER,* Giacomo Puccini *(Milan: Il Saggiatore, 1961), p. 363.*
18. *Milan, Teatro alla Scala, 1985. Stage direction by Keita Asari, scenes by Ikiro Takada, costumes by Hanae Mori.*
19. *Paris, Opéra National de Paris, Opéra Bastille, 1998. Stage direction and scenes by Robert Wilson, costumes by Frida Parmeggiani.*
20. *"In winter, semi-transparent paper slides, called* shoji, *replace the wooden sliding doors during the day-time": CHAMBERLAIN, p. 35.*

22. *Ibid*.
23. "Un des traits caractéristiques du temple *shinto* c'est… le portique appelé *torii*… deux montants parfois verticaux… reliés par une traverse…", in FÉLICIEN CHALLAYE, *Le Japon illustré*, Librairie Larousse, Parigi, 1915, p. 42
24. Vedi nota 19.
25. Vedi nota 18.
26. Vedi nota 12.
27. Milano, Teatro alla Scala, 1951, regia di Mario Frigerio, scene e costumi di Foujita.
28. JOHN LUTHER LONG, *Madame Butterfly*, New York, Grosset and Dunlamp, 1903, cap. 10, traduzione in dattiloscritto custodito presso l'Archivio storico Ricordi, qui riprodotto, p. 104.
29. "...tout ce pays rendait comme une incessante vibration de cristal", in LOTI, *cit.*, p. 2.
30. Frédéric Mitterrand, *Madame Butterfly*, film prodotto in Francia, 1995.
31. Milano, Teatro alla Scala, 1978, regia di Jorge Lavelli, scene e costumi di Max Bignens.
32. Vedi nota 30.
33. "Old Japan is dead, and the only decent thing to do with the corpse is to bury it", in CHAMBERLAIN, *cit.*, p. 6.
34. "Egli la chiamava una raffinatezza americana da prodotto giapponese, miglioria americana da invenzione giapponese, e così via.", in LONG, *Madame Butterfly*, cap. 4, p. 92.
35. Vedi nota 30.
36. CHAMBERLAIN, *ibid.*, p. 126.
37. "In the year 1886, some evil counsellor induced the Court to order gowns from Paris – we beg pardon, from Berlin – likewise corsets, and those European shoes in which a japanese lady finds it so hard to walk without looking as if she had taken just a little drop too much", *ibid*.
38. "If the spectacle had not been really sad and pietous, one could not have repressed one's laughter", NORMAN, *cit.*, p. 198.
39. M. FAGIOLI, *La presenza del Giappone all'Esposizione Internazionale d'arte decorativa moderana in Torino 1902*, in *Torino 1902. Le arti decorative internazionali del nuovo secolo*, cat. mostra, Milano, 1994, p. 369.
40. MICHEL RANDOM, *Giappone strategia dell'invisibile*, Edizioni Culturali Genova, Genova, 1988, p. 231.
41. CHALLAYE, *cit.*, p. 14
42. "Ce qui me surprend c'est l'énorme différence qu'il y a entre ces mousmés aristocratiques et les jeunes filles du peuple que j'ai rencontrées de par les rues, elles ne semblent même pas appartenir à la même race", in ENRIQUE GOMEZ CARRILLO, *L'âme japonaise*, traduit de l'espagnol par Charles Bartez, E. Sansot, Parigi, 1906, p. 15
43. "...Bien avant de venir au Japon, je l'avais vue, sur tous les éventails, au fond de toutes les tasses à thé....", in LOTI, *cit.*, p. 31
44. TITO RICORDI, *Henry W. Savage e "Madam Butterfly" negli Stati Uniti*, *Ars et Labor* (Febbraio 1907), p. 115 da MERCEDES VIALE FERRERO nel libretto di sala riprodotto per *Madama Butterfly*, Teatro alla Scala, stagione 2001-2002, p. 150.
45. Spoleto, XXVI Festival, 1983, regia di Ken Russell, scene di Richard McDonald.
46. Macerata, Arena Sferisterio, 1999, regia di Henning Brockhaus, scene di Csaba Antal.
47. Vedi nota 18.
48. "Salvo essere un po' *italiana* è di grande effetto...", Puccini a Giulio Ricordi, Torre del Lago, 3 maggio 1902, in *Epistolario*, a cura di Giuseppe Adami, Milano, Mondadori, 1928, p. 145.
49. "Je me sens entré en plein dans ce petit monde imaginé, artificiel...", in LOTI, *cit.*, p. 20
50. "la loro condotta è eternamente la stessa, come se qualcuno le guardasse, sempre. Per loro non c'è nulla di segreto, tranne la tomba.", in LONG, *cit.*, cap. 4, p. 92.
51. "...les petites femmes, riant beaucoup, de ce rire perpétuel, agaçant, qui est le rire japonais...", in LOTI, *cit.*, p. 23.

21. "...non sono altro che dolori e ferite e delusioni": GUIDO MAROTTI and FERRUCCIO VAGNI, Giacomo Puccini intimo (nei ricordi di due amici) *(Florence: Vallecchi, 1926), p. 151.*
22. "...quanto risparmio di energie e di amarezze!": ibid.
23. "Un des traits caractéristiques du temple shinto *c'est... le portique appelé* torii*... deux montants parfois verticaux... reliés par une traverse": FÉLICIEN CHALLAYE,* Le Japon illustré *(Paris: Librairie Larousse, 1915), p. 42.*
24. See note 19.
25. See note 18.
26. See note 12.
27. Milan, Teatro alla scala, 1951. Stage direction by Mario Frigerio, scenes and costumes by Tsuguji Foujita.
28. JOHN LUTHER LONG, Madame Butterfly *(New York: Grosset and Dunlap, 1903), ch. 10, here published, p. 127 [The spelling and punctuation are Long's rendition of Butterfly's grasp and pronunciation of English].*
29. "...tout ce pays rendait comme une incessante vibration de cristal", LOTI, p. 2.
30. Frédéric Mitterand, "Madame Butterfly", film produced in France, 1995.
31. Milan, Teatro alla Scala, 1978. Stage direction by Jorge Lavelli, scenes and costumes by Max Bignens.
32. See note 30.
33. CHAMBERLAIN, cit.*, p. 6.*
34. "He [Pinkerton] called her an American refinement of a Japanese product, an American improvement in a Japanese invention, and so on": LONG, Madame Butterfly, *ch. 4, p. 116.*
35. See note 30.
36. Chamberlain, ibid.*, p. 126.*
37. "In the year 1886, some evil counsellor induced the Court to order gowns from Paris – we beg pardon, from Berlin – likewise corsets, and those European shoes in which a japanese lady finds it so hard to walk without looking as if she had taken just a little drop too much": ibid.
38. "If the spectacle had not been really sad and pietous, one could not have repressed one's laughter": NORMAN, cit.*, p. 198.*
39. M. FAGIOLI, "La presenza del Giappone all'Esposizione Internazionale d'arte decorativa moderna in Torino1902", in Torino 1902: Le arti decorative internazionali del nuovo secolo *(Exhibition catalogue, Milan, 1994), p. 369.*
40. MICHEL RANDOM, Giappone strategia dell'invisibile *(Genoa: Edizioni Culturali Genova, 1988), p. 231.*
41. CHALLAYE, cit.*, p. 14.*
42. "Ce qui me surprend c'est l'énorme différence qu'il y a entre ces mousmés aristocratiques et les jeunes filles du peuple que j'ai rencontrées de par les rues, elles ne semblent même pas appartenir à la même race", in ENRIQUE GOMEZ CARRILLO, L'âme japonaise*, trans. Charles Bartez (Paris: Sansot, 1906), p. 15.*
43. "Bien avant de venir au Japon, je l'avais vue, sur tous les éventails, au fond de toutes les tasses à thé": LOTI, cit.*, p. 31.*
44. "...non produceva maggiore effetto che la sofferenza fisica osservata dal padrone in un piccolo animale preferito": TITO RICORDI, "Henry W. Savage e Madam Butterfly *negli Stati Uniti",* Ars et labor *(February 1907), p. 115; reproduced by Mercedes Viale Ferrero in the program for* Madama Butterfly *(Teatro alla Scala, 2001-2002 season), p. 150.*
45. Spoleto, XXVI Festival, 1983. Stage direction by Ken Russell, scenes by Richard McDonald.
46. Macerata, Arena Sferisterio, 1999. Stage direction by Henning Brockhaus, scenes by Csaba Antal.
47. See note 18.
48. "Salvo essere un po' italiana *è di grande effetto": Puccini to Giulio Ricordi, Torre del Lago, 3 May 1902; in* Epistolario*, ed. Giuseppe Adami (Milan: Mondadori, 1928), p. 145.*
49. "Je me sens entré en plein dans ce petit monde imaginé, artificiel": Loti, cit.*, p. 20.*
50. "Their conduct is eternally the same. It must be as if some one were looking on – always. There is no privacy for them short of the grave": LONG, Madame

52. "...leurs petits yeux bridés s'ouvrent, semblent révéler quelque chose comme une âme, sous ces enveloppes de marionette... une âme... me paraît être d'une espèce différente de la mienne", *ibid.*, p. 190.
53. Vedi nota 27.
54. Il grado di sottotenente di vascello della marina statunitense è indicato dalle due righe piccole sul braccio della divisa di Pinkerton. Ringrazio vivamente Paolo Fiora per le indicazioni fornitemi sulle uniformi militari.
55. EUGENIO MONTALE, *Dora Markus*, in *Le occasioni, 1928-1939*, Arnoldo Mondadori Editore, Milano, 1954, pp. 31-32.
56. "Grazie della cartolina e del graziosissimo kimono farfallesco che prenderò a modello per un abito di Butterfly", Puccini a Illica, Torre del Lago, 4 giugno 1902, in *Carteggi Pucciniani*, a cura di Eugenio Gara, Ricordi, Milano, p. 222.
57. FRANÇOIS MARIE DE MARSY, *Histoire moderne des japonnois*, Desaint & Saillant, Parigi, 1755, tomo II, p. 371
58. Torre del Lago, Festival Pucciniano, 2002, regia di Vivien Alexandra Hewitt, scene di Kan Yasuda, costumi di Regina Schrecker.
59. Vedi nota 31.
60. CHALLAYE, *cit.*, 1915, p. 34
61. Vedi nota 19.
62. EDMOND DE GONCOURT, *Outamaro: Le peintre des maisons verts*, Paris, Bibliothèque-Charpentier, 1891, p. 40.
63. *Hildreth's "Japan as it Was and Is", a handbook of old Japan*, a cura di ERNEST W. CLEMENT, Kegan Paul, Trench Trubner & Co, Ltd, London, 1907, p. 182.
64. "Corriere del Teatro. Quindicinale di informazioni di arte lirica", 15 maggio 1951.
65. GIORGIO MAGRI, *L'uomo Puccini*, Milano, Mursia, 1992, p. 144.
66. MAROTTI, VAGNI, *cit.*, p. 19.
67. *Ibid.*, p. 149.
68. *Ibid.*, p. 142.
69. *Ibid.*, p. 19.
70. *Ibid.*.
71. GIUSEPPE ADAMI, *Commemorazione di Puccini*, Officine Tipo Lito Gen. d'Affissioni e Pubblicità, Milano, sd., p. 9.
72. FRACCAROLI, *cit.*, p. 136.
73. CHALLAYE, *cit.*, p. 3.
74. LONG, *cit.*, p. 112.
75. Vedi nota 19.
76. KATSUSHIKA HOKUSAI, *Libri di schizzi di pettini ornamentali*, Tokyo, 1867, II, in SIEGFRIED WICHMANN, *Giapponismo*, Milano, Fabbri Editori, 1989, p. 194.
77. CHARLES BAUDELAIRE, *Curiosités esthétiques, XI. Éloge du maquillage*, in *Oeuvres*, vol. II, Bibliothèque de la Pleiade, NRF, Paris, 1938), pp. 354-357.
78. Vedi nota 18.
79. "Je suis seulement votre folie, mon aimé, une illusion, un rêve, un ombre qui passe à travers votre vie", una cortigiana all'amante in CHALLAYE, *cit.*, p. 32.
80. FRACCAROLI, *cit.*, p. 151.
81. ALFRED PARSON, *Notes in Japan*, New York, Harper&Brothers Publishers, 1896, p. 6.
82. Sinonimo di *harakiri* "the Japanese almost always prefer to employ the synonym *seppuku*, which they consider more elegant because it is derived from the Chinese", CHAMBERLAIN, *cit.*, p. 221.
83. FRACCAROLI, *cit.*, p.136.
84. RENATO MARIANI, *Giacomo Puccini*, Arione, Torino, 1938, p. 69.
85. "Il dramma deve correre alla fine senza interruzioni, serrato, efficace, terribile!", Puccini a Giulio Ricordi, Torre del Lago, 16 novembre 1902, in *Epistolario*, p. 149.

Butterfly, *ch. 4, p. 116.*
51. "...les petites femmes, riant beaucoup, de ce rire perpétuel, agacant, qui est le rire japonais": LOTI, cit., *p. 23.*
52. "...leurs petits yeux bridés s'ouvrent, semblent révéler quelque chose comme une âme, sous ces enveloppes de marionette... une âme... me paraît être d'une espèce différente de la mienne": ibid., p. 190.
53. See note 27.
54. My sincere thanks to Paolo Fiora for his information regarding the significance of the symbols used for distinguishing rank on military uniforms.
55. EUGENIO MONTALE, "Dora Markus", in Le occasioni, *1928-1939 (Milan: Arnoldo Mondadori Editore, 1954), pp. 31-32.*
56. "Grazie della cartolina e del graziosissimo kimono farfallesco che prenderò a modello per un abito di Butterfly" (My thanks for the card and the most charming butterfly kimono, which I will use as a model for a costume for Butterfly): Puccini to Illica, Torre del Lago, 4 June 1902; in Carteggi Pucciniani, *ed. Eugenio Gara (Milan: G. Ricordi & C., 1958), p. 222.*
57. FRANÇOIS MARIE DE MARSY, Histoire moderne des japonnois *(Paris: Desaint & Saillant, 1755), vol. II, p. 371.*
58. Torre del Lago, Festival Pucciniano, 2002. Stage direction by Vivien Alexandra Hewitt, scenes by Kan Yasuda Regina, costumes by Regina Schrecker.
59. See note 31.
60. CHALLAYE, cit., *p. 34.*
61. See note 19.
62. EDMOND DE GONCOURT, Outamaro: Le peintre des maisons verts *(Paris: Bibliothèque-Charpentier, 1891). p. 40.*
63. Hildreth's "Japan As It Was and Is": A Handbook of Old Japan, *ed. ERNEST W. CLEMENT (London: Kegan Paul, Trench Trubner & Co., 1907), p. 182.*
64. "...casse di stoffe di stupefacente bellezza": "Corriere del Teatro", 15 May 1951.
65. "La mia timidezza è tale da farmi apparire quello che non sono": GIORGIO MAGRI, L'uomo Puccini *(Milan: Mursia, 1992), p. 144.*
66. "...di ghiaccio": MAROTTI AND VAGNI, cit., *p. 19.*
67. "Noi siamo gente avvezza alle piccole cose": Ibid., *p. 149.*
68. "...in un costume bianco, come quello degli ufficiali di marina, con il panama sulle ventitré, l'immancabile sigaretta fra le labbra": Ibid., *p. 142.*
69. "...gli occhi grigio-marrone, non grandi, ma vivaci fino alla più raffinata furbizia": Ibid., *p. 19.*
70. "...a volte fino alla tristezza più accorata": Ibid.
71. GIUSEPPE ADAMI, Commemorazione di Puccini *(Milan: Officine Tipo Lito Gen. d'Affissioni e Pubblicità, n.d.), p. 9.*
72. "...dolore intimo e chiuso": FRACCAROLI, cit., *p. 136.*
73. CHALLAYE, cit., *p. 3.*
74. LONG, cit, *ch. 15, p. 135.*
75. See note 19.
76. KATSUSHIKA HOKUSAI, Sketchbooks of Hair Ornaments *(Tokyo, 1867), II, in SIEGFRIED WICHMANN,* Giapponismo *(Milan: Fabbri Editori, 1989), p. 194.*
77. CHARLES BAUDELAIRE, Curiosités esthétiques, XI. Éloge du maquillage, *in* Oeuvres, *vol. II (Paris: Bibliothèque de la Pleiade, NRF, 1938), pp. 354-357.*
78. See note 18.
79. "Je suis seulement votre folie, mon aimé, une illusion, un rêve, un ombre qui passe à travers votre vie": a courtesan to her lover, in CHALLAYE, Le Japon illustré, *p. 32.*
80. "...rotta quella suggestione l'incanto cade": FRACCAROLI, cit., *p. 151.*
81. ALFRED PARSON, Notes in Japan *(New York: Harper & Brothers, 1896), p. 6.*
82. "The Japanese almost always prefer to employ the synonym seppuku, *which they consider more elegant [than* harakiri*] because it is derived from the Chinese": CHAMBERLAIN,* cit., *p. 221.*
83. "...che parli al cuore": FRACCAROLI, cit., *p. 136.*
84. RENATO MARIANI, Giacomo Puccini *(Turin: Arione, 1938), p. 69.*
85. "Il dramma deve correre alla fine senza interruzioni, serrato, efficace, terribile!": Puccini to Giulio Ricordi, Torre del Lago, 16 November 1902; in Epistolario, *p. 149.*

Maria Pia Ferraris

Di foto in foto: Giacomo e Cio-Cio-San

BIOGRAFIA PER IMMAGINI
DI GIACOMO PUCCINI NEGLI ANNI
DI *MADAMA BUTTERFLY*

A Snapshot View: Giacomo and Cio-Cio-San

AN ILLUSTRATED BIOGRAPHY
OF GIACOMO PUCCINI IN THE YEARS
OF MADAMA BUTTERFLY

Nel 1858 Tito I Ricordi apriva così il numero di gennaio della "Gazzetta Musicale di Milano", rivista edita dalla sua Casa musicale: "A questo foglio i signori Associati troveranno unito un Capriccietto di quel gentilissimo ingegno ch'è il Golinelli. S'intitola Saluto al Nuovo Anno. Se il nuovo anno ne si presenterà degno di Saluto sì garbato e leggiadro qual è questo del celebre pianista bolognese, poi possiam sin d'ora affermare che il 1858 sarà di gran lunga migliore degli anni passati. E così sia!"[1].

Sia quindi un felice anno per tutti gli abbonati! Non sappiamo se tale foglio e augurio sia mai giunto fra le mani di Michele Puccini, anch'egli musicista, ma in quell'anno a lui e a sua moglie Albina nacque dopo tante femmine il figlio maschio: Giacomo. Allora non potevano neppure immaginare che pochi decenni più tardi, nel 1904, sempre sulla rivista musicale edita da Ricordi, che nel frattempo aveva mutato nome in "Musica e musicisti", il figlio di quel Tito, Giulio, avrebbe donato ai suoi abbonati una "vera primizia": l'*A solo* di *Madama Butterfly*. Era la nuova opera composta dal loro Giacomo, diventato ormai un musicista di fama internazionale e "la cui prima rappresentazione è imminente al Teatro alla Scala di Milano"[2].

Una mossa pubblicitaria semplicissima atta ad aumentare ancor più l'attesa della "prima", mentre in città era già apparso il manifesto disegnato da Leopoldo Metlicovitz con la dolce silhouette di Cio-Cio-San accovacciata a guardare un ramo di pesco. Nulla al momento fa presagire quanto poi si scatenò in teatro, pochi giorni dopo l'uscita di quel numero: "Grugniti, boati, muggiti, riso, barriti, sghignazzate, i soliti

In 1858 the music publisher Tito Ricordi announced the following in the January issue of his "Gazzetta musicale di Milano": "The kind subscribers to this journal will find included here a Capriccietto by the captivating imagination of Golinelli, entitled 'Saluto al Nuovo Anno'. If the new year is indeed worthy of such an elegant and graceful 'Saluto' as this one by the famous pianist of Bologna, we can already assert that 1858 will be significantly better than years past. May it be so!"[1].

It was hoped that the new year would be a happy one indeed for Ricordi's subscribers. We do not know if this journal with its greeting ever reached the hands of Michele Puccini, himself a musician, for whom his wife Albina was to bear, after many daughters, their son Giacomo in December of that year. Little would Michele have imagined, in any case, that several decades later, in 1904, that same journal (now published by Tito Ricordi's son Giulio as "Musica e musicisti") would present its subscribers with a 'special preview': a solo *piece from the opera* Madama Butterfly, *which had been written by none other than the now world-famous composer Giacomo Puccini and "would soon be premiered at the Teatro alla Scala of Milan"[2].*

The decision to offer this musical insert was a simple publicity move intended to increase public interest in the premiere, already advertised with a poster by Leopold Metlicovitz depicting the gentle silhouette of Cio-Cio-San as she kneels gazing before a flowering peach tree. There was no hint whatever of the scene that would explode in the theatre only a few days after this issue was released: "Grunting,

❝ Era stata una crescita sofferta quella di Butterfly, “farfallina”…

❝ *The creation of Butterfly had encountered troubled times indeed…*

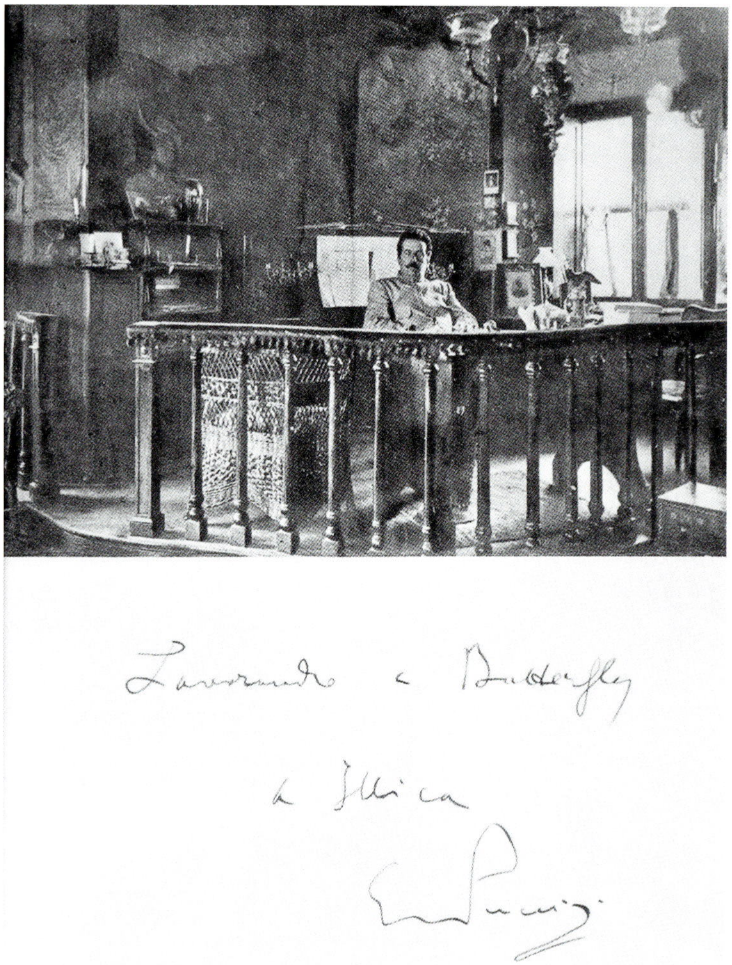

“Lavorando a Butterfly / a Illica / Giacomo Puccini”:
Giacomo Puccini durante la composizione di *Madama Butterfly.*
Fotografia con dedica a Luigi Illica, pubblicata in *Carteggi Pucciniani,* a cura di E. Gara.

“Working on Butterfly / to Illica / Giacomo Puccini”:
Giacomo Puccini during the composition of Madama Butterfly.
Photograph with a dedication to Luigi Illica, published in Carteggi Pucciniani, *edited by E. Gara.*

Luigi Illica
Archivio Storico Ricordi

Giuseppe Giacosa
Archivio Storico Ricordi

gridi solitari di bis fatti apposta per eccitare ancora di più gli spettatori, ecco, sinteticamente, quale è l'accoglienza che il pubblico della Scala fa al nuovo lavoro del maestro Giacomo Puccini [...]"[3].

Questo è solo un breve stralcio della famosissima cronaca fornita dallo stesso Editore sulla sua rivista nella rubrica mensile delle novità, ma forse noi lettori di oggi preferiamo condividere il racconto fatto dalla sorella di Puccini, Ramelde, presente alla serata, in una lettera al marito Raffaello Franceschini rimasto nella casa di Pescia, in Toscana. Fra le righe si coglie il profondo dispiacere di una persona di famiglia, molto legata al fratello, l'affetto partecipe di chi vuol bene e soffre pensando a tutto il periodo precedente, ai mesi di creazione, alle lettere scrittele dal fratello, altalenanti nei sentimenti di sconforto, soddisfazione, timore[4].

Era stata una crescita sofferta quella di Butterfly, "farfallina"[5] che già l'anno prima aveva visto interrompersi il suo crescere musicale, rimanendo prigioniera, insieme al suo creatore, fra le lamiere di un'automobile o meglio come si diceva allora "un" auto, al maschile.

L'incidente occorso al Maestro nella notte fra il 25 e il 26 febbraio 1903 fu uno dei più famosi *reportages* fotografici del tempo; la pubblicazione dell'intera cronaca dei fatti da parte sempre di Ricordi fece molto piacere al compositore, così come tutte le lettere e i telegrammi di auguri che ricevette in quei giorni. Possiamo anche noi oggi, sfogliando il numero del marzo 1903, rivedere Puccini steso sulla barella prima in un "carro-lettiga" e successivamente sulla "barca-zattera" del marchese Ginori, breve odissea per raggiungere l'agognata Torre del Lago, dove lo attendeva un lungo periodo di forzato riposo.

Il fotografo immortala tutte le sequenze a cominciare dalla scarpata dove era precipitata la Clément 8 HP, e il capannello di persone accorse ad assistere al recupero del mezzo con la stessa partecipe curiosità che aveva spinto il dottor Sbragia ad attendere la notte prima il passaggio del-

rumbling, bellowing, laughing, shrieking, sneering, the usual isolated cries of 'encore' intended to rile the audience all the more, this in synthesis was the public reception at La Scala to the new work by maestro Giacomo Puccini"[3]. While this is only a brief extract of the famous review by Ricordi in the column of "Musica e musicisti" covering current musical events, today we may perhaps prefer the perspective of Puccini's sister Ramelde as recorded in a letter she wrote to her husband Raffaello Franceschini, who had remained behind at their Tuscan home in Pescia. Between the lines one can sense the profound resentment of a sibling who was very close to her brother, the compassionate affection and distress at the thought of all he had gone through, the months of work, of the letters he had written her in alternating moods of discouragement, satisfaction, and anxiety[4].

The creation of Butterfly had encountered troubled times indeed; including a period the previous year when progress stopped altogether, following an accident the night of 25-26 February 1903 that left Puccini pinned like his "farfallina"[5] beneath the wreckage of a motorcar.

This incident was the focus of extensive photographic coverage that received extraordinary public interest in its day. Ricordi's complete published chronicle of the event greatly pleased the composer, as did the many letters and telegrams he received from well-wishers. We too can browse these photos in the March 1903 issue of "Musica e musicisti", as Puccini is transported on a stretcher in an ambulance cart and then transferred onto a boat for the brief journey to his beloved home at Torre del Lago, where he would pass a long period of obligatory repose.

The sequence begins with a daytime view of the embankment where Puccini's 8 HP Clément had precipitated, and the cluster of local residents that had gathered to help recuperate the vehicle, attracted by the same curiosity that had lured Dr. Sbragia to the window of his home nearby the night before when he first heard the unusual sound of an

l'auto, così rare allora, e del suo illustre viaggiatore.

Sulla barca simile a una grossa chiatta, che trasporterà il musicista attraverso il Lago di Massaciuccoli, sono in diversi: dal marchese Ginori, che la guida di persona, ai medici Guarneri e Sbragia, alla moglie Elvira, che siede accanto a Giacomo.

Un primo scatto fotografico coglie Puccini di sorpresa, sta forse riposando, cercando di non pensare al dolore per la gamba fratturata, alla sventura capitatagli così all'improvviso e forse anche alle parole di chi la sera prima gli aveva consigliato di rimandare la partenza al mattino seguente. Il secondo scatto, invece, lo vede più presente, partecipe con gli altri, alza infatti appena appena il capo verso l'obiettivo, sbirciando fra le coperte in cui è stato avvolto.

Fra ingessature, visite mediche, responsi, radiografie (alcune conservate ancora oggi a Milano nell'Archivio Storico Ricordi) ecco riapparire Puccini in un paio di fotografie, scattategli mentre su una sedia a rotelle approfitta di una bella giornata per stare un po' in giardino.

La stagione è ora più mite, non è più avvolto da pesanti coperte, ma solo da un semplice plaid scozzese e il cappello di lana ha lasciato il posto alla magiostrina di paglia. Il sole gli fa socchiudere gli occhi dandogli un'espressione insofferente, un po' burbera, in una delle due pose sembra intravvedersi fra le dita l'inseparabile sigaretta, una delle trenta e più giornaliere con cui scarica la tensione che si va accumulando con il passare del tempo e con una convalescenza che sembra non debba terminare mai... e intanto Butterfly attende.

La sahariana di colore chiaro che Puccini indossa è quella della stagione più calda, i lineamenti del volto sembrano un po' più affilati, scrivendo all'amico Luigi Pieri dice infatti di essere "digrassato dal lungo giacere".

Poi piano piano la carrozzella viene abbandonata, si passa alle stampelle, poi al bastone e giorno dopo giorno l'incidente diventa un brutto ricordo del passato, che la gamba ogni tanto con le sue fitte gli riporta alla mente. Che Pucci-

approaching car, arriving quickly after the accident to provide medical assistance.The barge-like boat that took Puccini across the Lago di Massaciuccoli carried various other people as well: from the Marchese Ginori, who both owned and piloted the boat, to Drs. Guarneri and Sbragia, to Puccini's future wife Elvira seated beside him. The first photo of Puccini caught him unaware, perhaps as he tried to rest and avoid thinking about the pain in his broken leg, about the unexpected misfortune that befell him, even possibly about the words of those who had advised him the previous evening to postpone his departure to the following morning. In the second photo he seems more alert and responsive, raising his head ever so slightly toward the camera as he peers up from among the covers.

Amidst a convalescence of plaster casts, medical visits, tests, and x-rays (some of which survive in the Ricordi Historical Archives in Milan), Puccini appears later in two photographs in his wheelchair as he enjoys a bit of fresh air on a beautiful day in the garden.

The season is warmer now, as his light-colored cloth jacket suggests, so that he no longer need be wrapped in heavy blankets but rather a simple plaid coverlet, and his wool hat has been put aside for one of straw. The sun forces him to squint with an impatient, somewhat irritable-looking expression, and in one photo he appears to be holding one of the thirty-odd cigarettes he consumed daily in response to the accumulating tension as time wore endlessly on, Butterfly languishing with him. From the lean look of his face we gather that he had indeed "grown thinner from the long inactivity", as he wrote to his friend Luigi Pieri.

Gradually, as the wheelchair was abandoned for crutches and then a cane, the accident would become a fading unpleasant memory jarred back to life only by the occasional cramp in his injured leg. Puccini's desire to put the experience far behind him is clear from the fact that he remained an avid motorcar enthusiast and had soon replaced his damaged car with a new one. Meanwhile he resumed work

“Un primo scatto fotografico coglie Puccini di sorpresa, sta forse riposando…

“*The first photo of Puccini caught him unaware…*

“Il secondo scatto, invece, lo vede più presente, partecipe con gli altri, alza infatti appena appena il capo verso l'obiettivo…

“*In the second photo he seems more alert and responsive, raising his head ever so slightly toward the camera…*

Giacomo Puccini dopo l'incidente automobilistico, 1903. Archivio Storico Ricordi

Giacomo Puccini after the car accident, 1903. Archivio Storico Ricordi

ni cerchi di lasciarselo alle spalle è provato anche dal fatto che le automobili restano una sua grande passione e ben presto ne arriverà una nuova a sostituire l'incidentata. Nel frattempo Cio-Cio-San ha ripreso la sua crescita musicale, nota dopo nota, accompagnata da un fitto scambio epistolare fra musicista, editore e librettisti – Luigi Illica e Giuseppe Giacosa – per arrivare infine al biglietto inviato da Puccini a Rosina Storchio poche ore prima che il soprano entri in scena, indossando lo splendido kimono di Butterfly disegnato da Giuseppe Palanti, in quella fatidica sera del 17 febbraio 1904: "Cara Rosina, è inutile il mio augurio! È così vera, delicata, impressionante la sua grande arte, che certo il pubblico ne sarà soggiogato! [...]"[6].

Puccini sarà sempre di una squisita cortesia con il soprano, ringraziandolo per la sua splendida interpretazione, dolendosi che non possa riportare in scena la nuova Cio-Cio-San che sta preparando per quella che sarà la rivincita bresciana[7].

on Butterfly, in close and constant correspondence with Ricordi and his librettists Luigi Illica and Giuseppe Giacosa. At long last, the evening of that fateful premiere on 17 February 1904, he sent this message to Rosina Storchio, just a few hours before she would don the splendid kimono designed by Giuseppe Palanti for her role as Cio-Cio-San: "Dear Rosina, my best wishes are unnecessary! Your great artistry is so genuine, so sensitive and effective, that the public will certainly be enthralled!"[6].

Puccini was to remain extremely cordial toward the soprano, thanking her for her splendid interpretation and regretting that she would be unable to portray Cio-Cio-San for the revival in Brescia[7].

Puccini was able to recuperate his serenity by seeking refuge at Torre del Lago, as he wrote to Illica: "I assure you that this life soothes the soul considerably. What a strange effect it is here to recall the audience of La Scala! That dreadful day

Rosina Storchio, la prima Cio-Cio-San in *Madama Butterfly*, Teatro alla Scala, Milano, 1904. Archivio Storico Ricordi

Rosina Storchio, who created the role of Cio-Cio-San in Madama Butterfly, *Teatro alla Scala, Milan, 1904. Archivio Storico Ricordi*

“...in quella fatidica sera del 17 febbraio 1904: "Cara Rosina, è inutile il mio augurio!...

“*...the evening of that fateful premiere on 17 February 1904, he sent this message to Rosina Storchio, [...]" Dear Rosina, my best wishes are unnecessary!...*

Mentre Puccini riacquista serenità nel suo rifugio di Torre del Lago scrivendo a Illica "[...] ti assicuro che questa vita calma tanto lo spirito. Da qui che effetto strano fa ripensare al pubblico della Scala! Pare lontano quel terribile giorno", il suo editore, Giulio Ricordi, si fa inviare la pianta del Teatro Grande di Brescia, scelto come nuova ribalta, per cominciare a studiarne l'adattamento per la nuova messinscena. Nel frattempo pubblica sulla sua rivista sia le foto delle scene di Vittorio Rota e Carlo Songa, che è giusto siano ammirate, sia un intero servizio fotografico dedicato alla meritevole Storchio, di cui stampa anche una selezione di 12 cartoline immesse sul mercato insieme alla serie di acquerelli dedicati all'opera disegnati da Leopoldo Metlicovitz [8].

Cambia anche la pubblicità: Adolf Hohenstein invia dalla Germania il nuovo manifesto, ben diverso dal precedente di Metlicovitz, una Cio Cio San più realistica, altamente

seems far away." Ricordi meanwhile had obtained the stage layout for the Teatro Grande in Brescia to begin planning for the new production. In addition, he published photographs of the La Scala sets designed by Vittorio Rota and Carlo Songa in "Musica e musicisti" so that that they might be admired as they justly deserved, along with a photographic essay entirely dedicated to the worthy Rosina Storchio. Twelve of these latter photos were issued for sale as postcards, as was a series of Butterfly-inspired water-colors by Metlicovitz [8].

The publicity also changed: Adolf Hohenstein [9] *sent a new poster design from Germany in which Cio-Cio-San is far more realistic than she appears in the Metlicovitz original, immersing the viewer in the dramatically charged atmosphere of the opera.*

It must have been a singular pleasure for Ricordi to be able to publish the delightful caricature entitled Project for the

“...la nuova Cio Cio San che sta preparando per quella che sarà la rivincita bresciana.

“*...Cio-Cio-San for the revival in Brescia.*

Salomea Krusceniski, Cio-Cio-San a Brescia, maggio 1904.
Archivio Storico Ricordi

Salomea Krusceniski, Cio-Cio-San in Brescia, May 1904.
Archivio Storico Ricordi

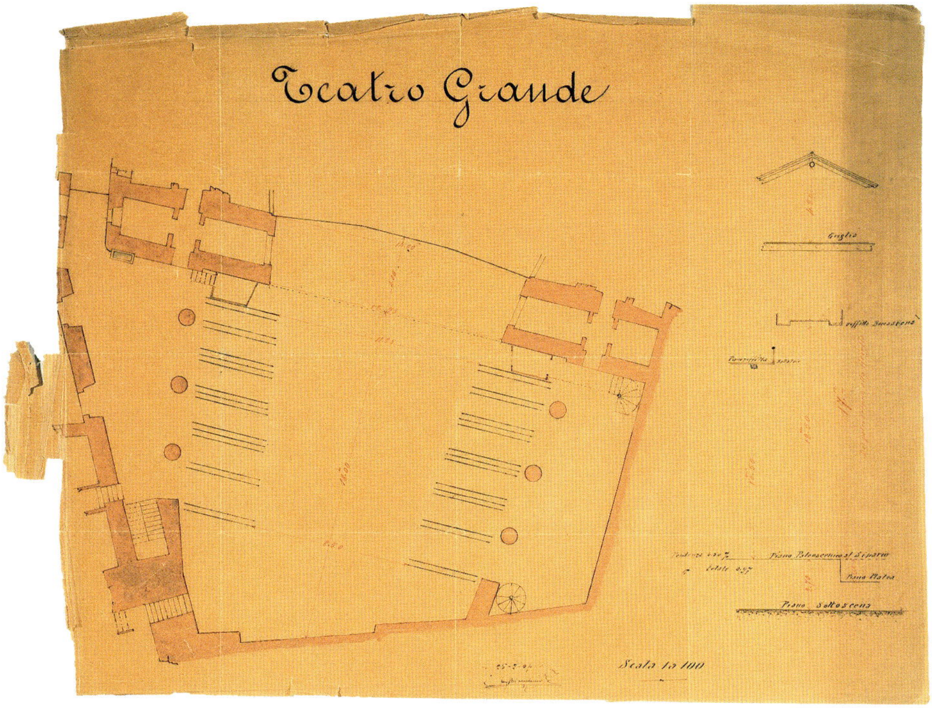

Pianta del palcoscenico del Teatro Grande di Brescia.Disegno datato 25 febbraio 1904. Archivio Storico Ricordi

Stage plan of the Teatro Grande, Brescia. Drawing dated 25 February 1904. Archivio Storico Ricordi

“…Giulio Ricordi, si fa inviare la pianta del Teatro Grande di Brescia,… per cominciare a studiarne l’adattamento per la nuova messinscena

“*…Ricordi meanwhile had obtained the stage layout for the Teatro Grande in Brescia to begin planning for the new production.*

“…una selezione di 12 cartoline immesse sul mercato insieme alla serie di acquerelli dedicati all’opera e disegnati da Leopoldo Metlicovitz.

“*…as postcards, as was a series of Butterfly-inspired water-colors by Metlicovitz.*

Due cartoline di Leopoldo Metlicovitz. Archivio Storico Ricordi

Two postcards by Leopoldo Metlicovitz. Archivio Storico Ricordi

Luigi Illica, Giulio e Tito Ricordi visitano Puccini e la moglie a Boscolungo, 1904.
Archivio Storico Ricordi

Luigi Illica, Giulio and Tito Ricordi visit Puccini and his wife at Boscolungo, 1904.
Archivio Storico Ricordi

“ …una visita di Giulio Ricordi in compagnia del figlio Tito II e di Luigi Illica proprio a Boscolungo.

“ *… a photo essay of just such an occasion, when Giulio Ricordi came to visit with his son Tito II and Illica.*

Giacomo Puccini e la moglie Elvira in Egitto nel 1908.
Archivio Storico Ricordi

Giacomo Puccini and his wife Elvira in Egypt, 1908. Archivio Storico Ricordi

“Fra le piramidi, quelle vere, Puccini andrà veramente pochi anni dopo, nel 1908, in occasione della prima in Egitto proprio di *Madama Butterfly*…

“*Puccini would find himself among the real pyramids only a few years later, in 1908, for the first performance of* Madama Butterfly *in Egypt.*

drammatica, che colpisce lo spettatore immergendolo nell'atmosfera dell'opera[9].

Chissà quale fu la soddisfazione nel poter pubblicare nel successivo mese di maggio la simpatica caricatura del *Progetto di velario pel Teatro Grande di Brescia con l'Apoteosi di Puccini dopo il successo di "Madama Butterfly"*, di poter sorridere di un successo di cui ci si era sentiti defraudati quella prima volta di febbraio, e la foto di un Puccini seduto di tre quarti, attribuita a quel periodo, rispecchia la soddisfazione di un artista che ancora una volta sente di aver portato a termine una lunga fatica. Un sedersi sugli allori come sempre molto breve, perché il Nostro soffre nell'inattività e ben presto riprende la spasmodica ricerca di nuove trame da musicare, ma intanto la vacanza all'Abetone di quell'anno è pienamente goduta.

La casa di Boscolungo è un acquisto recente e potersi godere un po' di fresco, sfuggendo alla calura lucchese non è poca cosa. Qui può stabilire i suoi record automobilistici e ricevere parenti ed amici, offrendo ospitalità e… frescura. Ciò non esclude che si possa anche parlare di lavoro; il numero di ottobre del 1904 di "Musica e musicisti" pubblica una visita di Giulio Ricordi in compagnia del figlio Tito II e di Luigi Illica proprio a Boscolungo. È sicuramente estate, le magiostrine di Tito e Illica, i pantaloni bianchi, la tenuta "vacanziera" del "Sor" Giulio confermano quanto aveva anticipato Puccini a Fosca in una lettera dell'8 agosto, in cui racconta le sue gite in auto e "la casina è un amore e ci è invidiata da tutti, è un po' solitaria, ma a noi non dispiace […]. Il 15 verrà il sig. Giulio, Tito e Illica". Lo stesso Puccini si fa fotografare in completo bianco con la moglie e alcuni amici accanto a un curioso monumento a piramide posto a segnare il confine "dalla Toscana alla provincia di Modena"[10].

Fra le piramidi, quelle vere, Puccini andrà veramente pochi anni dopo, nel 1908, in occasione della prima in Egitto proprio di *Madama Butterfly*… e di "prime" della piccola Cio-

stage curtain of the Teatro Grande in Brescia depicting the Apotheosis of Puccini after the success of "Madama Butterfly" *in the May issue of "Musica e musicisti", savoring the triumph that seemed stolen from them that first time in February. A photograph from that period of Puccini seated in a 3/4 pose reflects his satisfaction in having brought another long labor to fruition. Although it was never his way to "rest on his laurels" for long, soon returning to his anxious quest for new subjects to set, he was nonetheless able to enjoy his vacation thoroughly at Abetone that year.*

The recently purchased house at Boscolungo provided welcome relief from the heat of Lucca. Here Puccini could pursue his passion for motoring and offer "refreshing" hospitality to family and friends. It was a pleasant environment for discussing work as well: the October 1904 issue of "Musica e musicisti" includes a photo essay of just such an occasion, when Giulio Ricordi came to visit with his son Tito II and Illica. Their summer attire indicates that this was the same occasion as the one Puccini mentioned in a letter describing his motorcar outings and the «charming house which everyone envies, a bit isolated but we hardly mind» to Fosca dated 8 August: "Giulio, Tito, and Illica will be coming on the 15th." In another photograph Puccini appears dressed in a white suit with Elvira and some friends beside a curious landmark, a pyramid designating the boundary "between Tuscany and the province of Modena"[10].

Puccini would find himself among the real pyramids only a few years later, in 1908, for the first performance of Madama Butterfly *in Egypt. It was only one of the many places where Butterfly would alight during this period, just as Pascoli had predicted.*

As the opera winged its way throughout Europe and beyond, Puccini was not always able to be present for the various premieres. One of these was the first performance at Covent Garden in London on 10 July 1905, while the composer was in Buenos Aires for a season of his operas. In a

Cio-San ce ne furono parecchie in quegli anni, come aveva pronosticato lo stesso poeta Giovanni Pascoli nella ricordata cartolina scritta a Puccini dopo la "caduta" scaligera.

Di voli in Europa e oltre oceano Butterfly ne ha fatti tanti e lo stesso Autore non sempre è riuscito ad esserle accanto nei vari debutti, come quando l'opera affronta il palcoscenico del Covent Garden di Londra il 10 luglio 1905, mentre lui è a Buenos Aires per una stagione lirica tutta pucciniana. Nella fotografia del pranzo offerto dopo lo spettacolo londinese diretto da Cleofonte Campanini con protagonsti Enrico Caruso ed Emily Destinn, riconosciamo sorridente sotto i folti baffi il famoso tenore e poco lontano l'amico e compositore Francesco Paolo Tosti, dietro di loro in piedi Tito II Ricordi che terrà un lungo discorso ai commensali presenti.

È uno di quei discorsi che Puccini non amava fare: "Lo spaventano i banchetti nei quali si pronunciano discorsi, cui vedesi obbligato di rispondere. Dice: quelli sono i momenti peggiori della mia vita!"; è "un orso timido, senza dubbio: non feroce, ma di una timidezza giovanile ed amabile…". Così lo tratteggia in un lungo articolo pubblicato dalla *Prensa* di Buenos Aires un ritrattista d'eccezione: lo scrittore Edmondo De Amicis. Parole le sue confermate più volte dallo stesso Puccini, come nella lettera scritta al poeta Luigi Illica prima della partenza per la capitale argentina: "Insomma un vero viaggio di piacere… avvelenato dai banchetti e relativi discorsi. Dei quali tu dovresti prepararmene qualcuno di poche frasi, che studierei durante il viaggio…".

In realtà si trovò spesso in tal frangente, e uno di quei casi fu proprio durante il banchetto offerto in suo onore nei saloni londinesi che avevano ospitato quella prima cena di luglio. Ora è il mese di ottobre e la cena segue alla serata inaugurale della seconda edizione di *Butterfly*. Lo vediamo sicuro di sé, l'espressione aperta e tranquilla, in piedi fra gli invitati nella grande foto scattata per l'occasione, mentre seduto davanti in primo piano fra i commensali si rico-

photograph taken at the dinner after the London performance, which had been conducted by Cleofonte Campanini with Emily Destinn and Enrico Caruso in the principal roles, we can recognize the famous tenor smiling beneath his thick moustache, and his friend the composer Francesco Paolo Tosti nearby. Tito Ricordi II, who stands behind them, was designated to deliver the dinner address.

Puccini himself dreaded such public occasions where he was forced to speak. According to the noted author Edmondo De Amicis (in a long article published in «La Prensa» *of Buenos Aires in which he portrayed Puccini as "a timid bear, without a doubt: not ferocious, but timid rather in a youthful and amiable way"): "He is frightened by banquets where speeches are given and he is obliged to respond. He claims: 'Those are the worst moments of my life!' " The composer was wont to repeat this aversion, as in the letter he wrote to Illica before he left for Argentina: "All in all, a genuine pleasure trip... poisoned by the banquets and relative speeches. You must prepare a few brief statements for me, which I will study during the trip".*

Actually these occasions were all too frequent: such as the banquet held in his honor after the London premiere of the second production of Butterfly *in October 1905, in the same hall where the first dinner had taken place some three months earlier. In this photograph he seems sure of himself, standing among the guests (including the conductor Leopoldo Mugnone seated in the foreground) with a calm and open expression.*

In May of the following year we find Puccini in Budapest for a run of three of his operas: La bohème, Tosca, *and* Madama Butterfly, *all in Hungarian translation. Puccini posed for a photograph on the stage of the Royal Theatre for the occasion with Elsa Szamosi as Cio-Cio-San. On 12 May, the day of the Butterfly performance, he sent a photograph signed and dedicated to Giulio Ricordi from Budapest, in which he wore the same checkered sweater vest*

Giacomo Puccini all'epoca della composizione di *Madama Butterfly*. Archivio Storico Ricordi

Giacomo Puccini at the time when he was working on Madama Butterfly. *Archivio Storico Ricordi*

Giacomo Puccini, fotografia con dedica a Giulio Ricordi "Al mio amato Signor Giulio affettuosamente il suo Giacomo Puccini Budapest 12.V.1906". (A.S.R.)

Giacomo Puccini, photograph signed and dedicated to Giulio Ricordi "To mio beloved Signor Giulio affectionately his Giacomo Puccini 12.V.1906". (A.S.R.)

" ...Puccini seduto di tre quarti, [...] la soddisfazione di un artista che ancora una volta sente di aver portato a termine una lunga fatica.

" *A photograph from that period of Puccini seated in a 3/4 pose reflects his satisfaction in having brought another long labor to fruition.*

" Lo vediamo sicuro di sé, l'espressione aperta e tranquilla, in piedi fra gli invitati...

" *In this photograph he seems sure of himself, standing among the guests...*

Cena di gala data all'Hotel Savoy di Londra, il 24 ottobre 1905 per il Maestro Giacomo Puccini in occasione della rappresentazione di *Madama Butterfly* nella stagione autunnale del Covent Garden. Archivio Storico Ricordi

Supper Party given at the Savoy Hotel in London, 24th October, 1905, to Maestro G. Puccini in the occasion of the performance of Madama Butterfly *during the Autumn Season at Covent Garden Theatre. Archivio Storico Ricordi*

Giacomo Puccini a Vienna nel 1907; nella seconda fotografia si riconoscono Francesco Spetrino e Angelo Eisner Eisenhof. Archivio Storico Ricordi

Giacomo Puccini in Vienna, 1907; in the second photograph, in the background, Francesco Spetrino and Angelo Eisner Eisenhof. Archivio Storico Ricordi

“ È l’autunno del 1907: [...] e cammina lentamente gustando un momento di relax...

“ *We find him here in late October 1907. [...] but he prefers instead a walking cane for his relaxing stroll...*

“ Così lo vediamo ritratto a passeggio, da solo o con gli amici...

“ *There are various views of the composer both alone and in company with his friends...*

“ ...a bordo del suo nuovo yacht, la camicia svolazzante, la sigaretta fra le labbra...

“ *...aboard his new yacht, his shirt fluttering in the breeze, a cigarette between his lips...*

Puccini con Tito II Ricordi a bordo dello yacht durante una gita all’isola di Gorgona. Archivio Storico Ricordi

Puccini on his yacht with Tito II Ricordi during an excursion to the isle of Gorgona. Archivio Storico Ricordi

nosce il Maestro Leopoldo Mugnone, che diresse la rappresentazione di quella sera.

Nel maggio dell'anno seguente, a Budapest, è invece fotografato seduto sul palcoscenico, gli è accanto solo la sua Cio-Cio-San nelle fattezze del soprano Elsa Szamosi, nel Teatro Reale della città, dove sono in programma tre serate pucciniane: il 9 *La Bohème*, il 10 *Tosca* e il 12 *Madama Butterfly*, tutte rigorosamente in ungherese! In quest'ultimo giorno Puccini invia un' altra sua foto, scattata da un fotografo di Budapest, con dedica a Giulio Ricordi: si riconosce il gilet a quadretti della foto in teatro, mentre l'abito ora è chiaro e di taglio più sportivo, come il cappello dello stesso colore portato un po' inclinato.

Il 1906 è anche l'anno di Parigi; l'Archivio Ricordi non conserva fotografie del Maestro in occasione di questo importante impegno, ma due bozzetti di Michel Jambon e Alexandre Bailly disegnati per la "prima" francese, che lui stesso fece acquistare da Ricordi per le successive edizioni di *Madama Butterfly*, preferendole a quelle dell'edizione italiana.

Dal palcoscenico dell'Opéra Comique a quello agognato del prestigioso Teatro Imperiale di Vienna. Puccini aveva espresso più volte il desiderio di vedervi rappresentate le sue opere, pur dichiarandosi soddisfatto dei consensi ricevuti dal pubblico viennese in precedenti occasioni. Ora il sogno si concretizza con *Madama Butterfly*.

È l'autunno del 1907: le giornate si vanno facendo più fresche e nuvolose, alcune signore gli passano accanto portando prudentemente con sé l'ombrello, lui invece ha in mano il bastone da passeggio e cammina lentamente gustando un momento di relax nelle eleganti vie del centro di Vienna; indossa un abito scuro, una bella cravatta a righe con il fermacravatte perlaceo.

Il suo arrivo nella città austriaca è occasione non solo di presentare *Madama Butterfly* al pubblico viennese, ma an-

with a lighter, more sportive suit and a matching hat perched at a leisurely tilt.

Although there are no surviving photographs in the Ricordi Historical Archives of Puccini during his stay in Paris for the first French production of Madama Butterfly *in 1906, we do have two set designs by Michel Jambon and Alexandre Bailly for this important premiere. They had been purchased by Ricordi for use in future productions of the opera at the express request of the composer, who preferred them to the original Italian set designs.*

From the stage of the Opéra-Comique, Butterfly carried Puccini to the Imperial Theatre of Vienna. While he had been pleased with the success of his operas in other Viennese theatres, the conquest of such a prestigious venue for this performance of Madama Butterfly *was a dream come true.*

We find him here in late October 1907. With the arrival of cooler, more inclement weather, several passers-by prudently carry an umbrella; but he prefers instead a walking cane for his relaxing stroll through the elegant streets of Vienna. He wears a dark suit and a handsome striped tie held with a pearl pin.

In addition to the performance of Madama Butterfly, *this visit to Vienna was an opportunity for Puccini to see his close friend, Baron Angelo Eisner Eisenhof*[11]*. The baron showed Puccini about town together with Francesco Spetrino, who would conduct the opera at the Imperial Theatre, while the well-known piano builder Fritz Ehrbar captured them in a series of photographs. There are various views of the composer both alone and in company with his friends, culminating in their arrival at the theatre for the performance, their carriage still visible behind. Puccini stands in the foreground, his top hat shining in the twilight as if to highlight the elegance of his evening attire.*

Puccini always devoted particular care to the way he dressed, no matter whether the occasion required it or not.

che d'incontrare un caro amico, il barone Angelo Eisner Eisenhof. Questi, insieme al Maestro Francesco Spetrino, che dirigerà l'opera al Teatro Imperiale[11], gli fa da guida, e vengono più volte immortalati insieme dall'obiettivo di Fritz Ehrbar, noto fabbricante di pianoforti di Vienna. Così lo vediamo ritratto a passeggio, da solo o con gli amici fino alla fotografia scattata all'ingresso in Teatro, appena scesi dalla carrozza ancora alle loro spalle, Puccini in primissimo piano rispetto ai due accompagnatori è in abito da sera, il cilindro brilla nella luce del crepuscolo, dando un ulteriore tocco di eleganza al compositore.

C'è sempre una sua cura particolare nel vestire, nel presentarsi, e non solo quando lo richiede l'occasione: il tocco del bastone dal manico d'avorio, i guanti in pelle, i fermacravatte che si alternano in diverse fogge, la catena nel panciotto, la bianca sahariana estiva. È comprensibile che vi sia una studiata attenzione alla propria immagine quando si reca appositamente in uno studio fotografico o quando per esperienza sa che incontrerà sulla sua strada un obiettivo ad immortalarlo, ma la cura per il particolare si evidenzia anche nei momenti liberi a lui più consoni.

Come non notare ad esempio le perfette scarpe bicolori, quando siede con noncuranza a bordo del suo nuovo yacht, la camicia svolazzante, la sigaretta fra le labbra, godendo la fresca brezza del mare, lasciando a Tito II il ruolo di nocchiero!

La foto è scattata durante una gita all'isola di Gorgona nell'arcipelago toscano sul nuovo cabinato di 13 metri e puntualmente Ricordi informerà i suoi fedeli lettori circa la costruzione e il varo dell'imbarcazione, proprio come si fa ancora oggi con i divi sui settimanali di costume.

È l'estate del 1911, l'anno prima un'altra eroina pucciniana, *La fanciulla del West*, ha spopolato al Metropolitan di New York, ma la nuova barca appena acquistata e a cui bisogna dare un nome, secondo le regole del mare, non riceve quello di Minnie, nuova eroina americana, ma un altro,

There was a studied touch in the ivory-handled cane, the leather gloves, the variety of tie pins, the watch chain hanging from his vest pocket, the white summer jacket. A certain concern for his appearance would be expected for a studio portrait or the likely encounter with a photographer in one public context or another, yet Puccini was as attentive to matters of personal detail in his private life as well.

It is difficult not to notice, for example, his perfect two-tone shoes as he sits nonchalantly aboard his new yacht, his shirt fluttering in the breeze, a cigarette between his lips, enjoying the fresh sea air, leaving Tito II to man the wheel. This photograph was taken during an excursion to Gorgona, an island in an archipelago off the coast of Tuscany, on board Puccini's new 13-meter cabin cruiser. Ricordi promptly published the details of its construction and maiden voyage for his faithful readers, just as tabloids continue to whet the public appetite for news about the rich and famous.

This episode dates from the summer of 1911, the year following the success of La fanciulla del West *for its premiere at the Metropolitan Opera House in New York. One might therefore imagine that the boat would be christened Minnie, in honor of the new American heroine; but Puccini's choice fell to the name of another, who had remained dear to him through the years and would continue to accompany him in these moments of pleasure: Cio-Cio-San.*

NOTES

1. "Gazzetta musicale di Milano" XVI, 2 (9 January 1858). Founded in 1842, it was published weekly by Casa Musicale Ricordi with occasional interruption until 1902, when in its 57th year it merged with the monthy Musica e musicisti. This name was subsequently changed to the house motto, Ars et labor, in 1906, remaining such until its definitive closure in 1912.

2. "Musica e musicisti", February 1904, p. 109. The music was «Un bel dì vedremo».

3. In the column «Il Giro del mondo in un mese», "Musica e musicisti", March 1904, p. 189.

4. Published in A. Marchetti, Puccini com'era *(Milan, 1973), p. 294.*

5. The poet Giovanni Pascoli sent a note to Puccini after the fiasco at La Scala, assuring him that «the little butterfly ['farfallina'] will fly, its wings sprinkled with dust and drops here and there» (in Marchetti, cit., *p. 298).*

6. Puccini also signed this charming message to Storchio with Illica and Gia-

particolare. Un nome rimasto dopo anni nel cuore del Maestro, che lo accompagnerà anche in questi suoi momenti di svago per mare e che poteva essere uno solo: Cio-Cio-San.

NOTE

1. "La Gazzetta Musicale di Milano", anno XVI, n. 2, 9 gennaio 1858. La rivista settimanale fondata nel 1842 venne pubblicata con alcune interruzioni dalla Casa Musicale Ricordi fino al 1902 quando, giunta al suo 57° anno di vita, chiuse fondendosi col periodico mensile "Musica e musicisti". Quest'ultimo, a partire dal 1906, cambiò nome adottando il motto stesso della Casa musicale "Ars et labor" fino al 1912, anno della definitiva chiusura.
2. "Musica e musicisti", 15 febbraio 1904, p. 109. Il brano è *Un bel dì vedremo*.
3. Articolo pubblicato nella sezione intitolata "Il Giro del mondo in un mese", in "Musica e musicisti", marzo 1904, p. 189
4. Lettera di Ramelde al marito, in Arnaldo Marchetti, *Puccini com'era*, Milano, Curci, 1973, p. 294.
5. Come la definì il poeta Giovanni Pascoli in una cartolina inviata a Puccini: [...] la farfallina volerà / ha l'ali sparse di polvere, / con qualche goccia qua e là, / [...], in Marchetti, p. 298
6. Puccini firmò con Illica e Giacosa anche un altro simpatico biglietto, destinataria sempre la Storchio: " Cara Butterfly noi siamo costretti a farvi morire in scena, ma voi coll'arte profonda e squisita farete vivere l'opera nostra".
7. Lettera del 22 febbraio 1904 in cui fra l'altro Puccini scrive: "Penso che Butterfly senza Rosina Storchio diventi una cosa senza anima".
8. Sul numero del 15 maggio del 1904 della sua rivista Ricordi pubblicizza le "Nuovissime cartoline Postali artistiche in fotoincisione: Serie di 12 cartoline che riproducono la signora Rosina Storchio nei punti principali dell'opera, la serie di 12 a lire 2, cadauna cartolina cent. 20". Nel numero successivo si aggiungono 12 cartoline in cromolitografia di Leopoldo Metlicovitz (1868-1944) in elegante busta a colori, netto Fr. 1,20. Di quest'ultime vi sono ancora oggi, presso l'Archivio Storico Ricordi, i bozzetti originali acquerellati di Metlicovitz.
9. Adolf Hohenstein (1854-1928) fu un famoso pittore e grafico, primo direttore artistico di Casa Ricordi nella sezione delle Officine Grafiche, suoi furono i manifesti per altre opere pucciniane come *La bohème*, *Edgar* e *Tosca*.
10. Boscolungo Abetone è una località montana a 1350 metri poco lontano dall'Abetone, una delle più note stazioni di villeggiatura dell'Appennino sul confine geografico fra Emilia e Toscana. Due piramidi di pietra ricordano l'opera dei sovrani di Modena e Toscana nella costruzione della strada di collegamento voluta nella seconda metà dell'800. Leggiamo nel n. 10 del 1904 di "Musica e musicisti": "Una vettura impiega da Pracchia per salire a Boscolungo Abetone un po' più di 5 ore: Puccini colla sua 16 HP si mangia la strada in 2 ore".
11. Il 31 ottobre è a Vienna, ma la conoscenza del barone Eisner da parte di Puccini risaliva a un suo viaggio ad Amburgo per un allestimento di *Le Villi* nel 1892.

cosa: «Dear Butterfly, we are compelled to have you die on stage, but you will bring our opera to life with your profound and exquisite artistry.» [Gara, p. 256]
7. Letter to Storchio dated 22 February 1904, in which Puccini wrote: «I think that Butterfly without Rosina Storchio seems a thing without life.» [Gara, p. 261].
8. In the May 1904 issue of Musica e musicisti Ricordi advertised the recent publication of «new artistic photo-engraved postcards: a series of 12 cards of Rosina Storchio in the principal points of the opera, the complete set of 12 for 2 lire, each card 20 centesimi». The following month he added the offer of 12 chromolithographed cards by Leopoldo Metlicovitz (1868-1944) in an elegant colored envelope for 1.20 franchi. The original watercolor designs by Metlicovitz are preserved in the Ricordi Historical Archives.
9. The first director of Casa Ricordi's graphic arts division, Adolf Hohenstein (1854-1928) was a noted painter who also created the posters for such Puccini operas as La bohème, Edgar, *and* Tosca.
10. Boscolungo Abetone is a mountain village (1350 m.) situated not far from Abetone, one of the most popular vacation resorts in the Apennines situated on the border between the regions of Emilia and Tuscany. Two stone pyramids commemorate the construction of a connecting roadway in the latter half of the nineteenth century, financed by the rulers of Modena and Tuscany. The October 1904 issue of Musica e musicisti notes: «A coach takes a bit more than 5 hours to travel from Pracchia up to Boscolungo Abetone; Puccini devours this same road with his 16 HP in 2 hours.»
11. Puccini had originally met the baron in Hamburg in 1892, when Le Villi *was performed there.*

John Luther Long

Madame Butterfly

I
LA PRESCRIZIONE DI SAYRE

Sayre gli aveva consigliato, durante il viaggio (dato che egli si doleva incessantemente di quello che chiamava il loro esilio nella stagione asiatica) di attendere fino al loro arrivo. Diceva di non aver mai considerato il servizio nei mari giapponesi un esilio, e vi era già stato due volte.
Pinkerton era giunto allora dal Mediterraneo.
— In mancanza di altri divertimenti, — continuò Sayre, ridendo — potresti prender moglie e... —
Pinkerton lo interruppe sbuffando fortemente.
— Di solito sei solo frivolo, Sayre, ma oggi sei sciocco. —
Senza aver l'aria di offendersi, Sayre proseguì:
— Quando fui qui nel 1890... —
— La storia della Geisha Rosa? —
— Ebbene... sì — annuì Sayre pazientemente.
— Scusami, allora, prima che tu incominci... — E si volse per andare sotto coperta.
— L'hai già udita, nevvero? —
— Mille volte, da te e da altri. —
Sayre rise bonariamente della cortese esagerazione, e passò a Pinkerton il suo astuccio di sigarette.
— Ah, e non hai mai saputo chi era l'uomo? —
— No, — accese la sigaretta — quello è stato un tuo piccolo mistero, pare. —
— Pare? —
— Sì. Sapevamo tutti che eri tu stesso. —
— Non è vero, — disse Sayre seriamente. — Era mio fratello. — E guardò altrove.
— Oh! —
— È morto ora. —
— Ti domando scusa. Non ci avevi mai detto questo. —
— Egli ritornò, ma non la poté ritrovare. —
— E tu mi consigli di diventare anch'io un soggetto da rimorsi? Sei molto gentile. —
— Non è la stessa cosa. Non c'è pericolo che tu perda la testa per... — guardò Pinkerton con incertezza, poi soggiunse lentamente — ...chicchessia. È probabile che il pericolo lo subirebbe interamente l'altra persona. —
— Grazie, — rispose Pinkerton ridendo — questo è un po' più confortante. —
— E però, — rifletté Sayre — sei difficile da accontentare, umanamente parlando... — Pinkerton sorrise a questa ingenua ma esatta definizione di se stesso.
— Sei... — proseguì Sayre esitando per trovare il termine esattamente — ...inaccessibile. —
— Precisamente — rispose Pinkerton ridendo. — Non vedo un gran pericolo per me nella tua prescrizione. Me l'hai presentata sotto un aspetto piuttosto attraente. L'idea non può essere del tutto disonorevole se tuo fratello Jack l'ha messa in pratica. Noi subalterni usavamo chiamarlo Agamennone, ti ricordi? —
— Non è la mia prescrizione — disse Sayre brevemente, abbandonando il ponte del bastimento.

II
IL SIG. B. F. PINKERTON E LE SUE ABITUDINI

Pinkerton non solo si ammogliò, ma provvide se stesso di

una posizione riconosciuta, creandosi un *ménage* a perfetta misura delle proprie idee e improntato interamente al proprio benessere.
Con l'aiuto di un agente matrimoniale si procurò una moglie e una casa in cui alloggiarla, casa che prese in affitto per novecentonovantanove anni.
Non che sperasse di avere la felicità di risiedervi con lei così a lungo – aveva detto in seguito a sua moglie – ma perché, essendo un vero 'barbaro', non poteva fare altri contratti. Non aggiunse però che la locazione era rescindibile alla fine di qualsiasi mese qualora l'affitto non fosse stato pagato. I dettagli erano sgradevoli per Pinkerton, e per di più ella non avrebbe probabilmente apprezzato lo spirito della cosa.
Alcuni abili operai giapponesi adornarono di tappezzerie i muri della bella casa e adattando con attenzione i prodotti delle manifatture di metallo americane, resero le aperture facilmente chiudibili. Il resto era prettamente giapponese.
Madama Butterfly rise e gli domandò presto perché si era dato disturbo di fare ciò … in Giappone!
— Per far star fuori quelli che sono fuori e tener dentro quelli che sono dentro — rispose egli con un gesto amoroso rivolto a lei. Essa però era assai soddisfatta di tutto questo e girava per casa facendo risuonare le sue chiavi nuove e la sua novella autorità come balocchi – aveva solo una piccola domestica da comandare – finché si accorse che fra gli altri dovevano essere esclusi anche i suoi parenti.
Ve n'era stato, come diceva suo marito, un'orda spaventevole al matrimonio (erano venuti con lanterne e bandiere e dimostrazioni clamorose di buon volere) ed egli le domandò, quando ella lo interrogò, se non le erano sembrati un po' stucchevoli.
— Ti è parso? — chiese ella.
— Enormemente — rispose suo marito.
Essa impallidì; non si era aspettata una risposta simile. Un giapponese avrebbe detto di no, lasciando però nella mente un punto interrogativo.
Egli rise in modo consolante.
— Ebbene, Ane-San (che significava solo 'sorella maggiore'; non vi sono infatti vezzeggiativi nella lingua giapponese) — dovrai avvezzarti a vivere senza antenati. Pensa a tutta la gente che vorrebbe poterlo fare e consolati. —
— Chi? — Non aveva mai udito una cosa simile.
— Le persone, per esempio, i cui antenati sono periti sulla forca, o che, in America, hanno esercitato dubbi mestieri. —
Essa non capiva, come succedeva spesso peraltro, ed egli proseguì:
— Io eserciterò le funzioni dell'antenato, diciamo pure degli antenati in massa, e quelli veri dovranno andarsene o meglio non venire. —
Ancora una volta lo scherzo fu fatto a se stesso; sua moglie se ne era andata per piangere.
Da principio essa aveva deciso di fuggire da lui: ma questa cosa, rifletté, non avrebbe probabilmente garbato ai suoi parenti dal momento che essi avevano acconsentito all'unanimità al suo matrimonio. Poi preferiva rimanere; aveva acquistato una strana simpatia per Pinkerton e il suo nuovo modo di vivere. Infine, incominciò una settimana di prova, prova assai forte infatti per una moglie giapponese, ma Pinkerton incoraggiava la sua gentile autonomia domestica. Le sue arie di autorità erano graziose, e lo divertivano sempre più.
— Sig. B. F. Pikkerton, — era così, fra le altre cose, che egli le aveva insegnato a chiamarlo — mi piacerebbe se permettessi ai miei augusti antenati di venirmi a trovare. Mi piacerebbe molto se tu volessi permettermelo. —
I suoi capelli erano stati pettinati di fresco per l'occasione, ed ella vi aveva posto un papavero. Poi aveva messo la sua mano sul braccio di lui (un atto di coraggio per lei), mentre gli sorrideva bramosamente. E se voi poteste sapere che cosa erano i sorrisi di Cho-Cho-San, e le sue mani e la loro carezza vi sorprendereste come potesse Pinkerton resistervi. Non di meno, egli rise di lei, sempre con bontà, e rifiutò.
— Non possiamo adottare un intero reggimento di retaggi del passato, sai. Sei già tu un retaggio del passato per me.
— E quantunque egli la baciasse ella si allontanò e pianse ancora, e le ragazze giapponesi non piangono spesso. Egli

non poteva capire come questa concessione fosse importante per lei. Bisogna confessare che non cercò nemmeno di capirla. Sayre, con un po' di partigianeria, gli spiegò che nel Giappone l'affezione filiale è lo scopo assoluto, e che questi antenati erano per sua moglie il solo legame colla vita eterna, nella quale essa sperava.

Egli le avrebbe dato allora un nuovo scopo, disse Pinkerton forse alludendo a se stesso, e una nuova religione, se era proprio necessario che ne avesse una, e sarebbe stata anche in questo caso lui stesso. Per cui quando Cho-Cho-San, per volere di Pinkerton, si mise con diffidenza a rivestire i fantasmi che costituivano la sua 'religione', Pinkerton le spiegò quelli che egli chiamava i mezzi di salvezza più facili dell'occidente, e lo fece con molta serietà, tenuto conto che tutti i discorsi rivolti a lei erano improntati ad una certa fantasia, e questo era inevitabile per Pinkerton. Dopo tutto lei era proprio una personcina impossibile, rivestita di vernice e belletto. Ma egli la colpì più profondamente di quanto si rendesse conto, perché ella andò segretamente alla chiesa del missionario che praticava sulla collina dirimpetto, e udì le stesse cose, e apprese di più: che poteva adottare questa nuova religione in qualunque momento credesse, anche all'ultima ora.

Cho-Cho-San tornò a casa piena di giubilo, non per aver adottato la religione di lui, è vero, ma per poterla tenere in serbo nel caso in cui i suoi parenti fossero rimasti inflessibili. Pinkerton, con grande sollievo, non ne sentì più parlare.

III
UNA VERA DEA DELLA LUNA

Ma la famiglia di sua moglie (questo termine ha un significato più importante in Giappone di quanto l'abbia qui) si riunì solennemente; in seguito a questa riunione alcuni parenti andarono a trovare il luogotenente Pinkerton e con perfetta cortesia dichiararono che la sua condotta era fin allora stata sconosciuta in Giappone. Era il loro modo per dirgli, indirettamente, che non era una condotta soddisfacente. Con paziente serietà gli accennarono che egli, così facendo, avrebbe limitato le opportunità di sua moglie di riapparire sulla terra in una più alta forma di vita.

Pinkerton, sorridendo, rispose che non era sicuro che sarebbe stato meglio per sua moglie ricomparire sulla terra in una forma più alta. Essa avrebbe probabilmente compiuto sufficienti marachelle in questo bel mondo, come stava infatti facendo.

— Sapete — disse egli al portavoce — che assomigliate esattamente alla tragica maschera dipinta che pende sopra il mio scrittoio. —

Bisogna avere visto una di queste maschere per apprezzare la battuta.

Ma essi risero tutti bonariamente, come il loro ospite si aspettava, e dimenticarono affatto lo scopo della loro visita. Questo era proprio giapponese! Con la miglior grazia del mondo egli fece bere loro i suoi liquori e fumare il suo tabacco (secondo la generosa moda occidentale) ed ognuna di queste operazioni era bastevole per far stare assai male un giapponese. Ma questo era tipico di Pinkerton.

Essi fecero molte proteste di amicizia a Pinkerton quella sera, ma alla riunione finale, dove Cho-Cho-San fu solennemente rinnegata, nessuno era più seriamente ostile di quanto lo fossero quelli che avevano mangiato e bevuto con lui.

— Ho fatto del mio meglio per te, mia piccola dea della luna, — disse Pinkerton a sua moglie — ma sono stati refrattari perfino al miglior vino e tabacco. —

Cho-Cho-San abbassò la testa un attimo, in atto di riflessione.

— Oh, vuoi dire che comincio a capirti, Sig. B. F. Pikkerton! Vuoi dire che non hanno ceduto. Aha! —

E Pinkerton l'abbracciò con gioia.

— Ora non sei più un retaggio del passato — disse egli.

— Aha! È quello che penso anch'io. Ora ti prego di credere che so cos'è quel retaggio del passato! —

— Ebbene? —

— Gente come ero io. —

— Precisamente. —

— Ma non come sono adesso. —

— No; ora sei al passo con i tempi. —

— Mi aspettavo di dolermene! — Sospirò con ipocrisia.
— Perché, mia piccola dea della luna? —
— Perché mi hanno rinnegata. Tutti mi credono la donna più perversa del Giappone. Nessuno mi parlerà più, tutti mi hanno abbandonata, eccetto tu; e per questo che dovrei essere triste. — Proruppe in una risata nervosa e si precipitò su di lui come una bambina.
— Ma appunto per questo non lo sono! Perché devo mentire? Non lo sento dentro di me quel dolore. Io? Io sono la donna più felice del Giappone, e forse del mondo intero. Cosa ne dici tu? —
Egli rispose onestamente che la pensava così, e onestamente ne approfittò.

IV
DOLORE, CHE SIGNIFICA GIOIA

E dopo la sua partenza, dal fantastico piacere che avevano praticato assieme venne alla luce un fanciullo, che essa chiamò "Trouble" ("Dolore"). Ogni neonato giapponese incomincia con un nome temporaneo, che può essere qualunque cosa, per un breve tempo. Cho-Cho-San era sicura che a lui sarebbe piaciuto il nome "Dolore", nel senso di gioia. In quanto al suo nome stabile – prima ne avrebbe potuti avere parecchi altri – l'avrebbe scelto lui al suo ritorno. E questo doveva accadere, stando alla sua parola, quando i pettirossi avrebbero rifatto il nido.
E la primavera e i pettirossi erano giunti.
Tutto questo è per spiegare il perché Madama Butterfly e il suo bambino stavano adagiati sulle candide stuoie in posa di artistico abbandono, invece di tenere un contegno maestoso come avrebbe fatto qualunque altra madre e figlio giapponese. Le donne americane, ci dicono, assumono delle pose più ardite nella sicurezza del loro salotto rispetto ad altrove. Le donne giapponesi mai; la loro condotta è eternamente la stessa, come se qualcuno le guardasse, sempre. Per loro non c'è nulla di segreto, tranne la tomba. Non hanno alcova sicura.
Ma Madama Butterfly (grazie alla cortesia del suo marito americano), possedeva ambedue le cose. Da ciò si concluderà forse che essa non era la tipica donna giapponese. Ma ora non siamo interessati che alle idee del luogotenente Pinkerton. Egli la chiamava una raffinatezza americana da prodotto giapponese, miglioria americana da invenzione giapponese, e così via. E siccome la conosceva bene, le sue parole dovevano avere una certa autorità cattedratica. Non ne so di più.
E lei, e la servente, e anche il bambino, stavano discutendo precisamente dell'argomento che ha interessato anche noi: Pinkerton, il bambino, il ritorno imminente, eccetera.
Cho-Cho-San, con un gesto vezzoso che era anche una carezza, prese il bambino in grembo mentre si metteva improvvisamente seduta.
— Ah tu, tu credi che sia uguale agli altri bambini. Ma... è un miracolo! Sì! — insisteva con aria di sfida. — La dea del sole lo ha mandato qui diritto dal ponte del cielo! E questo, grazie a quelle preghiere dette presto, oh, tanto presto al mattino. Oh! quella è l'ora di pregare! — Voltò il bambino con violenza in modo da potergli vedere gli occhi.
— Si è mai visto un bambino giapponese con occhi porporini? —
Essa lo tenne alzato contro il glicine nano che cresceva in un *koro*[1] di bronzo piatto nel *tokonoma*, pieno di germogli porporini. Parlava alla servente Suzuki, che le stava vicino, felice come lei, ed evidentemente conscia che questo argomento doveva essere discusso con viva partecipazione.
— Di porpora come questi! Rispondimi dunque, pettegola: non è così? Parla! Voglio avere una risposta! —
Allora la servente rispose, ridendo, un allegro no. Quantunque avesse a cuore le riserve orientali riguardo agli occhi azzurri e alle gote rosee, riteneva un'offesa meno odiosa il mentire un po' su questo piuttosto che fare un'affermazione poco educata. D'altronde, né lei né alcun altro poteva resistere al buon umore della sua graziosa padrona. E questo umore era divenuto sfrenatamente allegro dal giorno del suo matrimonio e della sua libertà.
— Né così calvo come la sua testolina? Dillo! Presto! —

insisteva, con gli stessi modi di Pinkerton. Lui era l'esempio!

La servente acconsentì.

E allora Cho-Cho-San sollevò in alto il piccolo recalcitrante e con abbandono se lo mise sulle spalle (in posizione leggiadra, quantunque proibita) trastullandosi con lui.

— Ma, ah! Avrai dei capelli, non è vero? lunghi e lucenti come quelli delle donne americane. Non ti sopporterò altrimenti! — Diventò stranamente veemente. — Parla miserabile, parla! —

— Goo-goo — disse il piccino sforzandosi di obbedire.

Essa lo scosse minacciosamente.

— Ah! Fai lo sciocco con tua madre? Che cos'è che cerchi di dirmi? È giapponese? Se è così, io… — E lo minacciava duramente. Ma il bimbo aveva evidentemente già imparato a capirla, e gorgogliò di nuovo. — Ascolta. Nessuno in questa casa deve parlare altra lingua che quella degli Stati Uniti! *Ora!* Cosa pensi? Ti caccerò via subito fuori dallo *shoji* la prima volta che lo farai! —

Riprese a parlare inglese con maggior ostentazione, perché alle volte dimenticava lei stessa di farlo, e fingeva di cacciare fuori il bambino attraverso il fragile muro di carta.

— Poi, questa è una cosa che tutti devono ricordarsi, dal momento che questa casa è sua, la moglie sua, il bambino suo, la servente sua, il denaro suo, *tutto* è suo! Ed egli ha detto, quando è partito, che se non parleremo tutti quelle lingue degli Stati Uniti, quando ritornerà ci picchierà. *Ebbene*! Non voglio essere battuta io, Signor Dolore! E neppure tu, non è vero? Credo che se faremo tutto quello che lui ci ha chiesto, ci condurrà in quegli Stati Uniti d'America per vivere nel suo Castello. E allora non potrà più batterci, aha! —

V
UNA CANZONE DI DOLORE, DI MORTE, DI PARADISO

Un uccello volò sulla pianta rampicante che copriva il portichetto.

— Ah, Suzuki! —

Ma la servente si era ritirata. Essa batté le mani con violenza per farla ritornare.

— Dimmi perché te ne vai, quando… — la sua collera momentanea era sparita, e rideva — …quando gli uccelli volano sul glicine? Va presto, fanciulla: guarda se è un pettirosso e se ha terminato il suo nido… presto! —

La servente tornò e disse che era infatti un pettirosso, ma che non aveva ancora fatto il nido.

— Oh! come è lento! Suzuki, cerchiamo un altro pettirosso, uno che sia più industrioso e domestico, aha, ah, ah! —

— Sono tutti uguali — rispose la servente con cinismo.

— Loro? No! Dillo anche tu! —

Suzuki rise affermativamente. Quando la sua padrona parlava inglese con tanto ardore, essa preferiva esprimersi in questo modo tipicamente giapponese.

— Informami, te ne prego, di quanto ci siamo avvicinate alla miseria oggi rispetto a ieri, Suzuki. —

La ragazza poteva fornirle informazioni esatte su questo soggetto. Rispose che non aveva che diciassette *yen*, cinquantaquattro *sen* e due *rin*.

— Ahimè, ahimè! Come abbiamo sperperato il suo magnifico denaro! È una vergogna! Ma egli non ci lascerà morire di fame, considerato che sa che non abbiamo altri tranne lui. Siamo tutti rinnegati. Ebbene, guarda che brutta cosa! Così quando non avremo più nulla, lui verrà con altro denaro, come nelle storie del vecchio Kazabu. Oh! Come la storia di Ronin lo spettinato, il quale giurò di diventare completamente matto se avesse pettinato i suoi capelli prima che il suo padrone fosse tornato dall'esilio. No! Quando stavano tagliandogli la testa perché non si era pettinato, il suo padrone tornò e disse: "Cosa gli state facendo?" e lo ricompensò largamente perché era stato fedele fino quasi alla morte. Così come quando noi andremo per la strada forse per cercarlo, tu con Dolore sulle spalle, io col mio *samisen*, e staremo davanti a tutta la gente cantando delle canzoni da funerale, con delle facce lunghe così, – e mimava ampiamente – con degli abiti scuri, coi capelli scarmigliati, così, ballando un pochino, così… — mostrava come avrebbe ballato, — e dicendo ad alta voce: "O buona gen-

te, ascoltate per l'amore delle ottocentomila divinità! Eccoci, una povera vedova con un bambino con gli occhi di porpora, che aveva un marito che se ne è andato negli Stati Uniti d'America per non tornare mai più … *Mai*! A meno che non lo abbiate visto? No? Guardate! Questo è quello che penso io. Oh, come è terribile! Abbiamo rinunciato a tutti i nostri augusti antenati, agli dei, alla gente, al nostro paese… oh, *a tutto*… solo per lui, e ora egli non torna! Oh, come è triste tutto questo! Non è vero? Poi non ha nemmeno divorziato da noi, per cui non possiamo sposare un altro uomo e procurarci da mangiare. Egli? Non ci ha neppure pensato! Non un momento! E ci dimentica… ahimè! Ma noi dobbiamo tenere la sua casa per novecentonovantanove anni! Pensate a questo! E noi dovremo morir di fame prima, a meno che ci diate ah, ah, ah, un *sen*! due *sen* e forse cinque *sen*! Oh, per amore delle pene, dateci almeno un *sen*! Per pietà, compiangeteci, nel nome di Kwannon misericordioso noi vi preghiamo. Guardate! Per muovere a pietà i cuori nei vostri petti noi vi canteremo una canzone di dolore, e di morte, e di paradiso. —
Essa aveva recitato tutto questo con spirito superbo, e ora afferrando il suo *samisen* lo agitò drammaticamente; ed era talmente fiduciosa nella vita e sicura della felicità, che questa è la canzone di dolore e di morte che cantò:

"Hidari nodokeki haru no nobe,
Niwo satura-no-hana sakari,
Mure kuru hito no tanoshiki ni,
Shibashi uki yo ya wasururan."
"I raggi del sole in primavera su una pianura solitaria
Il profumo dei ciliegi in fiore
La gioia della folla radunata
Piena di amore, scordate le pene della vita."

E infine, come sempre, abbandono e risa.
—Aha, ah, ah! Aha, ah! Ah! Che cosa ne dici, fanciulla? È una buona canzone di dolore, di morte e di paradiso? Aha, ah, ah! Cosa ne pensi? Parla! Dillo! —
Gettò il *samisen* al suo posto, e si slanciò energicamente verso la servente.
— Se il Sig. B. F. Pinkerton ci vedesse fare queste cose…. — azzardò a rispondere la servente, nello stesso umore della padrona.
— O-o-o! Vedresti i suoi occhi scintillare e scattare come il lampo! O-o-o! Ci afferrerebbe sbattendoci in casa, così, così, *così*! —
Il bimbo fu il soggetto sfortunato di quest'ultima dimostrazione. Cominciò a piagnucolare.

"Quietati, piccino, nel Giappone.
Sei proprio una pittura da ventaglio"

Questi versi erano di Pinkerton: allora era stata lei la piccina!
— Ah, piccolo miserabile, egli non sapeva allora di fare queste poesie per te! Non sospetta neppure che tu ci sia. *Ebbene*! Ti prometto che ci divertiremo quando lo saprà. Oh, Suzuki! Un giorno o l'altro, quando l'imperatore verrà qui, glielo mostreremo. Gli parlerete così: – camuffò la voce cercando di imitare un timbro maschile di basso – "Guardate, Eterno Duce del gran Giappone sceso dal cielo, il primo dei vostri sudditi ha preso i suoi occhi da quel cielo azzurro da dove voi siete disceso!". Allora l'imperatore li guarderà, poi si fermerà a guardarlo; non si stancherà mai di guardarlo. Poi farà diventare Dolore un gran principe! E me? A me dirà solamente: "Continua a fare dei figli così!" Ah, ah, ah! Cosa ne dici? —
La servente era sinceramente scettica.
— Potrete almeno fare quello che chiede il vecchio *nakodo*, considerato che siete molto bella. —
Cho-Cho-San lasciò cadere il bambino con un gesto impaziente, e si slanciò di nuovo verso di lei, le afferrò il collo malamente, poi la spinse indietro ridendo.
— Parla ancora una volta di matrimoni e muori. E questa è un'altra cosa. Sappi che nei suoi Stati Uniti d'America se si è sposati, bisogna restare sposati, oh, per sempre, in eterno! *Sì*! Nessuno può divorziare, se non in un gran tribunale e in carcere. Questo vale per lui il Sig. B. F. Pikkerton e per me

la signora B. F. Pikkerton. Se mai volesse divorziare da me, bisognerà che mi conduca in una di quelle gran prigioni degli Stati Uniti d'America, ed è un gran disturbo; per cui preferirà di rimaner sposato con me. Inoltre, a lui *piace* essere sposato con me. Guarda! Mi ha lasciato una immensa somma di denaro in Giappone, mi ha dato la sua casa per starci dentro novecentonovantanove anni. Non posso tornare alla casa di mia nonna, perché egli ha obbligato i parenti a rinnegarmi. Dì dunque, piccola matta! Tornerà quando i pettirossi rifaranno il nido. Aha! Cosa ne pensi? Dillo! —
La servente era da scusare se non riusciva ad essere sempre altrettanto sfacciatamente allegra di quanto non fosse la sua padrona; e di fatto non lo era mai. E ora che preferiva il silenzio alla parola (cosa più prudente e garbata), suscitò in Cho-Cho-San una profonda offesa.

VI
SUBLIMI PAZZIE

Se Pinkerton le avesse ordinato di tornare a casa sua, quantunque non avesse più una casa dove andare, essa avrebbe divorziato senza poter fare altro. Ma il fatto che egli non le avesse detto di farlo costituiva un'ulteriore certezza del suo ritorno: la sua considerazione era logica – ragionava come le aveva insegnato lui poiché prima non aveva mai ragionato.
Cho-Cho-San ancora una volta considerò il lato felice della questione. Il bambino dormiva.
— E poi, cosa dici che potremmo fare di meglio quando arriverà? —
Era meno impetuosa ora, perché più incerta, e questo le richiedeva una pianificazione che le permettesse di individuare quella grande felicità cui essa sempre anelava.
— Io? Io penso… non lo so — confessò la servente con diplomazia.
— Aha, ah, ah! Non lo sai? È naturale che tu non sappia niente! Bene, te lo dirò io. —
Il piano era nato e cresciuto in quell'istante nella sua ingegnosa testolina. — Ricordati però che è un segreto fra te e me.Non lo diremo al sig. Dolore, poiché lui non sa tenere un segreto! Ebbene, senti! Noi guarderemo con quel cannocchiale fin quando vedremo entrare il suo bastimento. Allora metteremo dei fiori di ciliegio dappertutto; e se è sera appenderemo almeno mille lanterne, forse anche più di mille. Poi aspetteremo. Nel momento in cui lo vedremo salire la collina: così, così, così, così — alzò il suo kimono e si mise a camminare con passo maschile attraverso la stanza — allora, ci nasconderemo dietro lo *shoji*, dove ci sono dei buchi per guardare fuori. —Diede uno sguardo per trovarli. — Ahimè, sono stati tutti aggiustati! Ma… — passò con furore le dita attraverso la carta — faremo presto a farne di nuovi, ah, ah, ah! Così! — Ne fece un altro per la servente. Mimarono questa parte della sua fantasticheria guardando attraverso i fori. — Poi staremo quieti come topolini, per far credere che ce ne siamo andati. Meglio ancora, lasceremo un bigliettino: "Partite per sempre. Sayonara, Butterfly". No; è troppo lungo per lui. Si arrabbierà alla prima parola e dirà quelle cose sul diavolo, inferno e ogni sorta di brutte parolacce. Ci sarà tempo, prima che vada troppo in furia, di saltar fuori e gettargli le braccia al collo. Aha! —
Anche questo venne mimato.
Ma, peccato! La servente era troppo realista.
— Ehi! tu non devi gettarti al suo collo, solo io! —
Cho-Cho-San si fermò in estasi. Ma la servente non l'intendeva così. Li aveva sempre visti farne insieme tante di pazzie, come due fanciulli irrequieti, ma non aveva mai visto nulla di così drammaticamente realistico come quella scena.
— Oh! e che cosa dirà lui, allora? — chiedeva Suzuki con immenso interesse — e che cosa farà? — Madama Butterfly acquistò nuova energia dalle lodi della servente.
— Ah-h-h! — sospirò essa, — Non dirà nulla, mi bacerà solo, tre, sette, dieci, mille volte! Ci baceremo duemila volte almeno – questo è quello che farà lui – finché lo fermeremo, aha, ah, ah! perché egli potrebbe… potrebbe… ucciderci! E sarebbe molto male essere uccisi dai baci! —
Il suo umore stravagante si comunicava alla servente. Era già da molto tempo che questa aveva cominciato a doman-

darsi se, dopo tutto, questa passione d'amore americana fosse sprezzabile del tutto. Si rammentava che la sua padrona da principio la considerava tale; eppure ora era la donna più felice del Giappone.
— Andate avanti, — implorava la servente.
Cho-Cho-San aveva una fervida immaginazione e i nidi dei pettirossi non potevano, al più tardi, attendere ancora molto a mostrarsi, per cui diede libero sfogo alla sua fantasia.
— Bene, —stava preparando la scena come se arrivasse — quando questo è fatto, egli si guarderà in giro come fa sempre, e quando lo vedrà, dirà: "Oh diavolo, diavolo! Dove hai preso quel bambino?". Io dirò: "Ah-oh-ah! Ho pensato che forse ti sarebbe piaciuto averne uno, e l'ho comprato da un uomo che non voleva un bambino con quegli occhi di porpora e senza capelli." E lui a me: "Quanto l'hai pagato?". Gli Americani chiedono sempre quanto hai pagato. Io dico: "Oh, lasciami pensare. Credo due *yen* e due *sen*. È troppo per un fanciullo calvo? Cosa ne dici?" Ma alla fine dirà: "Scommetto che è una bugia, e ti pigli giuoco di me". Poi si arrabbierà, e io farò presto a dire un'ultima volta: "È vero. Ho detto una piccola bugia per scherzo. Non ho speso nulla per lui, eccetto…". E gli sussurrerò una parolina all'orecchio, solo una parolina, e lui capirà! Aha, ah, ah! Poi dirà ancora una volta, l'ultima… ah, cosa pensi Suzuki?
Ma la fanciulla non voleva diminuire il suo piacere indovinando.
— Dio possente! Ah, ah, ah! —
— È questo tutto quello che sai? — domandò alla servente con aria di rimprovero — e tutto quello che fai? —
A buon diritto si sentiva defraudata da una corretta risoluzione del quesito che aveva posto.
Ah-h-h-h! Che cosa vorresti di più? Gioia e felicità eterna! Questo basta. Cosa ne dici? Conosci quella canzone?

"È vita quando ci ritroviamo
È morte quando ci separiamo." —

La sua padrona era diventata triste recitando quei due versi.
— Ho sentito cantarla — mormorò la servente, in tono confortante.
Il suo umore si rasserenò.
— Ma, l'hai mai sentito cantare? —
Afferrò di nuovo il *samisen*, e accompagnandosi, cantò, nel bel dialetto che lui le aveva insegnato e che lei rendeva ancora più grottesco, per divertirlo di più:

"La chiamo la bella del Giappone, del Giappone;
Il suo nome è O Cho-Cho-San, Cho-Cho-San
La sua tenerezza trapela dai dolci occhi a mandorla
Ti dico che lei è proprio *ichi ban*."

— E questa sono *io*, aha, ha ha! Dì, credi che se ne andrà ancora quando avrà il piccino e il *samisen*, e le canzoni, e la felicità, e *me*? — E rise di nuovo allegramente.
— Oh, voi e il *samisen*, e la felicità… poof! — disse la servente. — Ma il bambino, quella è un'altra faccenda. Ma se crescerà e andrà via con suo padre? —
Non era affatto soddisfatta. Non voleva che nulla fosse lasciato al destino, al cielo, a Shaka. Ma in vista del suo felice futuro la sua padrona voleva sgombrare il campo anche da questo strano dubbio.
— Ah-h-h! Ma ne avremo altri, come i gradini di una scala, su, su, su! E tutti cogli occhi di porpora, oh tutti! E tutti maschi! Così, se uno se ne va, ne avremo un altro e poi un altro. Allora come potrà lui, il sig. B. F. Pikkerton, andarsene mai? Aha! —
— Però, Cho-Cho-San, se voi… —
Stava insinuando un nuovo dubbio? Non lo si saprà mai.
— Basta! Questa è un'altra cosa. Non devi chiamarmi O Cho-Cho-San, ma signora Ben-ja-meen Frang-a-leen Pikkerton. Dì; non senti che suono grandioso ha quando mio marito lo pronuncia? Sì! Quasi fossi un'imperatrice. Senti! Ti dico un'altra cosa, che è un altro segreto fra te e me: credo che sia più bello essere chiamata così: signora Ben-jameen Frang-a-leen Pikkerton che Femmina-discesa-dal cielo-regnante-sull'eterno-Giappone, aha! Dimmi: come sarei se fossi un'imperatrice? Cosa ne pensi? —

Essa imitava molto bene la posa e l'espressione della sua imperatrice.
— Se il vostro viso fosse un po' più lungo, le assomigliereste proprio — disse la servente. Ma la sua padrona tendeva ad essere più modesta.
— Ah, no. Ma ti dirò io chi sembra proprio un imperatore… proprio il signor B. F. Pikkerton, quando ha quell'uniforme tutta d'oro da capo a piedi! —
E di fronte a questo gentile tradimento la patriottica servente non protestò.

VII
COME EGLI NON L'AVEVA MAI COMPRESA

Il piccino continuava a dormire. Egli giustificava alquanto le lodi di sua madre. Era buono come un bimbo giapponese e bello come un americano.
Si udì qualcuno fuori, e un rumore sommesso di zoccoli all'entrata.
— *Gomen nasai* (Vi chiedo scusa). —
Era una voce conosciuta e supplichevole, accompagnata da un battere di mani. Cho-Cho-San sorrise con noia e chiamò la servente.
— Oh Suzuki. C'è fuori Goro, il *nakodo*! Che Shaka e tutti gli dei ci difendano! —
Le due scambiarono un'occhiata scherzosa e la servente lo fece entrare.
Madama Butterfly lo ricevette con quella completa mancanza di etichetta che la sua convivenza indipendente con Pinkerton le aveva insegnato. Era assolutamente indifferente. Il sensale le accennò quanto la sua condizione fosse triste per una donna bella come lei.
— Vi fa dispiacere? — domandò essa inclinando la testa di lato.
Il *nakodo* non fece altro che sospirare cupamente.
Madama Butterfly rise:
— Povero, caro vecchietto, — disse ella con una pietà particolare, nel suo inglese più garbato — non rattristatevi per me. Non parlatene più se vi reca dolore. —
— Devo; non avete più parenti ora, più nessuno. Siete rinnegata! —
— Ah-h-h! *Ma*, volete concedermi di non soffrirne la mancanza? —
— Ma non vi sposerete più! —
— Ancora? —
— Ebbene, sì, ancora! —
— Che cosa terribile! —
Egli la prese sul serio, e divenne più allegro.
— Sì, una bella donna come voi deve avere un marito. —
— Sì. Grazie; ne ho uno. Intendete forse più d'uno? —
— Intendo dire un marito giapponese! —
— Oh, ah? Uno che mi terrà un mese e che poi divorzierà? E poi un altro, e un altro, e un altro? —
Stava diventando bellicosa.
— State forse meglio così ora? —
Essa aveva recuperato il suo buon umore.
— In America si resta sposati per sempre, a meno che uno muoia. Aha! Cosa ne dite? I vostri matrimoni non sono così. —
Essa aveva parlato indifferentemente nelle due lingue, ma ora il *nakodo*, che non capiva bene l'inglese, la pregò di spiegargli la cosa in giapponese, ed essa lo fece.
— Yamadori ha vissuto molto in America e dice che non è così. Non sarebbe bene di rimetterci al suo grande sapere? —
— No, perché io, che sono matta, sono più sapiente di voi e di lui assieme. Io so, e voi indovinate solo. Tutti rimangono sposati negli stati Uniti d'America. Nessuno può divorziare se non in un gran tribunale tutto pieno di giudici dalle lunghe facce e con la testa calva, dove restano per tanto, tanto tempo; alle volte due, quattro, sette anni. Pensateci un po', come dev'essere noioso! È per questo che nessuno divorzia: si stancano troppo di aspettare. Prima, il marito deve presentarsi davanti a questi giudici e dire loro tutto quello che pensa della cosa. Poi va la donna. Poi alcuni avvocati litigano coi giudici, poi i giudici fanno il giurì e dicono quello che ne pensano; e se non lo sanno vengono tutti messi in prigione finché hanno terminato di pensarci

e deciso se accorderanno il divorzio sì o no. Aha! —

— Dove avete imparato tutto questo? — domandò stupefatto il vecchio *nakodo*.

— Oh, ah, dal signor B. F. Pikkerton... — Assunse un tono più orgoglioso — ...dal signor Ben-ja-meen Frang-a-leen Pikkerton, mio marito... — Sorrise in modo incoraggiante e gli stese le sue belle manine, quasi volesse dirgli: "Non vi pare che basti?". Era talmente evidente che si trattava di un'invenzione di Pinkerton, che gli sembrò superfluo dare una spiegazione. Il *nakodo* disse decisamente che non ci credeva.

Non credere a ciò che aveva detto Sig. B. F. Pinkerton!

Cho-Cho-San era irritata. Ritirato il sorriso affascinate, gli mise davanti con veemenza il piccino dagli occhi cerulei.

— Bene, allora credete a questo? —

Rideva quasi con malignità. L'agente matrimoniale inghiottì come meglio poteva questo terribile affronto. Sperava che non ci sarebbero state altre donne così in Giappone, rese tali da matrimoni stranieri.

Comunque, anche questa fase della situazione era stata discussa col suo cliente.

— Ma Yamadori, che ha studiato legge, mi dice che la nostra legge ha il sopravvento in un affare simile a questo, essendo stato celebrato qui il matrimonio. —

Essa sospirò affannosamente, gridando come una belva ferita.

— Yamadori mente! —

Il *nakodo* ammutolì. Essa strinse con tanto furore il bimbo contro il suo petto che questi si mise a piangere.

— Sh! — ordinò bruscamente. Il piccino la guardò per un istante, poi nascose con spavento la testa nel suo chimono.

Essa apostrofò il *nakodo* con superbo sdegno.

— Oh matto che siete! Credete che non tornerà più? È quello che credete dentro di voi? Lui? Tornerà! —

Afferrò una fotografia da un cavalletto nel *tokonoma*, prese il bimbo dal suo nascondiglio e li mise vicini. Il suo scopo era evidente.

Il *nakodo* era molto spaventato. Essa riprese l'equilibrio e il controllo della situazione.

— Ebbene, ora cosa ne dite? Aha, ha, ha! Parlate; scommetto tutti i denari del mondo che egli farà un milione di chilometri per vedere questo bambino! È per questo che ho pregato sempre Shaka e tutte le divinità, perché avessi un bimbo preciso a lui. Ebbene, dite! L'ho avuto! Ed ora il signor Ben-ja-meen Frang-a-leen Pikkerton tornerà presto, anche se non ne avrà voglia. Non lo potrà sopportare, ma infine gli piacerà. —

Tutta la sua collera era sfumata, ed era tornata allegra, confidente e ingenua.

— Guardate! Prima ho pregato il suo gran dio americano, quell'immenso Dio onnipotente, ma inutilmente. Non mi conosceva né sapeva ove io stessi. Poi pregai Shaka e tutta la fila delle divinità nella casa degli dei. Credo che non mi abbiano sentito, perché mi hanno rinnegata quando ho sposato il signor B. F. Pikkerton. Ma... — e sorrise vezzosamente — ...li prego tanto e tanto, più di quello che non siano mai stati pregati, che siano buoni lo stesso e ... e... — con aria decisa — ...forse non è inutile. E forse non sono rinnegata del tutto. Non diteglielo. Egli... egli ride delle mie divinità e dice che sono pezzi di legno e non fanno niente. E chiama sempre tutte le divinità retaggi del passato! Non lo saprà fino a che non lo scoprirà. Aha, ah, ah! —

— Se egli ritorna probabilmente condurrà via con lui il bambino, è suo diritto — predicava il triste *nakodo*.

Ma nulla poteva ora turbare Madama Butterfly. Rise di questa malinconica ignoranza.

— Oh-h-h! Come non conoscete le cose! Come non capite affatto quello che voglio dire! È certo che condurrà via il bambino con lui, naturale! E me, anche me, e anche Suzuki, aha! E andremo a vivere nel suo castello per sempre. —

Il vecchio *nakodo* cominciava a persuadersi che era poco probabile che mutasse il suo modo di vedere.

— Yamadori desidererebbe avere almeno un incontro con voi. Glielo ho promesso. Non volete concederglielo? —

Cho-Cho-San scosse intenzionalmente la testa. —

— E se rifiuto, egli non vi pagherà? —

Rideva sfrenatamente, ed il *nakodo* con una smorfia ammise l'impedimento.

— Ebbene, — uno spirito malizioso invase la fanciulla — sentite... a me non importa . Lasciatelo venire. Lui desidera vedermi e io desidero vedere lui. E se io gli dico che voglio sposarlo, egli mi sposerà subito. Aha! Che cosa ne dite? —
Il *nakodo* rispose compiaciuto che questo era precisamente quello che desiderava.
— Sì, ma supponiamo che mi mettano in una gran prigione, dove si guarda fuori attraverso delle sbarre, così... — e mostrava come — e non mi dessero nulla da mangiare; egli dovrà sempre stare al mio fianco per consolarmi? Per stringermi la mano? Per lasciare che pianga su di lui? E forse mi taglieranno la testa, e allora dovrà lasciarsi tagliare anche la sua, e andremo assieme sulla via di Meido... senza le nostre teste. Oh, che cosa orribile! E supponiamo — sussurrò con terrore — che il signor B. F. Pikkerton... ah, ah, ah!!... *arrivi*? —
Il *nakodo* non capiva quanto di questo discorso fosse da prendere sul serio. Era uno spirito al quale non era affatto avvezzo. Ma essa aveva consentito all'incontro, ed egli la prese prontamente in parola.
— Quando, dunque, posso condurvi Yamadori? —
— Quando credete, carissimo vecchio amico. —
Il *nakodo* fissò l'incontro a una settimana da quel giorno.
Mentre se ne andava, Cho-Cho-San gli domandò ridendo:
— Ditemi! Quante volte è già stato ammogliato? —
— Solo due — rispose in tono serio il *nakodo*.
— Ed ha divorziato ambedue le volte? —
Egli ammise che era stato così.
— E tutt'e due le volte tornando da una visita negli Stati Uniti d'America, da una piccola visita così? lunga così? — E distendeva le mani.
Sotto il suo sguardo ridente era meglio ammetterlo.
— Oh! egli... egli ne sposa un'altra solo per scherzo ogni volta che gli salta alla mente. Poi la dimentica e non ci pensa più e così ne sposa un'altra. Dite, è così? —
Egli la sentiva ridere ancora; mentre usciva dal cortile; ma aveva confidenza nell'abilità di Yamadori di arrivare al suo scopo qualora avesse potuto entrare in contatto con lei. Yamadori era uno dei moderni principi pensionati del Giappone, un articolo matrimoniale assai desiderabile, e infinitamente affascinante.

VIII
LA MACCHIA ROSSA SULLA GUANCIA DI CHO

L'appuntamento ebbe luogo come era stato stabilito. In quel giorno la casa della signora Butterfly aveva un'apparenza di sontuosità insolita. Il bambino e tutte le cose frivole che gli appartenevano furono mandati via. La stanza era stata ingrandita spostando lo *shoji*. In capo a questo, nei suoi abiti più sfarzosi e in posa statuaria sedeva Cho-Cho-San. Le donne giapponesi sono attrici consumate e chi avesse osservato Cho-Cho-San al momento dell'arrivo di Yamadori non l'avrebbe riconosciuta. Era seria ed immobile come il Dai-Butsu.
La grave cerimonia inerente alla presentazione del candidato matrimoniale si compì senza alcun segno di reazione da parte di Cho-Cho-San fino a che non arrivarono a sedersi in faccia a lei, per esaminare ed essere esaminati. Allora essa batté il ventaglio contro la mano e Suzuki comparve ponendo la scatola di tabacco fra di loro.
Yamadori indossava abiti da sarto di moda pronta, segno inevitabile della sua trasformazione; altrimenti egli era il solito tipo di giapponese moderno, con calzoni a vita alta, colletto alto, cappello alto e l'occhialino. Egli non doveva discorrere subito con Cho-Cho-San, specialmente riguardo all'affare in corso, ma non gli era proibito di parlarne col *nakodo* in presenza di lei. La regola del decoro in simili frangenti decretava solo che essa doveva essere cieca e sorda su tutto quello che accadeva. L'opportunità di questo accordo è facile da comprendere. Al *nakodo*, rappresentante delle due parti, era fortunatamente permesso di osservare quello che accadeva da una parte come se non fosse accaduto, dall'altra come se lo fosse.
— È proprio bella come avete detto — rimarcò Yamadori dopo un esame accurato attraverso il proprio occhialino. Il *nakodo* acconsentì con compostezza e riempì la pipa. Il suo

cliente accese una sigaretta. Cho-Cho-San non sorrideva neppure.
— E suo padre, avete detto, era al fianco dell'imperatore durante la rivolta di Satsuma? — L'agente matrimoniale narrò al suo cliente fino all'ultimo particolare la fine sanguinosa del padre di lei a Jokoji.
— E le avete detto tutto di *me*? — Si arrestò sull'ultima parola per osservare l'effetto prodotto da Cho-Cho-San. Non ve ne fu alcuno e si affrettò a proseguire, — E della mia augusta famiglia? — Una nuova pausa, ma ancora la padrona di casa non si mosse. Essa guardava dritto sopra il suo capo. — E le avete offerto i miei poveri regali? —
A ciascuna di queste domande l'agente matrimoniale rispose di sì in tono lugubre.
— Allora perché, nel nome degli dei, lei aspetta? —
Il *nakodo* gli spiegò con un sospiro che essa aveva rifiutato i suoi regali.
— Gliene manderò altri. Saranno mille volte più preziosi. Dal momento in cui l'ho vista so che i primi regali devono esserle sembrati un affronto. — Essa teneva gli occhi rivolti in su ma Yamadori continuava a sorridere in direzione di Cho-Cho-San, quasi fosse stata una cortigiana. Un lampo battagliero passò negli occhi vitrei della fanciulla. Batté le mani quasi con ira. La piccola servente comparve.
— Il thè! — diss'ella.
La servente portò il thè e con lo sguardo ancora minaccioso Cho-Cho-San lo servì.
Con l'aria di una principessa assunse in un attimo tutto il fascino di una *mousmee*[6]. Rese sorriso per sorriso e scherzo per scherzo. Pregò Yamadori, con la miglior grazia possibile, di gettar via la sigaretta e prendere la sua pipa, ed egli lo fece. *Quella* sì era giapponese, diss'ella, mentre le sue sigarette non lo erano. Non era vero? e fece un gesto irresistibile verso di lui. Passandogli le tazze si lasciò toccare le mani. Lo avvolse tutto nel profumo dei suoi indumenti. Lo possedette intieramente in un breve istante.
— Le regalerò un castello per abitarvi — disse Yamadori ansante.
Il *nakodo* sospirò. Cho-Cho-San gli riempì la pipa con grazia incomparabile.
— Ah! — sospirò a fior di labbra, con molta dolcezza.
— Avrà mille servi. —
Non si udì risposta dal *nakodo*, ma i suoi occhi brillarono di avidità.
Cho-Cho-San rese la pipa, sorridendo luminosamente. Sembrava sul punto di dire di sì.
— Le darò tutto quello che il suo cuore può desiderare! — gridò Yamadori, inquieto.
Il *nakodo* si volse implorando verso la fanciulla. Essa alzò le sopracciglia. Egli non capì e, mentre la guardava, ella rise.
— Basta così? —
Ancora egli non capiva.
— Ci siamo guadagnati il premio? — gli sussurrò.
— Farò una solenne promessa per iscritto — soggiunse Yamadori fervidamente.
— Forse essa si crede ancora sposata all'americano — sospirò il *nakodo*.
Yamadori rise sgradevolmente.
— Se vostra eccellenza avesse la bontà di spiegare… —
— Oh, non fa sul serio. Un marinaio ha un'amante in ogni porto, lo sapete! —
Cho-Cho-San sussurrò qualche cosa al *nakodo*. Sorrideva ancora.
— Ma forse è sua *moglie*… — rispose egli docilmente.
— Sì, — disse Yamadori come fossero dello stesso parere.
Cho-Cho-San sussurrò di nuovo.
— Ma il fanciullo… non c'è un bellissimo bambino? — disse il *nakodo*.
— Sì — disse lo scaltro giapponese, con lo stesso sorriso e la stessa intonazione.
Vi fu un gran silenzio. Cho-Cho-San sorrise più intensamente, ma le sue narici si alzavano e si abbassavano con rapidità. Il *nakodo* divenne ansioso. Yamadori alzò gli occhi al soffitto e proseguì:
— Un marinaio non conosce la differenza. In nessun altro paese i bambini sono tenuti in conto come lo sono qui. In America è diverso, e alle volte la gente non li riconosce.

Sono abbandonati in una cesta davanti alla porta delle case, e nessuno li accoglie. Vengono allora allevati dalla municipalità come trovatelli. Essere uno di questi bambini costituisce una vergogna. In ogni città vi sono grandi case e molti funzionari per custodirli. Sono una classe invisa per propria costituzione, e non possono riscattarsi dalla loro condizione d'origine. —
Il *nakodo* guardò di traverso il suo cliente. Non aveva la minima obbiezione verso un uomo che mentiva un poco per raggiungere il proprio fine, ma l'esagerazione rischiava di produrre l'effetto contrario.
— Ho conosciuto io stesso un uomo il cui figlio era sciancato. Egli lo mandò dal sindaco della città dicendogli che, siccome i carri della città lo avevano ferito, era la città stessa che avrebbe dovuto pensare a farsi carico di lui. Fu mandato al ricovero di mendicità, e in seguito alle cave di pietra. Era uno spettacolo dei più compassionevoli. —
Cho-Cho-San si curvò nuovamente verso l'orecchio del vecchio. Ora la sua voce tremava.
— Aveva gli occhi color porpora? — domandò il *nakodo*.
— Aveva il viso bellissimo; ma, detto francamente, gli occhi di porpora non sono desiderabili? — Yamadori staccò i suoi occhi dal soffitto e li fissò su Cho-Cho-San. Essa sorrideva ancora, ma ora aveva una traccia rossa ardente su ciascuna guancia. — Era sciancato e nessuno lo aveva mai visto ridere. Ne ho visti molti così. Ho visto un bambino abbandonato dal padre e la madre… —
Madama Butterfly batté di nuovo le mani. La servente comparve subito; si aspettava la chiamata.
— Suzuki, buona Suzuki, gli eccellentissimi signori, gli augusti — e fece loro un gesto regale — che ci hanno fatto l'onore di una visita, vogliono andarsene subito. Le loro scarpe… non vorresti far loro premura? —
Con un ultimo sorrise luminoso voltò loro le spalle e lasciò la stanza.
— La vostra storia del fanciullo abbandonato ha sortito questo effetto — disse il *nakodo* con rimprovero a Yamadori strada facendo.
— E non ero ancora giunto al punto peggiore… — disse il cliente tristemente. — Intendevo citare un esempio che si adattasse precisamente al suo caso. —
— Per fortuna allora che ci ha mandati via per tempo. —
— Cosa intendete signore? — domandò il pretendete con subita collera.
— Oh, — disse in tono pronto ed educato il sensale — cominciavo a sentirmi male. —
L'ironia sfuggì al cliente. Però Goro avrebbe avuto meno buona opinione di Yamadori se, dopo aver mentito una volta, non fosse tornato a farlo in difesa della propria bugia.
E quantunque Yamadori non fosse più tornato, egli aveva portato il serpente nell'Eden di Madama Butterfly.

IX
SUGLI UCCELLI

Un giorno prese il coraggio a due mani, per sé e per la servente, e andò a trovare il console americano. Vide il vice console. Tirava vento da occidente e faceva caldo a Nagasaki. Egli stava facendo un sonnellino. Quando si svegliò, Madama Butterfly stava inchinandosi davanti a lui. A breve distanza c'era la servente con il bimbo biondo sulle spalle. Sulle prime egli non s'accorse che fossero presenti.
— Buona notte — disse Cho-Cho-San sorridendo amabilmente.
Il console si guardò intorno timorosamente. — Notte? Non è notte, non è vero? —
Nello stesso momento riconobbero entrambi l'errore.
— Ah! no, no, no! È uno sbaglio: io sono un po' confusa, scusatemi. Non va bene fare sbagli. Avremmo dovuto dirvi buon giorno, mi pare, o cosa? Cosa pensate? —
— Quello che volete! — rispose egli senza sorridere.
Allora Cho-Cho-San attese che il console parlasse ancora, ma egli taceva. Essa cominciò a capire che toccava a lei proseguire, invece che a lui.
— Io... io penso che forse non mi conosciate... — domandò essa per dargli occasione di rispondere.
— Oh sì, vi conosco. — dichiarò il console. Infatti tutti la conoscevano, per una ragione o per l'altra: il suo bambino,

l'essere stata rinnegata, la sua bellezza, il suo matrimonio 'americano'. — Voi siete Cho-Cho-San, la figlia… — dimenticava il nome del padre, quantunque lo avesse sentito spesso. — Una volta facevate la ballerina, non è vero? —
—Aha! Ecco! È quello che pensavo. Non mi conoscete affatto. Sono la figlia di nessuno; sono solo la signora Benja… no! Signora Frang-a-leen Ben-ja-meen… no, no, no! Signora Ben-ja-meen Frang-a-leen Pikkerton. Tutti gli altri mi hanno rinnegata. Aha, ah, ah! Sono ancora un po' confusa. —
— Oh! — Il console era sinceramente sorpreso e per la prima volta guardò il bambino con interesse. Cho-Cho-San, per aiutarlo, prese Dolore dalla servente. Infine egli le domandò garbatamente in che cosa potesse servirla.
— Devo domandarle una cosa. —
Ridiede il bimbo alla servente.
— Continuate — disse il console.
— Siete pratico degli uccelli del vostro paese? —
— Sì, un po'. —
— Ah! È quello che dico io. Voi sapete tutto. È per questo che il vostro paese vi manda qui, perché siete molto bravo. —
— Mi fate troppo onore — disse il console ridendo.
— Non sapete tutto? —
Era seriamente allarmata
— Tutto? No, solo alcune cose. —
— Ma v'intendete di uccelli, di pettirossi, dei piccoli pettirossi? —
Il tono della voce mostrava che era un delitto non saperlo.
— Oh sì, — disse'egli — naturalmente. —
— Aha, naturalmente. È quello che ho sempre pensato. Fate uno sbaglio? —
Ora risero assieme.
— Ah, ditemi allora, ve ne prego, quando quei pettirossi rifanno il nido? Io? Io credo che sia più tardi che in Giappone, non è vero? Perché, perché i pettirossi stanno appunto facendo ora il nido in Giappone. —
Il console rispose di sì, perché era evidente che la fanciulla lo desiderava e non perché egli lo sapesse.
— Aha! È quello che dicevo io! Più tardi, molto più tardi che in Giappone. —
La fervida enfasi di lei lo obbligò di nuovo ad acconsentire, anche contro la sua coscienza.
— E, dite, quando una persona è sposata a un'altra nella vostra America, resta sposata? —
— Di solito sì, decisamente sì, alle volte anche quando non lo vorrebbero. —
— E non importa dove vivano? —
— Niente affatto. —
— Ah-h-h! Che bella cosa! Dite: sapete tutto su *ciò*? Cosa pensate? —
— Ebbene, sono più pratico di questo che di ornitologia. Vedete, ho preso moglie ma non sono stato un... un pettirosso. —
Lo scherzo passo inosservato. Ella gli sottopose la sua principale domanda:
— E nessuno può divorziare se non in un gran tribunale, pieno di giudici? —
— Sì, — disse il console ridendo — questo è vero. —
— E vi si impiega molto tempo? —
— Sì, quasi sempre le leggi sono lente. —
— E qualche volta chi vuole divorziare viene messo in prigione? —
Era talmente curiosa che si azzardò ad interromperlo, e questo, senza neppure una parola di scusa. Suzuki ebbe, per un istante, vergogna di lei.
— Alle volte succede anche questo, credo. —
Tutti i dubbi erano stati sciolti in suo favore.
— E chi ha un bel bambino poi, non è vero che preferisce rimanere sposato? —
— Per me è stato così, e il mio è un bellissimo bambino. —
— Ah sì? vi assomiglia? ha gli occhi di porpora, la testa calva, e le guance rosee? —
— Ho paura che mi assomigli. —
— Perché paura? —
— Ebbene, dirò che ne sono contento. —
— Oh! Paura significa contento? Sì, ecco perché il Sig. B. F. Pikkerton quando parla non intende quello che dice, e

non dice quello che intende, precisamente. —
Il console, rise, ma non poté capire del tutto lo scopo delle sue domande.
— Se qualcuno ha un bambino bello come questo, vero che non lo dà via a nessuno, che nessuno vorrebbe darlo via? Cosa ne dite? —
— Credo bene di no! — per un istante, da giovane padre, prese un'aria feroce.
Il viso di Cho-Cho-San era raggiante. Essa si teneva a bella posta da parte, perché il console potesse veder meglio il bambino sulle spalle di Suzuki. Egli comprese e sorrise nella amichevole disposizione d'animo che gli era data dalla sua recente paternità. Fece qualche moina al bimbo chiamandolo bel bambino.
— Ah! Scommetto che non avete mai visto un bambino simile! —
Nella sua aperta e amichevole disposizione egli dichiarò di non averne mai visti di uguali. Poco tempo prima la stessa domanda egli l'aveva posta ai suoi amici. A dire il vero essa sperava che il console avrebbe proseguito e detto di più; perché il soggetto lo meritava ampiamente. Ora essa si ricordò che nella fretta di soddisfare i suoi dubbi, aveva trascurato tutte quelle innumerevoli domande che compongono il rituale della cortesia giapponese. E quantunque le fosse permesso di trascurarle con Pinkerton, non doveva farlo con uno straniero che le stava rendendo un servizio.

X
DOLCE MENZOGNA

— Ah! come va la vostra salute? e poi, sono dolente di avervi svegliato eccellenza, e di aver interrotto i vostri discorsi. Non è una bella cosa neppure per chi gode della miglior salute l'essere svegliato e interrotto. Per cui vi domando scusa. E... come va la salute? —
Il console disse che stava benissimo.
— Ah! che bella cosa! E dorme sempre bene onorevolissimo? —
Egli annuì.
— Sì, vi ho sentito dormire. Oh! Questo non è uno scherzo! No, no, no! —
Egli rise, ma la fanciulla rimase seria.
— Ma credo di russare qualche volta. —
Non era fiero neppure di questo, s'intende.
— Oh! Come un dolce zeffiretto. —
Egli disse che da quel momento non avrebbe potuto far di meglio che adottare questo felice paragone.
— Poi, che età avrete presto? —
— Trent'anni. —
Un giapponese si aggiunge sempre qualche anno. Per cui essa lo credette più giovane e la sua venerazione scemò. Ma egli era infatti più vecchio.
— Che bella cosa, che bella. Vorrei essere anch'io tanto vecchia. Se fossi più vecchia, credo che piacerei di più al Sig. Pikkerton. — E sospirò.
— Non mi pare. Il modo di vedere americano su questo aspetto è diverso. —
Non voleva immischiarsene. — Che età avete, di grazia? —
— Io? Ho quasi... quasi... — (quello che egli le aveva detto la rendeva un po' dubbiosa sulla consuetudine giapponese) — avrò ventisette anni quando fioriranno i crisantemi. —
Aveva diciassette anni.
— Sì, quasi... ventisette — con intonazione leggermente ironica.
Egli accondiscese alla finzione, ma sorrise al modo in cui essa abbassava la testa arrossendo; questo non era il modo giapponese di dire la propria età (né nessuna altra bugia).
— Avete una nonna? — proseguì essa.
— Ne ho due — rispose il console.
— Che bella cosa! E sta bene di salute? —
— Quale delle due? —
Essa sorvolò su questo scherzo, se pure lo rilevò. Nessun giapponese prende un parente a oggetto di burla.
— La più vecchia, sempre la più vecchia prima. —
Il console si sentiva stranamente biasimato.
— Le ultime notizie mi dicevano che sta bene. —

— Che bella cosa. E la giovane? —
— Lo stesso, e ora ditemi delle vostre. —
— Ahimè! Non ho la stessa fortuna che avete voi. Non ho antenati di sorta. Sono tutti arrabbiati per via del Sig. B. F. Pikkerton, così la famiglia mi ha rinnegata. Non gli piaceva che vivessero con lui perché erano retaggi del passato. Io e lui dobbiamo essere i soli retaggi del passato, lui sostiene. Egli un gran retaggio del passato ed io solo un piccolino. *Io*? Ora non ho antenati, né davanti, né dietro di me. D'ora innanzi essi non mi mostreranno più la via per andare a Meido, quando morrò. Ebbene io? Non me ne curo affatto. Ho un marito e un bambino che sono i più belli del Giappone, e forse di tutto il mondo. E posso andare a Nirvana da un'altra strada, se ci devo andare. —
Il buon console comprendeva, meglio di lei, tanto l'effetto di questa separazione dai suoi antenati quanto la posizione di Pinkerton. Malgrado la sua risoluzione di non immischiarsene provò a darle qualche consiglio. Essa lo ascoltò garbatamente, ma egli non le fece alcuna impressione.
— Non dovete rompere coi vostri parenti. Se Pinkerton dovesse, dovesse… ebbene… morire, sapete, sareste proprio abbandonata. Se i vostri parenti stessi non vogliono più aver a che fare con voi, nessun altro lo vorrà. Bisogna che sappiate che il vostro matrimonio con Pinkerton vi ha messo in relazioni cattive con tutti; coi Giapponesi perché li avete offesi, cogli stranieri perché lui li ha offesi. Che cosa fareste in un caso simile? —
— Io? Potrei, forse, ballare o… o forse morire? —
Ma rise dicendo questo. Allora si accorse dello sguardo riprovevole del console.
— Scusatemi, ho detto qualcosa di sbagliato? Ebbene ora non è tanto facile morire quanto lo era prima… che lui venisse. — Sospirò allegramente.
Il console era curioso.
— Perché? — domandò.
— Perché? perché ha reso più dolce la mia vita. —
— Ma questa non è una ragione per litigare con la vostra famiglia. —
— Ma non mi vogliono, perché mio marito non li vuole. D'ora innanzi bisogna che lasci mio marito se voglio loro, e se voglio lui in modo ancora più forte, devo lasciare loro. In ogni caso, bisogna che lasci qualcuno. Ebbene. Io desidero mio marito più di tutti. Dite! È strano! Me lo hanno fatto sposare quando non lo volevo, ora che l'ho sposato non lo vogliono più. Quando mio padre si è ucciso con quel pugnale, siamo diventati poveri, oh tanto poveri! Io? Mi sono messa a ballare un po', e così non siamo morti di fame. Poi ho pensato che se qualcuno mi voleva, lo avrei sposato per qualche tempo perché la nonna potesse avere da mangiare e da vestirsi. Ebbene, anche la nonna ha fatto come il vecchio *nakodo*, voleva farmi sposare qualcuno l'altro giorno, qualcuno che diceva che nessun altro poteva trovargli una moglie carina e che egli non ne conosceva di più carine di me. —
Fece una pausa per lasciare che il console si convincesse di quello che lei diceva, cosa che fece riconoscendo l'apprezzamento che lei stessa aveva provocato con un sorriso affascinante.
— Ebbene, Pikkerton diceva che non mi sarebbe piaciuto perché era americano, e perché era anche un barbaro e una vespa. Oh, io?... dissi che non lo volevo. Ho paura delle vespe ma tutti gli altri dicevano "sì, sì, sì, ha denari" e per poco tempo avrei dovuto sopportarlo. Allora io dissi: "Portatemi questa vespa" e l'ebbi! Un giorno il vecchio *nakodo* lo condusse a me perché lo vedessi. Ecco! —
Si fermò per ridere, ed il suo riso era tanto comunicativo che il console si unì a lei.
— Dapprima lo credetti un Dio, perché era tanto grande e bello, ed aveva degli abiti turchini tutti pieni di cose d'oro. E non stava seduto così, lontano da me, solo per chiacchierare! —
Rise con abbandono
— Ha reso la mia vita così allegra che credo di non essere mai stata tanto felice. —
Ebbe un accesso di timidezza.
— Oh, in principio avevo paura perché si sedeva tanto vicino a me… e mi prendeva la mano come fosse stata di raso. Aha, ah, ah! Di raso! Guardate. —

Gliele diede ambedue: erano bellissime. Ma il console era imbarazzato nel prenderle. Essa le ritirò lentamente ed egli le lasciò andare con rammarico.
— Vi domando scusa. Penso dentro di me e parlo con l'esterno. Non è gentile. Non vi interessano queste cose?—
— Quali? —
Egli credeva che volesse alludere alle mani e forse era così.
— Solo questa... piccola... storia. —
— Sì, mi interessa, — dichiarò il console con sollievo — è una bellissima storia. — E lo era davvero, perché gli occhi e le mani di Cho-Cho-San prendevano parte al racconto al pari delle labbra.
— Intendete dire che vorreste che proseguissi? —
— Sì. —
Essa rifletté un istante.
— Credo che non ci sia altro da dire. Solo che... ah sì, solo che dopo un po' di tempo non ebbi più paura di lui, né quando mi veniva vicino né in qualsiasi modo mi prendesse le mani. —
— Ma allora voi — vi domando scusa — eravate sposata? Mi pare che abbiate detto questo. —
— Oh, sì, — rispose come se questo non avesse fatto che una piccola differenza nei loro rapporti — ero sposata con lui. —
— E mi pare che in quel tempo il suo bastimento fu mandato a... —
Essa annuì.
— Ahimè! ha dovuto andare per servire il suo paese. Ma tornerà presto, e continuerà a stare sposato con me. Cosa ne pensate? —
Il console cercò di schivare la domanda.
— Ed è per questo che vi siete informata sui pettirossi? —
— Sì; tornerà quando i pettirossi rifaranno il nido? *Lui?* Lui non si aspetta mai più di avere questo bel bambino perché io non gli ho detto nulla. Non potevo dirglielo, non so dove sia. Ma io non glielo direi anche se lo sapessi perché subito si precipiterebbe qui, abbandonerebbe il suo paese e andrebbe incontro a un guaio serio, forse col presidente degli Stati Uniti d'America e quella grande divinità della libertà e indipendenza. Cosa ne dite? —

XI
IL MIGLIOR UOMO

Era del tutto superfluo sottolineare quali delle idee di lei avessero avuto origine dalla fervida immaginazione di Pinkerton. Era certo che egli aveva apprezzato molto la vita coniugale con lei ma per un motivo diverso da quello di lei. Il console poteva capire quanto fosse stato divertente! Era esattamente coerente con la condotta di Pinkerton il prendere questo materiale grazioso, vivace ed informe per modellarlo secondo i suoi desideri più dissoluti e fantastici. Ed era forse stato un bene per lei che il suo paese avesse avuto bisogno di lui tanto presto dopo il loro matrimonio.
In ogni caso il console la informò che i suoi timori di preoccupare Pinkerton per le ragioni suesposte erano interamente senza fondamento. Ma questo, con sua sorpresa, non le fece piacere. Preferiva credere – come lui le aveva fatto credere – che Pinkerton occupava un gran posto negli affari del suo paese; che era sotto l'alto patronato del Presidente, e la Dea Libertà era forse la sua propria ausiliaria. Per lei egli era un Dio, forse. Ma bisogna sapere che un Dio giapponese non è né austero né immacolato.
— Ebbene, in ogni modo — diss'ella un po' delusa — ci sarà una sorpresa per lui al suo ritorno. Ha sempre scherzato con me; voglio fargli anch'io uno scherzo. E che bello scherzo! Cosa ne dite? —
Il console scosse la testa. L'affare cominciava ad assumere un aspetto sinistro. Ma la fede della fanciulla era sublime.
— Ah, ah, ah! Voi? — Il tono della voce era pietoso per tanta ignoranza. — È perché non lo conoscete che scuotete la vostra bella testa. Egli scherza sempre. Alle volte non so se scherza, poi si arresta, diventa solenne, e ride. Poi fa tremare la casa! Oh, forse credete che non so scherzare anch'io? Ebbene, vi sbagliate. Scherzo proprio come lui, tanto come lui! Una volta gli feci la burla di fingere di scappare dalla nonna perché non mi curavo più di lui. Ebbene,

cosa credete? Disse: "Per bacco! Vediamo se sai correre presto! Aha, ah, ah!". Quello fu un piccolo scherzo. Ora voglio fargli la burla più tremenda. Bene, gli direte per favore, eccellenza, che non ho avuto la pazienza di aspettare; il tempo era così lungo, lungo, lungo! Gli direte che mi sono stancata, così mi sono sposata con un grande e bravo principe chiamato Yamadori Okyo e che vivo in un magnifico castello, con mille servi e… e tutto quello che il mio cuore può desiderare. Aha, ah, ah! Ed anche che sono andata nel castello portandomi via il suo piccino dagli occhi di porpora, per non tornare mai più, mai. Gli direte tutto questo? —

— Preferirei non occuparmene oltre, per lo meno di finzioni. — rispose il console seriamente.

La fanciulla rimase stupita e offesa.

— Ah, ha, ha! Non vi piacciono gli scherzi? Credevo che piacessero a tutti gli americani. Non è una bella cosa per me. Mi spiace di avervi detto tutte questo cose. Ahimé! Come vi sareste divertito. Lo avreste visto andar in furia immediatamente, — si strinse le mani — e poi avrebbe detto quelle cose sul diavolo e l'inferno, e si sarebbe slanciato su per la collina, così. —

Alzò di nuovo il suo kimono e lo sbattè con irrequietezza attraverso la stanza.

— Ma, mia cara signora… —

Essa si diresse verso di lui con la voce ed i gesti irresistibilmente carezzevoli. Egli capì quanto era inutile protestare più a lungo con lei e dovette riconoscere il suo fascino straordinario.

— Ah, ah, ah! di grazia, eccellenza, diteglielo! Mi fareste tanto piacere! Ah! Lo farete? Sì? Ditelo! —

Il console aveva ceduto alla sua voce ed ai suoi occhi, era evidente.

— Ah, grazie, eccellenza! Siete il miglior uomo del mondo! —

Si fermò vergognosa, perfino questo complimento giapponese le sembrava un tradimento coniugale.

— Eccetto? —

— Eccetto… — confessò la fanciulla a testa bassa.

Un sorriso spuntò sulle sue labbra e quando sollevò il viso era risplendente.

— Come ci divertiremo a vederlo correre su dalla collina verso la casa, così! — e mostrò come, avanti e indietro per la stanza. — Dopo questo, ah, dopo questo, ebbene, aggiusterò io tutto. —

Ed era radiosamente certa che avrebbe potuto.

Il console si rammentò la massima del professore di retorica, cioè che nessuna commedia può riuscire senza un elemento di tragedia. Ebbene, Pinkerton *poteva* avere avuto intenzione di tornare, chiunque altro al suo posto l'avrebbe avuta. Solo che quella storiella dei pettirossi aveva l'aria di uno dei suoi scherzi diabolici. Probabilmente egli credeva che lei sapesse cosa intendesse dire addio, ma certamente non aveva inteso il termine per ciò che significava... A meno che Pinkerton non fosse cambiato, egli probabilmente non aveva più pensato a lei se non come la moglie di un altro uomo. Pinkerton non spiegava mai nulla! Era la sua teoria che le circostanze si spiegassero da sè; e il permettere alle circostanze di farlo costituiva un risparmio di energia. Correva un detto, nella flotta, che non era ancora nato chi avrebbe potuto dimenticare una partita giocata o una bottiglia vuotata più velocemente di Pinkerton. L'avere dotato la fanciulla di una casa e di denaro non significava nulla per lui. Probabilmente le avrebbe dato quanto possedeva, fosse un dollaro come mille. Ma d'altra parte se essa fosse stata uno dei capricci improvvisi e bizzarri che lo assalivano di quando in quando, il caso sarebbe stato differente, e del tutto consono a Pinkerton; ma trattandosi di una donna affascinante, l'emozione poteva sopravvivere all'assenza di capriccio. Per quanto lo riguardava il console egli, – ne era sicuro – avrebbe resistito a cose anche maggiori, se fosse stato al posto di Pinkerton. Ed infine, il suo modo di vedere prevalse quasi fosse quello di Pinkerton, e fu persuaso che questi sarebbe stato felice di tornare per riprendere con lei la sua vita beata sulla collina di Higashi. Perciò le disse che il bastimento del luogotenente Pinkerton aveva ordine di fermarsi a Nagasaki, ritrovo governativo della flotta navale, verso i primi di settembre, per studiare e riferire sulle probabilità di guerra nella Cina, e fu subito soddisfatto di avergliele detto.

L'immensa gioia della fanciulla si manifestò in un lungo, profondo respiro, e poi nel silenzio. Ma qualche cosa doveva essere detta... o fatta.

— Io vorrei domandarvi un'altra cosa — indugiò ancora Cho-Cho-San, come se fossero stati al principio del discorso.

— Certamente — disse il console con un sorriso — ma non volete sedervi? —

Aveva notato che essa tremava. Si sedette incerta sull'orlo della sedia e dimenticò quello che voleva chiedere.

— Dite! — Era ancora incerta. Ma ad un tratto un'idea le balenò negli occhi.

— Tutti i bambini della vostra America hanno gli occhi di porpora? —

— Ah sì, moltissimi — disse il console alquanto sorpreso.

— E... sono anche senza capelli? —

— Tutti, credo, quando nascono. —

Sorrise, e la fanciulla gli rese il sorriso.

— Dite, eccellenza, non dovrà venire a vedere questo piccino? Cosa ne dite? — le sue parole erano come carezze.

Ma la gioia dipinta sul viso della fanciulla non si rifletté su quella del console.

— Io... spero di sì. —

Essa troncò subitamente il suo dubbio.

— Dite! Forse voi non credete che ci condurrà a vivere nel suo bel castello negli Stati Uniti d'America? — domandò con tono di rimprovero.

— Vi ha detto che farebbe ciò... che aveva un bel castello? —

— No, non mi ha detto... niente. Egli rideva quando glielo domandavo come se cadesse la casa. *Ma*... voi cosa ne dite? —

Il console le rispose brevemente. Sapeva che la affliggeva, ma la sua collera impotente era rivolta a Pinkerton; non lo aveva creduto capace di questo.

— Se dovessi darvi un consiglio, vi domanderei di riflettere seriamente alla proposta di Yamadori, se davvero egli vi ha fatto un'offerta. È un'opportunità grande e insolita per voi, o per qualunque ragazza del Giappone. —

— Voi? Dite così? *Voi?* —

Essa lo guardò per un istante, stupita e riprovevole, poi prese in mano il suo kimono, e mise i piedi negli zoccoli.

— Vai avanti, Suzuki, — disse ella con dolcezza alla servente, e al console dolorosamente — buona sera. —

Alla porta si voltò con gesto cerimonioso, lo guardò e tornò indietro lestamente. Tutta la gioia era ritornata sul suo viso, alla vista del sincero rincrescimento, o quasi dolore, dipinto sul viso del console.

Gli prese impetuosamente le mani.

— Una volta ancora... buona sera, eccellenza. —

E la sua voce era dolcissima — Ah, ah, ah! Io? Sono matta... Sì! Voi... siete il miglior uomo del mondo. —

Si fermò sorridendogli. Egli comprese che essa desiderava ripetere il loro scherzetto sulla frase.

— Eccetto? —

Essa annuì e rise.

— Eccetto... Ah, ah, ah! —

Si affrettò a seguire la servente sorridendogli mentre se ne andava.

E dopo tutto il console era contento che la cosa fosse finita così perché la gioia è migliore del dolore, sempre e comunque.

Quando esse raggiunsero la bella casetta sulla collina, Cho-Cho-San guardò tristemente la rapida salita che aveva percorso.

— Oh, *come* è faticosa, Suzuki! Ma *lui* quando verrà, farà proprio così: uno, due, tre gran salti! *Come* correrà su per la collina che a noi è costata tanto sudore. Come un temporale con fulmini e tuoni! flash! flash! falsh! boum! boum! boum! Ed eccolo qui... tutto per me! Poi come correrà in giro senza cambiar le scarpe, sciupando le stuoie, schiacciando il *fusuma*, facendo tremare la casa come gli animali quando c'è il terremoto! Dov'è lei? Ahh! Mi hanno detto che si è sposata con un certo Yamadori! Se n'è andata col suo bambino dagli occhi color di porpora. Allora io gli salto al collo, prima che vada troppo in collera, gli prendo le

mani e gli dico all'orecchio: "Come stai, Sig. B. F. Pikkerton?" Aha, ah, ah! Cosa ne dici, Suzuki? —
E Suzuki rispose, anch'essa in inglese:
— Sarà la più bella cosa che abbia mai visto. —

XII
COME UN QUADRO DI BUNCHOSAI

Da quel momento fino al diciassette settembre nessun bastimento entrò nel porto, se non sotto lo scrutinio del cannocchiale che Pinkerton aveva lasciato nella casetta di Higaski per leggere i segnali a bordo. E di segnali ve ne erano molti, perché la guerra era imminente. Dopo i primi tempi, la fede si sforzava di combattere colla sfiducia. Il tempo era lungo, ma il diciassette il bastimento entrò nella baia, e vi entrò così velocemente che il cannocchiale non lo ravvisò fino a che l'albero bianco e oro non virò per gettare l'ancora. Allora, ad un tratto, il nome dorato sulla prua si presentò agli occhi di Cho-Cho-San. Fu un lampo, e con un grido violento essa cadde sul pavimento. La piccola servente capì, ma non disse nulla e fece ciò che era meglio fare. E dopo un po' di tempo poté parlare.
— Io... io non sapevo di essere... così contenta — disse Cho-Cho-San ridendo dolcemente.
— Andate un po' a riposarvi, per favore. Dormite un pochino, per favore, solo un pochino! —
Abbassò le palpebre della sua padrona tenendole ferme leggermente. Cho-Cho-San si scosse e si rialzò rianimata.
— Riposo! Sonno! Nulla finché verrà lui! —
— Riposo, pace, sonno, *bellezza*... — canticchiava la servente persuasivamente. Ma la padrona non voleva.
— Ora affrettati come se avessi le ali di un'aquila e mille piedi! Passerà un'ora, e forse un'ora e mezza prima che egli sia qui. Il mio kimono rosa, l'*obi* più largo, il *kanzashi* per i miei capelli e dei papaveri. Voglio essere più bella che mai. Dei fiori... ahimè! Non vi sono fiori di ciliegio. Che peccato! Mi pare di non essere allegra senza. Ci siamo sposati nel mese dei fiori di ciliegio! Ma i crisantemi tutti quanti! E delle lanterne se sarà notte... più di mille! Aha, ha, ha! La sua casa sarà più gaia che mai! Non mi si presenterà più una così bella occasione. —
— Il riposo è bellezza — insisteva la servente presentandole uno specchio.
— Ah Suzuki! *Sono* bella, bella come quando è andato via? —
La servente era silenziosa, del silenzio giapponese che non significa un assenso.
Cho-Cho-San afferrò lo specchio di metallo — Lo *sono*! — gridò fieramente — Dillo! —
E agitò il pesante specchio sulla testa della ragazza.
— Vi ho detto di prendere riposo, pace, sonno. È il modo di tornar ancora bella. —
— Ohh! Ancora! — Lo specchio precipitò sul pavimento ed ella proruppe in lacrime.
— Vi siete proprio stancata troppo. Ora andate un po' a riposare — insisteva la servente per confortarla.
— Oh, in nome di tutti gli dei! Non posso! Non posso finché non verrà lui. Morrò prima — riprese tristemente lo specchio. — No, no, Kwannon misericordioso, non sono più bella! Il dubbio e l'attesa rendono vecchi e tristi e quanto abbiamo aspettato! Quanto! Oh, Shaka! Ma ora sono felice, più felice che mai! Per cui devo essere più bella di quanto sia mai stata. Perché anche la felicità è bellezza. Ah, Suzuki, sii buona con me! —
S'inginocchiò davanti alla servente e mise la testa ai suoi piedi.
Un pensiero estatico le balenò. — Suzuki, oggi mi farai bella tu, e domani lo faranno gli dei. Ora non abbiamo neppure tempo di pregare, né di riposare. Non vuoi? Non puoi? Ah-h-h! Lo devi fare. —
Fece abbassare la fanciulla fino a lei e le sussurrò le ultime parole mettendole le braccia al collo.
E la ragazza lo fece. Non domandiamoci come. Non aveva mai resistito a quel tono e a quella carezza. Vi era una certa magia in quelle dita vezzose e la sua padrona la possedeva tutta. Non si poteva desiderare una creatura più bella di questa sposa anelante il ritorno del marito!
E quando tutto fu fatto, si guardarono ognuna con delizia

nello specchio. Era troppo piccolo per riflettere la figura intiera, ma esse lo alzarono e lo girarono in modo da poter vedere ogni parte della persona. Ambedue si dissero assai soddisfatte.
— Voltatevi un po' così — pregava la servente andando in fondo alla stanza per osservarla.
— Proprio come quelle nuove statue di porcellana di Kinkozan! — dichiarò la servente.
— Proprio come quel vecchio dipinto di Bunchosai! — rispose Cho-Cho-San, non pensando a quello che diceva.
— Ed ora i fiori per la sua stanza! Coglili tutti! Tutti quanti! Non ne avremo più bisogno. Va, va, va! Aha, ah! E Dolore, fallo bello come un quadro. Non si chiamerà più Dolore dopo oggi, avrà un nuovo nome, forse Gioia! —
I suoi desideri furono esauditi. Per l'ora fissata la casa era ornata come per un festino, e non vi era più un fiore sullo stelo. Il bambino sembrava davvero un quadro e così pure Cho-Cho-San, e la servente, e la casa.
Si nascosero dietro lo *shoji* facendo dei buchi con le dita, come avevano progettato.
Ve ne era uno fatto molto basso per il bambino, perché potesse stare seduto sulle stuoie – cosa che non volle fare – ed uno per ognuna di loro. Cho-Cho-San cantava mentre guardava attraverso il foro in modo da non sciupare la sua toilette.

"Rog-a-bay, bimbo nel Giappone,
Sei come un dipinto di un ventaglio."

La servente dondolava in grembo il bambino come una palla.
— Aha, ah, ah! — disse ridendo ancora una volta Madama Butterfly.
Finalmente tutto era in ordine come avevano progettato.
— Ora che venga pure — disse con un vezzoso atto di sfida — venga pure, presto, e poi… —
L'ora passò, poi due, poi quattro. Venne la notte. Più tardi il silenzio divenne completo, aggiunto alla quiete del cuore della notte. Per il terrore le pulsazioni accelerarono. Suzuki accese le lanterne silenziosamente. Più tardi ad una scossa di brividi della sua padrona accese il camino della stanza poi il *hibachi*[10]. Era intirizzita. Vegliarono tutta la notte. Lui aveva l'abitudine di rientrare tardi, ma non venne. Attesero tutto il giorno seguente, e molti altri. Sempre silenziose ora, sempre. Il bambino si stupiva di questo e guardava attonito or l'una, or l'altra. Gli sembrava assai strano questo silenzio nuovo, la casa era sempre stata piena delle loro risa e delle loro chiacchiere, del rumore dei loro passi. Ora non facevano che aspettare, mangiando poco, dormendo poco e sempre, e sempre meno. Alla fine Cho-Cho-San non ebbe più la forza di tenere il cannocchiale. Si sdraiò sulla stuoia col piccino, mentre la fedele servente osservava. Ogni giorno i fiori appassiti erano sostituiti da fiori comperati, e sempre più a buon mercato. L'ultimo denaro che restava loro fu speso per questo e per i lumi delle lanterne per la notte. Queste non erano mille, non erano neppure dodici ora. Non pensava di andare lei a raggiungerlo. Aveva perso tutte le sue convinzioni giapponesi, ma questa sola le era rimasta. Aveva infatti letto nel *Onna Yushoku Mibea Bunko* (*Vecchio libro di decoro per le signorine*) che la sola donna che cerca un maschio è una *yujo*, una cortigiana.
Una settimana dopo, un bastimento di passeggeri entrò nella baia. Non vi prestarono attenzione in quanto non lo ritenevano degno di interesse. Ma il giorno seguente, proprio per caso, videro Pinkerton per la prima volta, sul ponte del bastimento sconosciuto. Una donna bionda gli dava il braccio. Lo osservarono senza dormire tutta la notte. Accesero ancora alcune lanterne. La mattina dopo il bastimento da guerra era scomparso dal porto. Cho-Cho-San era spaventata. Sapeva ora che la prostrazione del suo cuore portava con sé un dubbio atroce. La sua piccola mente inesperta e frivola non aveva previsto una tale catastrofe. Ci poteva essere stata una ragione, aveva pensato, per essere trattenuto a bordo del suo bastimento. Lui non era mai molto sicuro. Fino al giorno prima non era stata sicura che fosse Pinkerton al braccio di quella donna; la posizione in cui si trovava il bastimento non era infatti favorevole alle sue osservazioni.

XIII
LA BUGIA PIETOSA DEL BUON CONSOLE

Subentrò la demoralizzazione. Perfino il conforto della servente era scemato. Decisero che Cho-Cho-San sarebbe andata a trovare il buon console, mentre la servente e il bambino sarebbero restati a casa per accogliere Pinkerton, nel caso egli non fosse partito col bastimento da guerra.
La servente la aiutò a scendere la parte più ripida della collina. Nonostante ciò, quando arrivò al consolato, era senza fiato. Il console era solo. Non vi fu frivolezza questa volta. Ognuno sapeva che l'altro capiva.
— Io? Io ho... un po' mal di cuore, credo! — disse la fanciulla, ansante, per scusare la sua mancanza di cerimonia e lo sguardo compassionevole del console. Aveva l'aria molto ammalata, ma il suo sorriso era tutt'ora tragicamente allegro.
Il console le diede una sedia, essa la rifiutò. Vi fu un momento di silenzio. Poi egli andò, esitando, al suo scrittoio e ne prese una busta, contenente del denaro, una forte somma. Gliela porse silenziosamente.
Essa lo guardò con aria interrogativa, ma non prese il denaro.
— Questo è solo... solo in ricordo del passato. Egli desidera che voi siate sempre felice come dice di essere lui. Egli spera nei vostri auguri e congratulazioni. —
Gli occhi del console si inumidirono solo al guardarla. Vide ad un tratto che essa non capiva, e decise che non avrebbe mai capito. Egli tacque per un momento, e così fece lei. Poi:
— Felice, felice? — mormorò essa confusamente. — Ma come posso essere io felice se non viene lui? Come può lui essere felice, se non viene? —
Il console era silenzioso. Le porgeva sempre il denaro. Essa provò a sorridere per fargli credere che era indifferente alla risposta che avrebbe dato su quello che stava per domandargli.
— Ah! oh! ah! Gli avete raccontato quello... quello scherzo, quel piccolo scherzo che gli abbiamo fatto? —
Il console finse di non capire. Essa spiegò:
— Quello che io dovevo sposare Yamadori e portar via il bambino con me? —
Egli doveva rispondere ora:
— Oh... quella era una cosa troppo, troppo sciocca per parlarne seriamente. —
Pinkerton sarebbe stato contento di sentirla.
— Ma... glielo... glielo avete detto? — aveva alzato la voce pietosamente.
— Sì, — rispose il console tristemente fantasticando quello che poteva dire di seguito.
Essa sospirò con affanno asciugandosi le labbra asciutte.
— Sì, è giusto. È quello che vi ho chiesto io di fare. E... cosa ha detto? — domandò tristemente.
Il console era desideroso di mentire quanto il caso richiedeva. Il dolore sul viso della fanciulla lo affliggeva. Vedeva nel suo abbigliamento i preparativi per festeggiare il marito che egli sapeva ora essere un vigliacco e leggeva sul suo viso quanto le era costato l'attenderlo. Ma la bugia in questo caso era difficile.
Ebbene, — cominciò incerto — noi... tutto è successo come avevate supposto. Si è arrabbiato molto, si sarebbe subito slanciato su per la collina, come avevate detto, solo che... solo che... — Che cosa d'altro? Il desiderio di mentire era straordinariamente cresciuto in lui mentre parlava. Ma l'immaginazione gli faceva difetto. I dispacci sul suo scrittoio gli caddero sotto gli occhi. — ...solo che... non gli è stato permesso un momento di libertà mentre era in porto. Aveva tutti quei dispacci da preparare per... per il suo governo... la guerra, sapete. Tutti in cifre. —
Glieli mostrò. Un'idea luminosa gli passò per la testa.
— Vedete? Sono tutti della sua scrittura. —
Egli non ne aveva scritto neppure una parola.
— Il suo bastimento è stato mandato improvvisamente in Cina, ma tornerà qui uno di questi giorni, e allora... —
La pausa era per lei. In ogni modo, egli non poteva più mentire.
— Tutte, tutte le divinità del cielo vi benedicano — disse ella vinta dall'emozione. Vacillò ed egli la fece sedere. La

sua testa cadde indietro, e il suo pallido viso si alzò verso di lui con gli occhi stanchi e chiusi. Ma l'espressione era di pace e riposo, ed era ancora bellissima.
Qualcuno si avvicinava in fretta, ed egli tirò un paravento davanti a lei.

XIV
LA DONNA BIONDA

— Il luogotenente Pinkerton del… —
— Un momento, per amor di Dio! —
Era troppo tardi. Gli occhi della fanciulla seduta erano fissi nei suoi. Cercavano perfino di sorridere al povero risultato della sua pietosa menzogna. Scosse la testa per farlo tacere.
— Scusatemi; sono… sono… pronto… — disse il console duramente. Non disse di più.
— Continuate. —
— Vorrei che mandaste questo telegramma: "Visto ora bambino con nutrice. Non possiamo prenderlo subito? È bellissimo. Parlerò domani alla madre. Non era in casa quando vi sono andata oggi. Spero raggiungerti mercoledì per *Kioto Maru*. Posso portarlo con me? Adelaide." —
Mentre si avanzava, vide Cho-Cho-San e si fermò colpita d'ammirazione.
— Quanto siete carina… e vezzosa! Volete darmi un bacio bellissimo… *gingillo?* —
— Cho-Cho-San la fissò con gli occhi spalancati, come fanno i bambini quando hanno paura. Poi le sue narici tremarono e le palpebre si chiusero lentamente.
— No — disse, molto dolcemente.
— Ah, bene, — disse l'altra ridendo — non vi do torto. Dicono che voi non fate questo genere di cose… alle donne, per lo meno. Perdono proprio ai nostri uomini di innamorarsi di voi. Vi ringrazio per avermi permesso di interrompervi. E, Signor Sharpless, lo manderete via subito? Buon giorno! —
Se ne andò colla fretta con cui era venuta.
Era la donna bionda che avevano visto sul ponte del bastimento di passeggeri. Serbarono un silenzio assoluto dopo la sua partenza; il console ancora al suo scrittoio, la testa impotentemente appoggiata alle mani.
Cho-Cho-San alfine si alzò e si diresse vacillando verso il console. Si sforzava disperatamente di sorridere, ma le sue labbra erano serrate contro i denti. Aveva cercato con mano malferma nella manica, ne cavò fuori alcune piccole monete e gliele porse. Egli le prese con curiosità nel palmo della mano.
— Sono sue, tutto quello che resta del suo splendido regalo. Non ne avrò più bisogno, dategliele. Mi piacerebbe anche che gli diceste che sono dolente… no, no, no! Contenta… contenta… *contenta*! — sospirò umilmente. — *Io*? Desidero per lui quella stessa felicità che lui desiderava per se stesso e… e… per me. Ditegli che io… sarò… felice. — Il suo capo si abbassò per un istante. Quando lo rialzò non presentava traccia di emozione, a giudicare dal suo viso.
— Ringraziatelo, il Sig. Pinkerton, anche per tutta la bontà che ha avuto per me. E permettetemi di ringraziarvi, eccellenza per la stessa cosa. Voi… voi… — poteva sorridere un po' al ricordo gentile, poi i suoi occhi si riempirono lentamente di lagrime — poi… siete il miglior uomo in tutto, tutto il mondo. —
Chiuse gli occhi un momento, restando immobile. Il console disse sottovoce: "Sia maledetto Pinkerton, e tutti quelli come lui!" —
— Buona notte — disse Cho-Cho-San guardando indietro sulla porta. — Sayonara — con un altro sorriso stentato. Barcollò un poco mentre usciva.
— Ahimè, l'ha vista anche lei! — disse la servente in tono lamentevole, mentre la faceva entrare.
— Ed è più bella che la Dea del sole — rispose Cho-Cho-San.
La servente si inginocchiò per levarle le scarpe.
— Essa… essa mi considera solo come… un gingillo. —
Cercò di sorridere alla servente che piangeva e le accarezzava i capelli mentre era inginocchiata.
— Non piangere per me, fanciulla mia, perché sono delusa… un po' delusa. Non piangere per me. Poco fa mi hai

consigliato il riposo, la pace, il sonno — disse dopo un momento con stanchezza. Ebbene, va via, ed io... riposerò. Ora voglio riposare, dormire. Un lungo, lungo sonno. E ti prego, guardami quando mi rivedrai, se non sarò ancora bellissima, ancora come una sposa. —

La servente non si mosse. Una volta ancora comprendeva la sua padrona.

— Ma... credo che tu mi voglia bene. —

La fanciulla singhiozzava.

— Per questo va, onde io non soffra più. Va, perché io possa trovar riposo, pace, sonno. Un sonno lungo, bellissimo! Va, te ne prego! —

La prese dolcemente per mano spingendola fuori.

— Addio, cara fanciulla, — disse dolcemente chiudendo lo *shoji* — non piangere. —

XV
QUANDO I PETTIROSSI RIFARANNO IL NIDO

Rimase seduta immobile ed aspettò finché venne la notte. Allora accese l'*andon* e tirò il suo specchio da toilette davanti a sé. E mentre stava seduta aveva una spada in grembo. Era l'unico oggetto di suo padre che i suoi parenti le avevano permesso di tenere. Era una bellissima cosa per i giapponesi, che consideravano la spada come un'anima. Un drago dorato si avvinghiava attorno al magnifico fodero: aveva gli occhi di rubini e portava in bocca una sfera di cristallo che ha molti significati mistici per i giapponesi. Un serpente raggomitolato, di squisita fattura, formava l'elsa. La lama era incisa con vaghe forme di animali sull'orlo. Era firmata "Ikesada". Per suo padre aveva rappresentato l'Onore. Sull'elsa vi era questa iscrizione:

"Morire con onore
quando non si può vivere con onore."

Era scritto in oscuri geroglifici ma era pure scritto sul *kaimyo* di suo padre, sul reliquiario, ed essa lo sapeva bene.

" Morire con onore": passò affettuosamente la lama sul suo palmo. Poi si rese bella con del carminio, della cipria e dei profumi; e pregò con umiltà, cercando fino alla fine di ottenere la pace. Non aveva dimenticato la religione del missionario ma sulla oscura via, dalla morte a Meido, le sembrava meglio affidarsi alle divinità pietose che erano sempre state fedeli.

Poi mise la punta dell'arma su quel punto quasi insensibile del collo, noto ad ogni giapponese, e cominciò a spingerla dentro lentamente. Non poté reprimere un piccolo sussulto alla prima incisione. Ma ora poteva sentire il sangue che le scorreva lungo il collo, dividendosi sulla spalla, con il rigagnolo più abbondante che scendeva sul petto. In un istante lo vide passare quietamente fra i seni e lì cominciò a coagularsi. Premette la spada, ed un nuovo rigagnolo scese sul primo, più rosso, le sembrava. Poi ad un tratto non lo poté più vedere. Tirò lo specchio più vicino. La sua mano era pesante e lo specchio sembrava lontanissimo. Ma perfino quando strinse le dita sul serpente dell'elsa qualcosa dentro di lei gridò pietosamente. Le avevano insegnato il modo di morire, ma *lui* le aveva insegnato il modo di vivere, e di vivere felice. Eppure era per questa ragione che doveva morire! Strana ragione! Per la prima volta capì che era triste morire. Egli era venuto ed aveva preso il posto di tutto: se ne era andato e non le aveva lasciato nulla, nulla tranne la morte.

La servente mise dolcemente il bambino nella stanza. Lo pizzicò ed egli cominciò a piangere.

— Oh Kwannon misericordioso! Nulla? — La spada cadde pesantemente al suolo. Il rigagnolo di sangue fra i seni si era oscurato e fermato. La testa le cadde lentamente avanti. Le sue braccia si stesero con atto penitente verso il reliquiario, e pianse.

— Oh Kwannon misericordioso! — implorò essa.

Il piccino si arrampicò gemendo sulle sue ginocchia. La piccola servente entrò e fasciò la ferita.

Quando la signora Pinkerton si recò, il giorno seguente, alla casetta sulla collina di Higashi, la trovò tutta vuota.

I
SAYRE'S PRESCRIPTION

Sayre had counseled him on the voyage out (for he had repined ceaselessly at what he called their banishment to the Asiatic station) to wait till they arrived. He *had never regarded service in Japanese waters as banishment, he said, and he had been out twice before.*
Pinkerton had just come from the Mediterranean.
— For lack of other amusement, — continued Sayre, with a laugh, — you might get yourself married and… —
Pinkerton arrested him with a savage snort.
— You are usually merely frivolous, Sayre; but to-day you are silly. —
Without manifest offense, Sayre went on:
— When I was out here in 1890… —
—The story of the Pink Geisha? —
— Well, yes, — admitted Sayre, patiently.
— Excuse me, then, till you are through. — He turned to go below.
— Heard it, have you? —
— A thousand times from you and others. —
Sayre laughed good-naturedly at the gallant exaggeration, and passed Pinkerton his cigarette-case.
— Ah, ever heard who the man was? —
— No. — He lighted his cigarette. — That has been your own little mystery, apparently. —
— Apparently? —
— Yes; we all knew it was yourself. —
— It was n't, — said Sayre, steadily. — It was my brother.
— He looked away.
— Oh! —
— He 's dead. —
— Beg pardon. You never told us that. —
— He went back; couldn't find her. —
— And you advise me also to become a subject for remorse? That's good of you. —
— It is not quite the same thing. There is no danger of you losing your head for…— he glanced uncertainly at Pinkerton, then ended lamely — …any one. The danger would probably be entirely with… the other person. —
— Thanks, — laughed Pinkerton; — that 's more comforting. —
— And yet, — mused Sayre, — you are hard to comfort, humanly speaking. —
Pinkerton smiled at this naive but quite exact characterization of himself.
— You are, — continued Sayre, hesitating for the right word — …impervious. —
— Exactly, — laughed Pinkerton. — I don't *see much danger to myself in your prescription. You have put it in rather an attractive light. The idea cannot be entirely disreputable if your brother Jack used it. We lower-class fellows used to call him Agamemnon, you remember. —*
— It is not my prescription, — said Sayre, briefly, leaving the deck.

II
MR. B. F. PINKERTON AND HIS WAY

But Pinkerton not only got himself married; he provided himself with an establishment, creating his menage in quite his own way and entirely for his own comfort.
With the aid of a marriage-broker, he found both a wife and a house in which to keep her. This he leased for nine hundred and ninety-nine years. Not, he explained to his wife later, that he could hope for the felicity of residing there with her so long, but because, being a mere 'barbarian', he could not make other legal terms. He did not mention that the lease was determinable, nevertheless, at the end of any month, by the mere neglect to pay the rent. Details were distasteful to Pinkerton; besides, she would probably not appreciate the humor of this.
Some clever Japanese artisans then made the paper walls of the pretty house eye-proof, and, with their own adaptations of American hardware, the openings cunningly lockable. The rest was Japanese.
Madame Butterfly laughed, and asked him why he had gone

to all that trouble, in Japan!
— To keep out those who are out, and in those who are in, — he replied, with an amorous threat in her direction.
She was greatly pleased with it all, though, and went about jingling her new keys and her new authority like toys, – she had only one small maid to command, – until she learned that among others to be excluded were her own relatives.
There had been what her husband called an appalling horde of these at the wedding (they had come with lanterns and banners and disturbing evidences of good will), and he asked her, when she questioned him, whether she did not think they would be a trifle wearisome.
— You *thing so? — she asked in turn.*
— Emphatically, — said her husband
She grew pale; she had not expected quite such an answer. A Japanese would have said no, but would have left an interrogation in one's mind.
He laughed consolingly.
— Well, Ane-San (which meant only elder sister: there are no terms of endearment in the Japanese language), you will have to get along without ancestors. Think of the many people who would like to do that, and be comforted. —
— Who? — She had never heard of such a thing.
— People, for instance, whose` ancestors have perished on the gallows, or, in America, have practised trades. —
She did not understand, as often she did not, and he went on:
— I shall have to serve in the capacity of ancestors, – let us say ancestors, at large, – and the real ones will have to go, or rather not come. —
Again he had the joke to himself; his wife had gone away to cry.
At first she decided to run away from him. But this, she reflected, would not probably please her relatives, since they had unanimously agreed upon the marriage for her. Besides, she preferred to remain. She had acquired a strange liking for Pinkerton and her new way of life. Finally she undertook a weak remonstrance, a very strong one, in fact, for a Japanese wife; but Pinkerton encouraged her pretty domestic autonomy. Her airs of authority were charming. And they grew more and more so.
— Mr. B. F. Pikkerton, — it was this, among other things, he had taught her to call him, — I lig if you permit my august ancestors visit me. I lig ver' moach *if you* please *permit that unto me. —*
Her hair had been newly dressed for the occasion, and she had stuck a poppy in it. Besides, she put her hand on his arm (a brave thing for her to do), and smiled wistfully up at him. And when you know what Cho-Cho-San's smile was like, and her hand, and its touch, you will wonder how Pinkerton resisted her. However, he only laughed at her, goodnaturedly always, and said no.
— We can't adopt a whole regiment of back numbers, you know. You are back number enough for me. —
And though he kissed her, she went away and cried again; and Japanese girls do not often cry.
He could not understand how important this concession was to her. It must be confessed that he did not try to understand. Sayre, with a little partizanship, explained to him that in Japan filial affection is the paramount motive, and that these ancestors, living and dead, were his wife's sole link to such eternal life as she hoped for. He trusted that Pinkerton would not forget this.
He would provide her a new motive, then, Pinkerton said, perhaps meaning himself, and a new religion if she must *have one, himself, again. So when she, at his motion, diffidently undertook to clothe the phantoms which made up her religion, Pinkerton expounded what he called the easier Western plan of salvation, seriously, too, considering that all his communications to her were touched with whimsy. This was inevitable to Pinkerton. After all,* she *was quite an impossible little thing, outside of lacquer and paint. But he struck deeper than he knew; for she went secretly to the church of the missionary who served on the opposite hill, and heard the same thing, and learned, moreover, that she might adopt this new religion at any time she chose, even the eleventh hour.*
She went out joyously; not to adopt his religion, it is true, but

to hold it in reserve if her relatives should remain obdurate. Pinkerton, to his relief, heard no more of it.

III
A MOON-GODDESS TRULY

But his wife's family (the word has a more important application there than here) held a solemn conference, and, as the result of it, certain of them waited upon Lieutenant Pinkerton, and, with elaborate politeness, intimated that his course had theretofore been quite unknown in Japan. This was their oblique way of saying that it was unsatisfactory. They pointed out with patient gravity that he would thus limit his wife's opportunities of reappearing on earth in a higher form of life.

Pinkerton smilingly remarked that he was not sure that it would be best for his wife to reappear on earth in a higher form. She would probably accomplish mischief enough in this very charming one as she was in fact doing.

— Do you know, — he continued to the spokesman, — that you look exactly like a lacquered tragedy mask I have hanging over my desk? —

One must have seen one of these masks to appreciate this.

But they all laughed good-naturedly, as their host had designed, and quite forgot their errand. And Pinkerton labored that they should remember it no more. This was quite Japanese. In the politest way possible he made them drink his liquors and smoke his tobacco (in the generous Western fashion), either of which operations was certain to make a Japanese very ill. This was thoroughly like Pinkerton.

They protested a deal of friendship for Pinkerton that night; but at the final conference, where Cho-Cho-San was solemnly disowned, none were more gloomily unfriendly than they who had eaten and drunken with him.

— I did the very best I could for you, little moon-goddess, — said Pinkerton to his wife; — but they were proof against my best wine and tobacco. — She bent her head in reflection a moment.

— Ah, you mean I begin learn you, Mr. B. F. Pikkerton! You mean they not proof. Aha! —

And Pinkerton delightedly embraced her.

— You are no longer a back number, — he said.

— Aha ! Tha' 's what I thing. Now I bed you I know what is that bag nomber! —

— Well? —

— People lig I was. —

— Exactly. —

— But not people lig I am?—

— No; you are up-to-date… —

— I egspeg I ought be sawry? — She sighed hypocritically.

— Exactly why, my moon-maid? —

— Account they outcasting me. Aeverybody thing me mos' bes' wicked in all Japan. Nobody speak to me no more they all outcast me aexcep' jus' you; tha' 's why I ought be sawry. —

She burst into a reckless laugh, and threw herself like a child upon him.

— But tha' 's ezag' why I am not! Wha' 's use lie? It is not inside me that sawry. Me? I 'm mos' bes' happy female woman in Japan mebby in that whole worl'. What you thing? —

He said honestly that he thought she was, and he took honest credit for it.

IV
TROUBLE, MEANING JOY

And after his going, in the whimsical delight they had practised together, she named the baby, when it came, Trouble. Every Japanese baby begins with a temporary name; it may be anything, almost, for the little time. She was quite sure he would like the way she had named him Trouble, meaning joy. That was his own oblique way. As for his permanent name, – he might have several others before, – that was for him to choose when he returned. And this event was to happen, according to his own words, when the robins nested again. And spring and the robins had come.

All this to explain why Madame Butterfly and her baby were reclining on the immaculate mats in attitudes of artistic abandon, instead of keeping an august state, as all other Japanese mothers and babes were at this moment doing. American women, we are told, assume more fearless attitudes in the security of their boudoirs than elsewhere. Japanese women, never. Their conduct is eternally the same. It must be as if some one were looking on, always. There is no privacy for them short of the grave. They have no secure boudoirs.

But Madame Butterfly (through the courtesy of her American husband) had both these. It will therefore be argued, perhaps, that she is not a typical Japanese woman. But it is only Lieutenant Pinkerton's views about which we are presently concerned. He called her an American refinement of a Japanese product, an American improvement in a Japanese invention, and so on. And since he knew her best, his words concerning her should have a certain ex-cathedra authority. I know no more.

And she and the maid, and the baby too, were discussing precisely the matters which have interested us hitherto: Pinkerton, his baby, his imminent return, etc.

Cho-Cho-San, with a deft jerk that was also a caress, brought the baby into her lap as she sat suddenly up.

— Ah, you*… you think he is just like any other baby. But… he is a miracle! Yes! — she insisted belligerently. — The Sun-Goddess sent him straight from the Bridge of Heaven! Because of those prayers so early, oh, so* very *early in the morning. Oh, that is the time to pray! — She turned the baby violently so that she might see his eyes. — Now did any one* ever *hear of a Japanese baby with purple eyes? —*

She held him over against the dwarfed wistaria which grew in a flat bronze koro *at the* tokonoma, *full of purple blossoms. She addressed the maid Suzuki, who stood by, happy as herself, apparently aware that this subject must always be discussed vehemently.*

— As purple as that! Answer me, thou giggler; is it not so? Speak! I will *have an answer! —*

Then the maid laughed out a joyous no. If she cherished the Eastern reservations concerning blue eyes and pink cheeks, it was a less heinous offense to lie about it a little than to assert it impolitely. Besides, neither she nor any one else could resist the spirits of her pretty mistress. And these spirits had grown joyously riotous since her marriage and its unfettering.

— Nor yet so bald of his head? Say so! Quickly! — she insisted, with the manner of Pinkerton: such is example!

The maid also agreed to this.

And then Cho-Cho-San flung the kicking youngster high above her, turned abandonedly over on her back (in charming, if forbidden, postures), and juggled with him there.

— But ah! you will *have hair, will you not? as long and glittering as that of the American women. I will not endure thee else. — She became speciously savage. — Speak, thou beggar, speak! —*

— Goo-goo, — said the baby, endeavoring diligently to obey.

She shook him threateningly.

*— Ah–h–h! You making that non*senze *with your parent? Now what* is *that you speaking with me? Jap'nese? If it is, I… — She threatened him direly. But he had evidently already learned to understand her; he gurgled again. — Listen!* No *one shall speak anything but United States' languages in these house!* Now! *What you thing? You go'n' go right outside* shoji *firs' thing you do that! — She resumed her own English more ostentatiously, — she forgot it herself sometimes, and pretended to pitch the baby through the fragile paper wall.*

— Also, tha' 's one thing aevery*body got recomleck; account it is his house, his wife, his bebby, his maiden, his moane; oh, ...*aevery*thing is his! An' he say, those time he go'n' 'way, that* aexcep' *we all talking those United States' languages when he come, he go'n' bounce us all.* Well! *I don' git myself bounce, Mr. Trouble! An' you got loog out you don', aha! Sa-ay, me? I thing if we doing all those thing he as' us, he go'n' take us at those United States America, an' live in his castle. Then he never* kin *bounce us, aha! —*

V
A SONG OF SORROW, AND DEATH, AND HEAVEN

A bird flew to the vine in the little porch.

— Ah, Suzuki! —

But the maid had withdrawn. She clapped her hands violently for her to return.

— Now why do you go away when… — her momentary anger fled, and she laughed — …when birds flying to the wistaria? Go quickly, little maiden, and see if he is a robin, and if he has completed his nest, quickly. —

The maid returned, and said that he was indeed a robin, but that he had no nest there as yet.

— Oh, how he is slow! Suzuki, let us fine 'nother robin, one that is more industrious, an' domestic, aha, ha, ha! —

— They are all alike, — said the girl, cynically.

— They… not! Say so! —

Suzuki giggled affirmatively. When her mistress took so violently to English she preferred to express herself in this truly Japanese fashion.

— Inform me, if you please, how much nearer beggary we are to-day than yesterday, Suzuki. —

The girl had exact information for her on this subject. She said they had just seventeen yen, fifty-four sen, two rin.

— Alas, alas! How we have waste his beautiful moaneys! Tha' 's shame. But he will not permit that we starve, account he know we have no one aexcep' him. We all outcasted. Now loog how that is bad! So jus' when it is all gone he will come with more… lig the stories of ole Kazabu. Oh! lig story of Uncombed Ronin, who make a large oath that he go'n' be huge fool if he dress his hair until his lord arrive back from the banishment. Lo! when they cutting his hade off him, account he don' comb his hair, his lord arrive back, an' say, "What they doing with him?", an' reward him great deal, account he constant ontil he 'mos' dead. So, jus' when we go'n' out on the street, mebby to fine him, you with Trouble on your back, me with my samisen, standing up bifore all the people, singing funeral songs, with faces, oh, 'bout 'mos' so long, — she illustrated liberally, — sad garments, hair all ruffled…so, dancing liddle, so, — she indicated how she should dance, — an' saying out ver' loud, "O ye people! Listen, for the loave of all the eight hundred thousan' gods and goddesses! Behole, we, a poor widow, an' a bebby what got purple eyes, which had one hosban', which gone off at United States America, to naever return no more… naever! Aexcep' you have seen him? No? See! This what I thing. Oh, how that is mos' tarrible! We giving up all our august ancestors, an' gods, an' people, an' country,… oh, aeverything, jus' for him, an' now he don' naever colne no more! Oh, how that is sad! Is it not? Also, he don' even divorce us, so that we kin marry with 'nother mans an' git some food. He? He don' even thing 'bout it! Not liddle bit! He forgitting us, alas! But we got keep his house nine hundred an' ninety-nine year! Now thing 'bout that! An' we go'n' starve bifore, aexcep' you giving us…ah, ah, ah! jus' one sen! two sen! mebby fi' sen! Oh, for the loave of sorrow, for the loave of constancy, for the loave of death, jus' one sen! Will you please pity us? In the name of the merciful Kwannon we beg. Loog! To move your hearts in the inside you, we go'n' sing you a song of sorrow… an' death… an' heaven." —

She had acted it all with superb spirit, and now she snatched up her samisen, and dramatized this also; and so sure was she of life and happiness that this is the song of sorrow and death she sang:

"Hikari nodokeki haru no nobe,
Niwo sakura-no-hana sakari,
Mure kuru hito no tanoshiki ni,
Shibashi uki yo ya wasururan".
"Sunshine on a quiet plain in spring,
The perfume of the blooming cherry — blossoms,
The joy of the gathering crowd,
Filled with love, forget the care of life".

And then, as always, abandonment and laughter.

— Aha, ha, ha! Aha, ha, ha! What you thing, liddle maiden? Tha' 's good song 'bout sorrow, an' death, an' heaven? Aha, ha, ha! What you thing? Speak! Say so! —

She tossed the samisen *to its place, and sprang savagely at the maid.*
— If that Mr. B. F. Pikkerton see us doing alig those... — ventured the maid, in the humor of her mistress.
— O-o-o! You see his eye flame an' scorch lig lightening! O-o-o! He snatch us away to the house, so, so, so! —
The baby was the unfortunate subject for the illustration of this. He began to whimper.

"Rog-a-by, bebby, off in Japan,
You jus' a picture off of a fan".

This was from Pinkerton. She had been the baby then.
— Ah, liddle beggar, he di'n' know he go'n' make those poetries for you! He don' suspect of you whichever. Well! *I bed you we go'n' have some fun when he* do. *Oh, Suzuki! Some day, when the emperor go abroad, we will show him. You got say these way — she changed her voice to what she fancied an impressive male basso: — "Behole-Heaven-Descended-Ruler-Everlasting- Great-Japan, the first of your subjecks taken his eye out those ver' blue heaven whence you are descend!" Hence the emperor loog on him; then he* stop *an' loog; he kin naever git enough loogs. Then he make Trouble a large prince! An' me? He jus' say onto me: "Continue that you bring out such sons." Aha, ha, ha! What you thing? —*
The maid was frankly skeptical.
— At least you kin do lig the old nakodo *wish you, for you are most beautiful. —*
Cho-Cho-San dropped the baby with a reckless thud, and sprang at her again. She gripped her throat viciously, then flung her, laughing, aside.
— Speak concerning marriage once more, an' you die. An' tha' 's 'nother thing. You got know at his United States America, if one is marry one got stay marry... oh, for aever an' aever! Yaes! *Nob'y cannot git himself divorce,* aexcep' *in a large courthouse an' jail. Tha' 's way with he – that Mr. B. F. Pikkerton – an' me – that Mrs. B. F. Pikkerton. If he aever go'n' divorce me, he got take me at those large jail at that United States America. Tha' 's lot of trouble; hence he rather stay marry with me. Also, he* lig *be marry with me. Now loog! He leave me a 'mos' largest lot money in Japan; he give me his house for live inside for nine hundred an' ninety-nine year. I cannot go home at my grandmother, account he make them outcast me. Sa-ay, you liddle foolish! He coming when the robins nest again. Aha! What you thing? Say so! —*
The maid should have been excused for not being always as recklessly jubilant as her mistress; but she never was. And now, when she chose silence rather than speech (which was both more prudent and more polite), she took it very ill.

VI
DIVINE FOOLERY

If Pinkerton had told her to go home, even though she had no home to go to, she would have been divorced without more ado. Perhaps she was logical (for she reasoned as he had taught her; she had never reasoned before) in considering that as he had distinctly told her not to do so, it was an additional surety for his return.
Cho-Cho-San again took up the happier side of the matter. The baby was asleep.
— An' also, what you thing we bedder doing when he come? —
She was less forcible now, because less certain. This required planning to get the utmost felicity out of it, what she always strove for.
*— Me? I thing I dun*no, *— the maid confessed diplomatically.*
*— Aha, ha, ha! You dun*no? *Of course you dunno whichever! Well, I go'n' tell you. — The plan had been born and matured that instant in her active little brain. — Jus' recomleck 't is a secret among you an' me. We don' tell that Mr. Trouble. Hoash! He don' kin keep no secret.* Well, *listen! We go'n' watch with that spying-glass till his ship git in. Then we go'n' put cherry-blossoms aeverywhere; an' if 't is night, we go'n' hang up 'bout' 'mos' one thousan' lanterns...'bout 'mos' one thousan'! Then we...*wait. *Jus'*

when we see him coming up that hill, so, so, so, so, *— she lifted her kimono, and strode masculinely about the apartment, — then! We hide behine the* shoji, *where there are holes to peep. — She glanced about to find them. — Alas! they all mended shut!* But *— she savagely ran her finger through the paper — we soon make some, aha, ha, ha! So! — She made another for the maid. They illustrated this phase of her mood with their eyes at the holes. — Then we lie quiet lig mice, an' make believe we gone 'way. Better n't we leave liddle note: "Gone 'way foraever. Sayonara, Butterfly"? No; tha' 's too long for him. He git angery those ways on the first word, an' say those remark 'bout debbil, an' hell, an' all kind loud languages. Tha' 's time, bifore he gitting* too *angery, to rush out, an' jump all roun' his neck, aha! — This was also illustrated.*

But, alas! the maid was too realistic.

— Sa-ay! *not* you, *jump roun' his neck, jus'* me. *—*

Cho-Cho-San paused ecstatically. But the maid would not have it so. She had seen them practise such divine foolery, – very like too reckless children, – but never had she seen anything with such dramatic promise as this.

— Oh! an' what he say then, *— she begged, with wild interest, — an' what he* do? *—*

Madame Butterfly was reenergized by the maid's applause.

— Ah-h-h! — she sighed. — He don' say*…jus' he* kiss *us, oh, 'bout three, seven, ten a thousan' time! An' amberace us two thousan' time 'bout 'mos' — tha' 's what he* do *— till we got make him stop, aha, ha, ha! account he might… might…* kill *us! Tha' 's* ver' *bad to be kill kissing. —*

Her extravagant mood infected the maid. She had long ago begun to wonder whether, after all, this American passion of affection was altogether despicable. She remembered that her mistress had begun by regarding it thus; yet now she was the most daringly happy woman in Japan.

— Say more, — the maid pleaded.

Cho-Cho-San had a fine fancy, and the nesting of the robins could not, at the longest, be much longer delayed now; she let it riot.

— Well, — she was making it up as she went, — when tha' 's all done, he loog roun' those ways lig he doing 'mos' always, an' he see sump'n', an' he say: "Oh, 'el-lo, 'el-*lo! Where you got that chile?" I say: "Ah, oh,*ah! *I thing mebby you lig own one, an' I buy 'm of a man what di'n' wan' no bebby with those purple eye an' bald hairs." And he as' me, "What you pay?" Americans always as' what you pay. I say: "Oh, lemme see. I thing, two* yen *an' two* sen. *Tha' 's too moach for bald bebby?" What you thing? But tha' 's a time he saying: "I bed you tha' 's a liar; an' you fooling among me." Then he gitting angery, an' I hurry an' say, one las' time, "Tha' 's right. I tole you liddle lie for a* fun. *I di'n' pay* naw*thing for him,* aexcep'*…" Sa-ay*!… *— Then I whisper a thing inside his ear, jus' a liddle thing, an' he* see! *Aha, ha, ha! Then he say once more, las' time, ah, what you thing, Suzuki? —*

But the girl would not diminish her pleasure by guessing.

*— '*God*amighty!' Aha, ha, ha! —*

— Tha' 's all things you know? — questioned the maid, reproachfully, — an' all things you do? —

She had a right to feel that she had been defrauded out of a proper denouement.

— Ah-h-h-h! What would you have that is more? Jus' joy an' glory foraevermore! Tha' 's 'nough. W hat you thing? You know that song?

'T is life when we meet,
'T is death when we part. —

Her mistress had grown plaintive in those two lines.

— I hear him sing that, — murmured the maid, comfortingly.

Her spirits vaulted up again.

— But ah! You aever hear him sing? —

She snatched up the samisen *again, and to its accompaniment sang, in the pretty jargon he had taught her (making it as grotesque as possible, the more to amuse him):*

"I call her the belle of Japan, of Japan;
Her name it is O Cho-Cho-San, Cho-Cho-San;

Such tenderness lies in her soft almond eyes,
I tell you she 's just ichi ban".

— *Tha' 's* me, *aha, ha, ha! Sa-ay, you thing he aever going away again when he got that liddle chile, an' the* samisen, *an' the songs, an' all the joy, an'…an'* me? — *And another richly joyous laugh.*

— *Oh, you an' the* samisen *an' joy-poof! — said the maid.*

— *But the chile, tha' 's 'nother kind thing.* Aexcep' he *grow up, an' go 'way after his father? —*

She was odiously unsatisfied. She would leave nothing to fate, to heaven, Shaka. But out of her joyous future her mistress satisfied even this grisly doubt.

— *Ah-h-h!* But *we go'n' have* more *lig steps of a ladder, up, up, up! An' all purple eyes, oh, aevery one! An' all males! Then, if one go 'way, we got 'nother an' 'nother an' 'nother. Then, how* kin *he, that Mr. B. F. Pikkerton, aever go 'way? Aha! —*

— *Yaet, O Cho-Cho-San, if you… —*

Was this a new doubt ? It will never be known.

— *Stop! Tha' 's 'nother thing. You got call me O Cho-Cho-San,* an' *Missus Ben-ja-meen Frang-a-leen Pikkerton. Sa-ay; you notize how that soun' gran' when my hosban' speaking it that aways? Yaes! 'Mos' lig I was a' emperess. Listen! I tell you 'nother thing, which is 'nother secret among you an' me jus': I thing it is more nize to be call that away, jus' Missus Ben-ja-meen Frang-a-leen Pikkerton… than Heaven-Descended-Female-Ruler-Everlasting-Great-Japan, aha! Sa-ay; how I loog if I a' emperess? What you thing? —*

She imitated the pose and expression of her empress very well.

— *If your face liddle longer you loog ezag' lig, — said the maid.*

But her mistress was inclined to be more modest.

— *Ah, no.* But *I tell you who loog lig a' emperor, jus' ezag', that Mr. B. F. Pikkerton, when he got that unicorn upon him, with gole all up in front an' down behine! —*

And at this gentle treason there was no protest from the patriotic maid.

VII
HOW HE DIDN'T UNDERSTAND HER WHICHEVER

The baby continued to sleep. He rather justified the praises of his mother. He was as good as a Japanese baby, and as good-looking as an American one.

Somebody was without. There was a polite and subdued clattering of clogs in the entrance.

— Gomen nasai *(I beg your pardon). —*

It was a familiar, deprecatory voice, accompanied by the clapping of hands.

Cho-Cho-San smiled wearily, and called the maid.

— *Oh, Suzuki, Goro the* nakodo, *he is without. Shaka and all the gods defend us now! —*

The two exchanged glances of amusement, and the maid proceeded to admit him.

Madame Butterfly received him with the odious lack of ceremony her independent life with Pinkerton had bred. She was imperially indifferent. The go-between pointed out how sad this was to as beautiful a woman as she.

— *Is it a trouble to you? — she asked, perking her head aside.*

The nakodo *only sighed gloomily.*

Madame Butterfly laughed.

— *Poor, nize liddle old man, — said she, with specious pity, in politest English; — do not trouble 'bout me. Do not arrive any more if it pains you. —*

— *I must; you have no parents now, nor any one. You are outcast. —*

— *Ah-h-h!* But *will you not permit* me *to suffer the lack? —*

— *But you will never be married! —*

— *Again? —*

— *Well… yes, again, then. —*

— *How tarrible! —*

He took this quite seriously, and became more cheerful.

— *Yes; a beautiful woman like you must have a husband. —*

— *Yaes. Thangs; I got one. Do you perhaps mean more? —*

— *I mean a Japanese husband. —*

— *Oh, ah? That will have me a month, and then divorce*

me? And then another, and another, and another? —
She was becoming belligerent.
— *How is it better with you now?* —
She recovered her good humor.
— *At America one is married foraever,* aexcep' *the other die. Aha! What you thing? Your marriages are not so.* —
She had been speaking indifferently both languages, and now the nakodo, *who was not apt at English, begged her to explain this in Japanese. She did so.*
— *Yamadori has lived long at America, and he says it is not thus. Is it not safe to rely upon his excellent wis dom?* —
— *No; for I, which am foolish, are wiser than both you an' he.* I *know. You jus' guess. Aeverybody got stay marry at United States America. No one can git divorce,* aexcep' *he stay in a large court-house, all full judges with long faces, an' bald on their heads, long, long time; mebby two, four, seven year! Now jus' thing 'bout that how that is tiresome! Tha' 's why no one don' git no divorce; they too tire' to wait. Firs', the man he got go an' stan' bifore those judge, an' tell all he thing 'bout it. Then the woman she got. Then some lawyers quarrel with those judge; an' then the judges git jury, an' as' 'em what they thing 'bout it; an' if they don' know they* all *git put in jail till they git done thinging 'bout it, an' whether they go'n' git divorce or not. Aha!* —
— *Where did you learn that?* — *asked the old* nakodo, *aghast.*
— *Oh, ah… that Mr. B. F. Pikkerton* — *she assumed a grander air* — *that Mr. Ben-ja-meen Frang-a-leen Pikkerton, my hosban'* — *She smiled engagingly, and held out her pretty hands, as who should say: "Is not* that *sufficient?".*
It was so evidently the invention of Pinkerton that it seemed superfluous to make the explanation. The nakodo *said curtly that he did not believe it.*
Not believe what Mr. B. F. Pinkerton had said!
Cho-Cho-San was exasperated. The engaging smile had been wasted. She flung the blue-eyed baby up before him.
— *Well, then, do you believe* that? —
She laughed almost malignantly. The marriage-broker gulped down this fearful indignity as best he might. He hoped there were not going to be anv more such women in Japan as the result of foreign marriages. Still, even this phase of the situation had been discussed with his client.
— *But Yamadori, who was bred to the law, tells me that our law prevails in such a matter, the marriage having taken place here.* —
She gave a gasp, and cried like a savage wounded animal:
— *Yamadori… lies!* —
The nakodo *was silenced. She crushed the baby so fiercely to her breast that he began to cry.*
— Sh! — *she commanded harshly. He looked up for an incredulous instant, then burrowed his head affright edly into her kimono. She turned upon the* nakodo *in magnificent scorn.*
— *Oh,* you, fooel! *You thing he naever arrive back. Tha' 's what you thing in secret! He? He* do! — *She snatched a photograph from an easel at the* tokonoma, *tore the child from his hiding, and held them up together. Her purpose was quite evident.*
The nakodo *was thoroughly frightened. She recovered her poise and her control of the situation.*
— Now *what you thing? Aha, ha, ha! Sa-ay… I bed you all moaneys he go'n' come 'mos' one millions mile for see that chile! Tha' 's what I all times praying Shaka an' the augustnesses for… one Chile ezag' lig him.* Well, *sa*-ay! *I got him. An' now that Mr. Ben-ja-meen Frang-a-leen Pikkerton he* got *come back, hoarry, even if he don' lig. He cannot stand it. But he do lig.* —
All her passion was gone now, and her sure gladness returned. She was naive and intimate and confidential again.
— *Sa-ay*! *Firs' I pray his large American God, that huge God amighty, but tha' 's no use. He don' know me where I live. Then I pray Shaka an' all the* kaimyo *of the augustnesses in the god-house. I thing they don' hear me, account they outcasted me when I marry with that Mr. B. F. Pikkerton.* But — *she smiled at her pretty celestial cajolery* — *I pray them so long an' so moach more than they aever been pray with bifore that they feel good all times, an', an'…there was finality in this… an'* 't is *use. An' mebby I not* all *out-*

casted! Don' tell him. He, he laugh upon my gods, an' say they jus' wood an' got no works in them. An' he all times call the augustnesses bag nombers! Jus' he don' know till he fine out. Aha, ha, ha! —

— *If he returns he will probably take the child away with him, that is his right,* — *chanted the sad-faced* nakodo.

But nothing could ruffle Madame Butterfly now. She laughed sibilantly at this owl-like ignorance.

— *Oh-h-h!* How *you don' know things!* How *you don' onderstan' me what I mean, whichever! Of course he take that chile away with him, of course! An'* me, *me also; an' Suzuki, aha! An' we go an' live in his castle for aever an' aever!* —

The improbability of changing the girl's point of view began to dawn upon the slow intellect of the nakodo.

— *At least, Yamadori wishes for a look-at meeting. I have promised him. Will you not grant this?* —

Cho-Cho-San shook her head at him knowingly.

— *An' if I do not, he not go'n' pay you one present?* —

She laughed wildly, and the nakodo *by a grin admitted the impeachment.*

— *Well,* — *the spirit of mischief possessed the girl,* — *sa-ay, I don' keer. Let him come. He lig for see me; I lig for see him. An' if I say I go'n' marry him, he got hoarry an' marry me right away. Aha! What you thing 'bout* those? —

The nakodo *said delightedly that that was precisely what he sought.*

— *Yaes;* but *suppose they put me in a large jail, an' got loog out between bar, so,* — *she illustrated,* — *an' don' git nawthin for eat; he go'n' stay all times behine my side, an' comforting me? Hol' my hand? Lemme weep upon him? I dunno. Mebby they cut my hade off me. Then he got git his hade cut off, too, an' go the road to Meido together with, without those hade! Oh,* how *that is tarrible! An' suppose…* — *she whispered it horridly* — *that Mr. B. F. Pikkerton… aha, ha, ha!* arrive? —

The nakodo *was not sure how much of this was meant seriously. They were extremely unusual humors to him. But she had consented to the meeting, and he promptly took her at her word.*

— *When, then, will it please you to have me bring Yamadori?* —

— *When you lig, nize liddle ole friend.* —

The nakodo *fixed that day a week.*

As he was going, Cho-Cho-San laughingly asked:

— *Sa-ay*! *How often he been marry?* —

— *But twice,* — *the* nakodo *replied virtuously.*

— *An' both times divorce?* —

He admitted that this was the case.

— *An' both times jus' on visit from United States America, jus'* liddle *visit? so long?* — *She spread her hands.*

Under her laughing gaze it seemed best to admit it.

— *Oh!* He*…he jus' marry 'nother for fun whenever he thing 'bout it. Then he forgit it when he don' thing 'bout it, and marry another. Say so!* —

He heard her laugh again as he left the courtyard; but he had confidence in the ability of Yamadori to accomplish his purpose if he could be brought into contact with her. He was one of the modern pensioned princes of Japan, a desirable matrimonial article, and preternaturally fascinating.

VIII
THE BRIGHT RED SPOT IN CHO'S CHEEKS

The look-at meeting came about as planned. There was a distinct air of state about Madame Butterfly's house on that day. The baby, and all the frivolities that attended him, were in banishment. The apartment had been enlarged by the rearrangement of the shoji. *At the head of it, statuesque in her most brilliant attire, sat Cho-Cho-San. Japanese women are accomplished actresses; and looking in upon Cho-Cho-San just at the moment of Yamadori's arrival, one would not have known her. She was as unsmiling, as emotionless, as the Dai-Butsu.*

The grave ceremonies attending the advent of a candidate for matrimony went forward with almost no recognition from Cho-Cho-San until they had come to the point where they might seat themselves before her, to inspect and be inspected. Then she struck her fan against her palm, and Suzuki ap-

peared, and set the tobacobon between them.

Yamadori suggested somewhat the ready-made clothier, inevitable evidence of his transformation; otherwise he was the average modern Japanese, with high-gibbeted trousers, high collar, high hat, and eye-glass. He might not converse directly with Cho-Cho-San, especially concerning the business in hand; but he was not prohibited from conferring with the nakodo *about it in her presence. The rule of decorum for such an occasion simply decreed that she should be blind and deaf concerning what went on. The convenience of the arrangement is obvious. The* nakodo, *the representative of both parties, was happily permitted, on the part of the one, to regard what was happening as if it had not happened, and, on the part of the other, as if it had.*

— She is quite as beautiful as you said, — remarked Yamadori, after a careful inspection with his glass. The nakodo *nodded virtuously, and filled his pipe. His client lighted a cigarette.*

Cho-Cho-San did not even smile.

— And her father, you say, was on the emperor's side in the Satsuma rebellion? —

The marriage-broker satisfied his client to the last particular of her father's bloody sacrificial end at Jokoji.

— And you have told her faithfully of me? *— He paused on the last word to note its effect upon Cho-Cho-San. There was none, and he hastened to add cumulatively, — And my august family? — He paused again. But again there was no sign from the lady of the house. She was staring out over his head. — And have offered her my miserable presents? —*

To each of these the broker answered lugubriously yes.

— Then why, in the name of the gods, does she wait? —

The nakodo *explained with a sigh that she had declined his presents.*

— I will send her others. They shall be a thousand times more valuable. Since I have seen her I know that the first must have been an affront. —

She kept her eyes up, but Yamadori unquestionably smiled in the direction of Cho-Cho-San as if she were a woman of joy! The light of battle came into the stony eyes of the girl. She clapped her hands almost viciously. The little maid appeared.

— Tea ! — she said.

The maid brought the tea; and with that splendid light of danger still in her eyes, Cho-Cho-San served it. With the air of a princess she put on in an instant all the charms of a mousmee. *She gave back smile for smile now, and jest for jest. She begged Yamadori, with the most charming upward inflections, to put away his cigarette and take her shippo pipe, and he did it.* That *was Japanese, she said, her cigarettes were not. Was it not so? with a resistless movement toward him. She let him touch her hands in the passage of the cups She enveloped him with the perfume of her garments. She possessed him wholly in one dizzy instant.*

— I will give her a castle to live in, — said Yamadori, breathlessly.

The nakodo *sighed. Cho-Cho-San refilled his pipe with an incomparable grace.*

— Ah! — she permitted her lips to breathe, very softly.

— She shall have a thousand servants. —

There was no audible response from the nakodo, *but his eyes gleamed avidly.*

Cho-Cho-San returned the pipe, smiling dazzlingly. It seemed almost yes with her.

— Everything her heart can wish! — cried Yamadori, recklessly.

The nakodo *turned beseechingly toward the girl. She lifted her eye brows. He did not understand. As she passed him she laughed.*

— Is it enough? —

Still he did not understand.

— Have we earned the present? — she whispered.

— I will give a solemn writing, — added Yamadori, fervidly.

— She still fancies herself perhaps married to the American, — sighed the nakodo.

Yamadori laughed disagreeably.

— If your Excellency would condescend to explain… —

— Oh, she is not serious. A sailor has a sweetheart in every

port, you know. —

Cho-Cho-San whispered something to the nakodo. *She still smiled.*

— But she is perhaps his wife, *— answered he, obediently.*

— Yes, — said Yamadori, as if they were the same.

Cho-Cho-San whispered again.

— But the child, there is a most accomplished child? — said the nakodo.

— Yes, — said the traveled Japanese, with the same smile and the same intonation.

There was a distinct silence. Cho-Cho-San smiled more vividly. But her nostrils moved rapidly in and out. The nakodo *grew anxious. Yamadori cast his eyes toward the ceiling, and continued:*

— A sailor does not know the difference. In no other country are children esteemed as they are here. In America it is different. People sometimes deny them. They are left in a basket at some other person's door. But the person does not receive them. They are then cared for by the municipality as waifs. It is shameful to be such a child. There are great houses and many officers in each city for the care of these. They are an odious class by themselves, and can never rise above their first condition. —

The nakodo *glanced askance at his client. He had not the slightest objection to a man who would lie a little to win his cause, but to lie too much was to lose it.*

— I myself knew a man whose child became a cripple. He sent him to the mayor of the city, saying that as the cars of the city had injured him, the city must bring him up. He was sent to the poorhouse, and afterward to the stone-quarries. It was a most piteous sight. —

Cho-Cho-San bent again to the ear of the old man. There was a tremor in her voice now.

— Had he eyes of purple? — asked the nakodo.

— He was beautiful of face; but surely eyes of purple are not desirable? — Yamadori brought his own down from the ceiling and leveled them at Cho-Cho-San. She still smiled, but there was a bright-red spot in each cheek now. — But he was misshapen, and he was never known to laugh. I saw many such. I saw a child whose father had deserted it, and the mother. —

Madame Butterfly clapped her hands again. The maid appeared promptly; she had expected the summons.

— Suzuki, good Suzuki, the excellent gentlemen, the august — she swept a royal gesture toward them — who have done us the honor to call, they wish to go hurriedly. Their shoes... will you not hasten them? —

With a final brilliant smile she turned her back upon them and left the room.

— Your story of the rejected child did it, — reproached the nakodo, *on the way.*

— I had not got to the worst, — said his client, ruefully. — I meant to cite an example exactly to suit her own case. —

— Lucky she turned us out when she did, then. —

— What do you mean, sir? — demanded the suitor, in sudden wrath.

— Oh, — said the broker, in polite haste, — I was beginning to feel, ill. —

The irony of this escaped the client. Still, Goro would have had a less opinion of Yamadori if, having lied once, he had not lied again in defense of the first.

Though Yamadori came no more, he had brought the serpent to Madame Butterfly's Eden.

IX
'BOUT BIRDS

One day she took her courage, and the maid's too, for that matter, in both hands, and called upon the American consul. She saw the vice consul. There was a west wind, and it was warm at Nagasaki. He was dozing. When he woke, Madame Butterfly was bowing before him. At a little distance was the maid with the blond baby strapped to her back. He was unable to account for them immediately.

— Goon night, — said Cho-Cho-San, smiling amiably.

The consul glanced apprehensively about. — Night! Not night, is it? —

They both discovered the error at the same instant.

— Ah! no, no, no! Tha' 's mis-*take. M… I 'm liddle raddle'. Aexcuse us. Tha' 's not nize, mak'* mis–*take. We got call you good morning, I egspeg, or how do? What you thing? —*

— Whichever you like, — he answered, without a smile.

Then Cho-Cho-San waited for something further from the consul. Nothing came. She began to suspect that it was her business to proceed instead of his.

— I… I thing mebby you don' know me? — she questioned, to give him a chance.

— Oh, yes, I do, — declared the consul. In fact, everybody knew her, for one reason and another, her baby, her disowning, her beauty, her 'American' marriage. — You are O Cho-Cho-San, the daughter… — he forgot her father's name, though he had often heard it. — You used to dance, did you not? —

— Aha! See! Tha' 's what I thing. You don' know me whichaever. I nobody's daughter; jus' Missus Benja-no! Missus Frang-a-leen Ben-ja-meen, no, no, no! *Missus Ben-ja-meen Frang-a-leen Pikkerton. Aeverybody else outcast me. Aha, ha, ha! I liddle more raddle'. —*

— Oh! — The consul was genuinely surprised, and for the first time looked with interest at the child. Cho-Cho-San, to aid him, took Trouble from the maid. Finally he politely asked her what he could do for her.

— I got as' you a thing. —

She returned the baby to the maid.

— Proceed, — said the consul.

— You know 'bout birds in your country? —

— Yes, something. —

— Ah! tha' 's what I thing. You know aever*ything. Tha' 's why your country sen' you here… account you ver' wise. —*

— You do me too much honor, — laughed the consul.

— You… don'… *know ? —*

She was distinctly alarmed.

— Everything? No; only a few things. —

— But *you know 'bout birds, robins, jus' liddle robins? —*

Her inflections denounced it a crime not to know. He was not proof against this, or against these. — Oh, yes, — he said; — of course. —

— Aha! Of course. Tha' 's what I all times thinging. Tha' 's mis-*ake by you ? —*

They could laugh together now.

— Ah! Tell me, then, if you please, when do those robin nest again? Me? *I thing it is later than in Japan, is it not? Account, jus' account the robin nesting again jus'* now *in Japan. —*

The consul said yes because the girl so evidently desired it, not because he knew.

— Aha! Tha' 's what I thing. Later, moach later than in Japan, is it not? —

Again her fervid emphasis obliged him to say yes, somewhat against his conscience.

— An' sa-ay! *When somebody gitting marry with 'nother body at your America, don' he got stay marry? —*

— Usually, yes; decidedly yes; even sometimes when he does n't wish to. —

— An' don' madder where they live? —

— Not at all. —

— Ah-h-h! How *that is nize! Sa-ay*; *you know all 'bout* that. *What you thing? —*

— Well, I know more about that than about ornithology. You see, I've been married, but I 've never been a… a robin. —

The joke passed quite unnoticed. She put her great question:

— An' no one can't git divorce from 'nother aexcep' *in a large court-house full judge? —*

— Yes, — laughed the consul; — that is true. —

— An' that take a ver' long time? —

— Yes; nearly always. The law's delay… —

— An' sometimes they git inside a jail? —

She was so avid that she risked the very great discourtesy of an interruption, and that, too, without a word of apology. Suzuki was, for an instant, ashamed for her.

— Occasionally that happens, too, I believe. —

Every doubt had been resolved in her favor.

— An' if they got a nize bebby yaet, don' they …ah, don' aeverybody *lig that? —*

— I did, very much. Mine is a fine boy. —

— Sa-ay! *He loog lig you…purple eye, bald hairs, pink*

cheek? —
— *I 'm afraid he does.* —
— *'Fraid?* —
— *Glad, then.* —
— *Oh! 'Fraid mean glad ? Yaes. Tha' 's way Mr. B. F. Pikkerton talking,* don' *mean what he say an' don' say what he mean, ezag'.* —
The consul laughed, but he could not quite understand the drift of her questioning.
— *If people have a nize bebby alig that, they don' give him away, not to nob'y,* nob'y, *they don'* lig? *What you thing?* —
— *I should think not!* — *For a moment he looked savage as a young father can.*
Cho-Cho-San's face glowed. She stood consciously aside, that the consul might the better see the baby on Suzuki's back. He understood, and smiled in the good fellowship of new parenthood. He made some play with the child, and called him a fine fellow.
— *Ah! You naever seen no soach bebby, I egspeg?* —
In the largess of his fellowship he declared that he had not. He had only recently been engaged in putting the same question to his friends. She had hoped, indeed, that he would go on from that and say more, the subject so abundantly merited it; but she now remembered that, in her haste to satisfy her doubts, she had neglected all those innumerable little inquiries which go to make up the graceful game of Japanese courtesy. Though she might neglect them with Pinkerton, she must not with a stranger who was obliging her.

X
GENTLE LYING

— *Ah! How is that health? Also, I am sawry I woke you up, excellent, an' that I interrup' your languages. That is not a happy for the most exalted health to be wake up an' interrup'. Therefore, I pray your honorable pardon. An', how is that health?* —
The consul said that he was quite well.
— *Ah,* how *that is nize! An' you always sleeping well, most honorable?* —
He nodded.
— *Yaes, I hear you sleep. Oh! Tha' 's not joke! No, no, no!* —
He had laughed, but she would never do that.
— *But I do… snore, I believe, sometimes.* —
He was not proud of even this, of course.
— Oh! *jus' lig gentle breezes.* —
He said that he could not do better than adopt this charming euphemism.
— *Also, how ole you gitting ver' soon?* —
— *Thirty.* —
A Japanese always adds a few years. She therefore thought him younger, and her veneration abated accordingly. But he was in fact older.
— *Tha' 's also nize, ver' nize. I wish I so ole. That Mr. B. F. Pikkerton he lig me more if I older, I thing.* — *She sighed.*
— *I don't know about that. The American point of view differs.* — *But he would not meddle.* — *How old are you, pray?* —
This was only the proper return for her courtesy. Besides, the consul was enjoying the usually dull game of decorum today. The girl was piquant in a most dazzling fashion.
— *Me? I 'bout, 'bout… (what he had said made her doubt a little the Japanese idea)… 'bout 'mos' twenty-seven when the chrysanthemum blooms again.* —
She was seventeen.
— *Yaes, 'bout 'mos'… twenty-seven…* — *with a barely perceptible rising inflection.*
He acquiesced in the fiction, but smiled at the way she hung her head and blushed; this was not the Japanese way of telling one's age (or any other gentle lie).
— *You got a grandmother?* — *she proceeded.*
— *Two,* — *alleged the consul.*
— *Tha' 's ver' splendid. An' is she well in her healths also?* —
— *Which one?* —
She passed the joke, if she saw it. No Japanese will make his parent the subject of one.

— *The ole one, always the ole one firs'.* —
The consul felt queerly chidden.
— *She was well at last accounts.* —
— *Tha' 's nize. An' the young one?* —
— *The same. And now, about yours?* —
— *Alas! I have not that same happiness lig you. I got not ancestors whichever. They all angery account that Mr. B. F. Pikkerton, so they outcast me out the family. He don' lig that they live with him, account they bag nombers. He an' me go'n' be only bag nomber, he say. He big boss bag nomber, me jus' liddle boss bag nomber.* Me? *I don' got ancestors before me nor behine me now. Hence they don' show me the way to Meido when I die. Well, me? I don' keer whichever. I got hosban' an' bebby tha' 's mos' bes' nize in Japan, mebby in the whole world An' I kin go at Nirvana by 'nother road, aha! if I moast.* —
The kindly consul better than she understood both the effect of this separation of her from her ancestors and the temperament of Pinkerton. He undertook, notwithstanding his resolution not to meddle, a tentative remonstrance. She listened politely, but he made no impression.
— *You must not break with your relatives. If Pinkerton should not, should, well, die, you know, you would indeed be an outcast. If your own people would have nothing to do with you, nobody else would. It must, of course, be known to you that your …marriage with Pinkerton has put you in unfortunate relations with everybody; the Japanese because you have offended them, the foreigners because he has. What would you do in such a case ?* —
— *Me? I could… dance, mebby, or… or die?* —
But she laughed as she said it. Then she acknowledged his rebuking glance.
— A*excuse me, tha' 's not nize? Well, it is not so easy to die as it was bifore he came.* — *She sighed happily.*
The consul was curious.
— *Why?* — *he asked.*
— *Why? He make my life more sweet.* —
— *But that is no reason for quarreling with your family.* —
— But *they don' wan'* me, *because my hosban' don' wan'* them! *Hence forth I got go 'way from my hosban' if I wan' them; an' if I wan' him more bedder, I got go 'way from them. No madder whichever, I got go 'way from* some one. *Well, I wan' those hosban' more bedder than any. Sa-ay*! *Tha' 's a foanny! They make me marry with him when* I *don' wish him; now I am marry with him,* they *don' wish him. Jus', after my father he kill his self sticking with short sword, tha' 's how we gitting so poor, oh, ver' poor! Me? I go an' dance Diddle, so we don' starve. Also, I thing if somebody wish me I git married for while, account that grandmother got have food an' clothings.* Well, *those ver' grandmother she as' the ole* nakodo *'bout it; she lig me git marry with some one. Hesay mans jus' as' him other day kin he git him nize wife, an' he don' know none nizer.* —
She paused to let the consul make sure of this fact, which he did, and then acknowledged the appreciation she had provoked with a charming smile.
— *Whichever, he say he thing I don' lig him, account he America-jin, he also remarking with me that he a barbarian an' a beas'.* Well, *me? I say I don' wan' him. I 'fraid beas'.* But *aevery one else they say yaes, yaes, ah, yaes, he got* moaney, *an' for jus' liddle while I got endure him. So I say, "Bring me that beas'." An' lo! one day the ole* nakodo *he bringing him for look-at meeting.* Well! —
She paused to laugh, and so infectious was it that the consul adventurously joined her.
— *At firs' I thing him a* god, *he so tall an' beautiful, and got on such a blue clothes all full golden things. An' he don' sit 'way, 'way off, an' jus'* talk! —
She laughed abandonedly.
— *He make my life so ver' joyous, I thing I* naever *been that happy.* —
She had an access of demureness.
— *Oh, jus' at firs' I frighten'; account he sit so* close *with me, an' hol' my han', an' as' if it made satin. Aha, ha, ha! Satin! Loog!* —
She gave them both to him. They were deliciously pretty; but the consul was embarrassed by his possession of them. She began slowly to withdraw them, and then he let them go

with regret.

— I beg your august pardon. I jus' thinging in the inside me, an' speaking with the outside. Tha' 's not nize. You don' keer nothing 'bout that…those? —

— What? —

He thought she meant the hands, and perhaps she did.

— Jus' those liddle story. —

— Yes, I do, — declared the consul, with some relief; — it is a charming story. — And it was, for Cho-Cho-San's eyes and hands took part in its telling as well as her lips.

— You mean… you lig hear more? —

— Yes. —

She reflected an instant.

— I thing there is no more. Jus' yaes, jus' after while I naever git frighten' no more, no madder how close, nor how he hol' my hand. —

— But then you, I beg pardon, you were married? I think you said so? —

— Oh, yaes, — she replied, as if that had made little difference in their situation; — I marry with him. —

— I think his ship was then ordered to... —

She nodded.

— Alas ! he got go an' serve his country. But he go'n' come back, an' keep on being marry with me. What you thing? —

The consul contrived to evade the interrogation.

— Is that why you asked about the robins? —

— Yaes; he go'n' come when the robins nest again. He? *He don' naever egspeg we got this nize bebby, account I don' tell him. I don' kin tell him. I don' know where he is. But…* me? *I don' tell if I know, account he rush right over here, an' desert his country, an' henceforth git in a large trouble, mebby with that President United States America, an' that large Goddess Liberty Independence! What you thing? —*

XI
THE MOS' BES' NIZE MAN

It was quite superfluous to point out such of her ideas as had birth in the fertile brain of Pinkerton. Certainly he had enjoyed his married life with her, but it was for another reason than hers. The consul could observe, he thought, how exquisitely amusing it had been. It was, too, exactly in Pinkerton's line to take this dainty, vivid, eager, formless material, and mold it to his most wantonly whimsical wish. It was perhaps fortunate for her that his country had had need of him so soon after his marriage.

However, the consul informed her that her fears of trouble for Pinkerton from the sources mentioned were entirely groundless. But this, to his surprise, was not pleasing intelligence. She liked to believe (as he had let her believe) that Pinkerton occupied a large space in the affairs of his country; that he was under the special patronage of the President, and the God dess of Liberty was, perhaps, her own corollary. But it fitted his character as she had conceived it. To her he was a god, perhaps. But let it be understood that a Japanese god is neither austere nor immaculate.

— Well, whichever, — she said, in some disappointment, — tha' 's a so'prise on him when he come. He all times joking with me; I make one joke upon him. Tha' 's good joke. What you thing? —

The consul shook his head. The matter began to have a sinister look. But the girl's faith was sublime.

— Ah-h-h! You? *— Her inflection was one of pity for his ignorance. — Tha' 's account you don' know him, you shaking your nize head. He joking all times. Sometime I dunno* if *he joking,* aexcep' *he stop, look solemn, an' laugh.* Then *he make the house raddle! Oh, mebby you thing I don' joke too, also? Well, tha' 's* mis*–take. I make joke jus' lig him, jus' bad. One time I make joke with him 'bout run 'way to that grandmother, account I don' keer for him no more.* Well, *what you thing? He say, "'Ello! Less see how you kin run fas'." Aha, ha, ha! Tha' 's liddle joke upon me. Now I go'n' have the larges' joke upon him. Sa-ay you got tell him, if you please, augustness, that I could n't wait, it was so long, long, long! I got tire'. So, I am marry with a great an' wise prince name' Yamadori Okyo, an' live in a huge castle with one thousan' servants, an'…an' all my hearts kin wish! Aha, ha, ha! Also, that I go'n' away to his castle with his purple-eye'*

bebby, to naever return no more, naever. You go'n' tell him that? —

— *I would prefer not to have a hand in any further, that is, any deception,* — *the consul objected gravely.*

The girl was amazed and reproachful.

— *Ah-h-h! Don' you lig joke? I thing aevery American do. Tha' 's not nize for me. I got be sawry I tell ing you all those. Alas!* How *that would be nize for you! You see him git angery so quick.* — *She smote her hands together.* — *An' then he say those remark 'bout debbil an' hell, an' rush up the hill this away.* —

She again lifted her kimono, and acted it recklessly across the apartment.

— *But, my dear madame…* —

She came at him with a voice and movement that were resistlessly ca ressing. He perceived how useless it would be to protest further. He acknowledged her protean fascination,

— *Ah-h-h!* Please, *augustness, to tell him? It will be that* nize *for me! Ah, you go'n' do it?* ...Yaes? *Say so!* —

The consul had capitulated to her voice and eyes. This was evident to her.

— *Ah, thangs, most excellent. You the mos' bes' nize man in the worl'* —

She paused guiltily; even this purely Japanese euphemism might be conjugal treason.

— *Except?* — *laughed the consul.*

— Aexcep', — *confessed the girl, with drooping head.*

A smile began to grow upon her lips; when she raised her face it was a splendid laugh.

— How *we have fun seeing him rush up that hill at the hous you kin run fas'* — *she was frankly dissembling so!* — *She illustrated again back and forth across the apartment.* — *After that, ah, after that…* well… *I make aeverything correc'.* —

She was radiantly certain that she could.

The consul remembered the saying of the professor of rhetoric that no comedy could succeed without its element of tragedy. Well, Pinkerton might *have meant to return to her. Any other man probably would. He would not have been quite certain of himself. Only, that stuff about the robins sounded like one of his infernal jokes. He probably supposed that she knew what he meant farewell; but she had not so construed it. Unless Pinkerton had changed, he had probably not thought of her again, except as the prompt wife of another man. He never explained anything. It was his theory that circumstances always did this for one; it was therefore a saving of energy to permit circumstances to do it. There was a saying in the navy that if any one could forget a played game or a spent bottle more quickly than Pinkerton, he had not yet been born. Providing her with a house and money meant nothing. He would probably have given her all he had, whether it were a dollar or a thousand. But, on the other hand, if she had been one of the sudden and insane fancies which occasionally visited him, the case was altogether different, and altogether like Pinkerton; for in the person of a fascinating woman the emotion might survive the absence in question. For himself, he was quite sure — had he been Pinkerton, of course — that it would have survived something greater. And finally his own views prevailed with him as if they were Pinkerton's, and he believed that he would be delighted to return and resume his charming life with her on Higashi Hill.*

He thereupon told her that Lieutenant Pinkerton's ship was under orders to stop at Nagasaki, the government rendezvous for the navy, about the first of September, to observe and report the probabilities of war with China; and he was instantly glad that he had told her.

The girl's superb joy was expressed in a long, indrawn sigh, and then silence.

But something had to be said, or done.

— *I… I lig as'* you *'nother thing* — *again dissembling, as if the talk were still at the trivialities where it began.*

— *Certainly,* — *said the consul, with a smile.* — *But won't you have a chair?* —

He had noticed that she was trembling. She sat up unsteadily on the edge of it. And then she forgot what she meant to ask!

— *Sa-ay!* — *She was still at sea. But suddenly a thought*

flashed in her eyes. — All bebbies at your America got those purple eye? —

— A… yes, very many of them, — said the consul, with a little surprise at her direction.

— An', an' also bald of their head? —

— All of them, I believe, at first. —

He smiled, and the girl smiled back at him engagingly.

— Sa-ay, augustness, he go'n' come for see those bebby? What you thing? — Her words were like caresses.

But the rapture growing surely in the girl's face now was not reflected in that of the consul. Concern for her outweighed her fascinations for the moment.

— I… I hope so. —

She cut off his doubting incontinently.

— Sa-ay! *Mebby you also don' thing he go'n' take us live in his large castle at United States America? — she challenged reproachfully.*

— Did he tell you that he would, that he had one? —

— No; he don' tell me naw*thing. He laugh, when I as' him, lig the house go'n' fall down.* But…*what you thing? —*

The consul answered her quite briefly. He knew that he hurt her, but his impotent anger was at Pinkerton; he had not thought him capable of that.

— If I were to advise, I should ask you to consider seriously Yamadori's proposal, if he has really offered himself. It is a great and unusual opportunity for you, for any girl in… in Japan. —

— You… thing… those? You? *—*

She looked at him for an amazed and reproachful instant; then gathered her kimono in her hand, and pushed her feet into her clogs.

— Go before, Suzuki, — she said gently to the maid; to the consul, sorrowfully, — Goon night. —

At the door she turned with a ceremonial sweep of her draperies, looked, and came hurrying back. All the joy had returned to her face at the sincere regret – almost pain – she saw upon his. She impulsively grasped his hands, both of them.

— Once more, different, goon night, augustness. — And her voice was very soft. — Aha, ha, ha! Me? *I jus' a fooel*, yaes. You? *you the mos' bes' nize man in all the whole worl'. — She paused, smiling up at him. He understood that she wished to repeat their pretty play upon the phrase.*

— Except? —

She nodded and laughed.

— Aexcep'*… Ha, ha, ha! —*

She hurried after the maid, laughing back at him confessingly as she went.

And, after all, the consul was glad it had ended thus. For joy is better than sorrow, always and everywhere.

When they again reached the pretty house on the hill, Cho-Cho-San looked ruefully back over the steep road they had come.

— Oh, how *that was tiresome, Suzuki! But* he, *when he comes, it will be jus'…one, two, three great strides!* How *he will rush up that hill it cost us so much sweat to climb! Lig storm with lightening and thunder! Flash! flash! flash! Boum! boum! boum! An' here he is…all for jus' liddle me! Then* how *he will stamp about not removing his boots, spoiling the mats smashing the* fusuma *shaking the house lig earthquake animal! "Where is she? Hah! Mans tole me she gone an' marry with a fool Yamadori! Gone me my purple-eye' bebby away." Then I jump roun' his neck bifore he gitting* too *angery, an' hole his han', an' say, close with his ears: "How do, Mr. B. F. Pikkerton?" Aha, ha, ha! What you thing, Suzuki? –*

And Suzuki said, in English, too:

— Tha' 's mos' bes' nize thing I aever *see! —*

XII
LIKE A PICTURE OF BUNCHOSAI

From that time until the seventeenth of September not a ship entered the harbor but under the scrutiny of the glass that Lieutenant Pinkerton had left at the little house on Higashi Hill to read his signals aboard. And there were very many of them, for the war was imminent. Faith had begun to strain a little with unfaith, after the first. It was very long; but on the seventeenth his ship came into the bay. So like a great bird did she come that the glass did not find her until her white-and-gold mass veered to make an anchorage. Then, all at once, the gilt name on her bow was before Cho-Cho-San's eyes. It was tragically sudden. With a hurtling cry, she fell to the floor. The little maid, with Eastern intuition, understood; but she said nothing, and did… what was best. Both she and her mistress – and all the world, for that matter – knew the comfort of this speechless, sympathetic service. And presently she was better, and could talk.

— I… I di'n' know I so*… glad, — softly laughed Cho-Cho-San.*

But the maid had known what to expect.

— You go'n' res' liddle now, please, Oku-San! You go'n' sleep liddle, please, jus' liddle res' sleep? —

She drew her mistress's eyelids down, and lightly held them. Cho-Cho-San shook her off, and sprang up, revivified.

— Res'! Sleep! Not till he come! —

— Res', peace, sleep, beauty, *— chanted the maid, persuasively. But her mistress would not.*

— Now, hasten lig you got eagle's wings an' a thousan' feet! It will not be one hour, not one half, till he will be here. My pink kimono, widest obi, kanzashi *for my hair, an' poppies. I will be more beautiful than I have aever been. Flowers, alas! there are no cherry-blossoms.* How *that is sad! Seem lig we cannot be gay without them. In the month of the cherry-blossoms we were marry! But chrysanthemums, all of them! An' lanterns if it be black night, 'mos' one thousan'! Aha, ha, ha! His house shall be gayer than it has aever been. There shall naever again be such good occasion. —*

— Res' is beauty, — urged the maid, holding up the mirror to her.

— Ah, Suzuki! I am *beautiful, as beautiful as when he went away? —*

The maid was silent, the Japanese silence which is not *assent.*

Cho-Cho-San snatched the metallic mirror out of her hand.

— I am*! — she cried. — Say so! —*

She brandished the heavy mirror over the girl's head.

— I as' you to res', peace, sleep. Tha' 's way git beautiful once more. —

— Oh-h-h! 'Once more'! — The mirror crashed to the floor, and she burst into tears.

— Jus'… you been too trouble'. Now you go'n' res' liddle, — urged the comforting maid.

— Oh, all the gods ! I cannot! I cannot till he come. I shall die bifore. —

She sorrowfully recovered the mirror.

— No, no; pitiful Kwannon, I am no longer beautiful! Waiting an' doubting make one soon sad an' old. An' how long we have wait! how long! Oh, Shaka! But now I am happy, happier than I have aever been. Therefore shall I be more beautiful than I have aever been again. For happiness also is beauty. Ah, Suzuki, be kine with me! — She got on her knees to the maid, and laid her head at her feet. An ecstatic thought came to her. — Suzuki, you *shall make me beautiful to-day, an' to-morrow the gods shall. Now we have not even time to pray them, not time to res'. Will you not? Can you not? Ah-h-h! You* moast*! —*

She pulled the girl down to her, and whispered the last words in her ear, with her arms about her.

And the girl did. Let us not inquire how. She had never yet withstood that tone and that caress. There was a certain magic in her deft fingers, and her mistress had it all. No daintier creature need one ever wish to see than this bride awaiting anew the coming of her husband.

And when it was all done, they each took a final delighted look into the mirror. It was too small to show the whole figure, but they moved it up and down and round about until every portion had been seen. They both pronounced it very good.

— Stan' jus' that way, — begged the maid, going the length of the apartment to observe. — Jus' lig those new porcelains of Kinkozan! — she declared.

— Jus' lig those ole picture of Bunchosai! — retorted Cho-Cho-San, meaning anything but that.

But — in the way of women the world over — a few more touches were necessary and it was finished.

— Now the flowers for his room! Take them all, oh, aevery one! We shall not need them again. Go, go, go ! *Aha, ha, ha! An' Trouble… make a picture of him! He will be Trouble no longer after to-day. He go'n' git new name, mebby Joy! Joy! —*

Her commands were obeyed. Within the appointed hour the house was decked as for a festival, and not a flower remained upon its stem. The baby had indeed become a picture; and so had Cho-Cho-San and the maid and the house.

Then they hid behind the shoji, *recklessly making peep-holes with their dampened fingers, as they had planned. There was one very low down for the baby, so that he could sit on the mats, – which he did not choose to do, – and one each for the others.*

Cho-Cho-San sang as she fixed herself at her peep-hole, so as not to disarrange her finery:

Rog-a-by, bebby, off in Japan,
You jus' a picture off of a fan. —

The maid tossed the baby like a ball into her lap.

— Aha, ha, ha! — laughed Madame Butterfly once more. Everything was at last quite as they had planned it.

— Now let him come, — she said, in a charming defiance — let him come, quickly, an' then… —

The hour passed. Then two, four. Night fell. They ceased to chatter. Later came perfect silence; then that other silence of the dead of the night. The pulses of terror quickened. Suzuki noiselessly lighted the lanterns. Later, at a shivering gesture from her mis tress, she lighted the andon *in their room; then the* hibachi. *She had grown very cold. All night they watched. He had the careless habit of the night. But he did not come.*

And all the next day they watched, and many after, quite silent now, always. The baby wondered at this, and would look inquiringly from one to the other. It was very strange to him, this new silence. The house had been full always of their laughter and chatter, the patter of their feet, the sighing of the shoji. *They did nothing now but watch, and eat a little, sleep a little, less and less of these. Finally Cho-Cho-San could no longer hold the glass. She lay on the mats with the baby, while the faithful handmaid watched. Every day the faded flowers were replaced by purchased ones, cheaper and cheaper ones. Their last money went for this and the candles which renewed the lights of the lanterns each night. These were not a thousand – were not a doze – now.*

She did not think of going to him. In destroying her Japanese conventions this was the one thing that had been left. In Onna Yushoku Mibea Bunko (The Young Ladies' Old Book of Decorum) *she had read that the only woman who seeks a male is a* yujo, *a courtezan.*

In a week a passenger-steamer came into the bay. They took no interest in her. But the next day, quite by accident, they saw him for the first time. He was on the deck of the strange ship. A blonde woman was on his arm. They watched quite sleeplessly all that night. A few more lanterns were lighted.

On the following morning the warship had disappeared from the harbor.

Cho-Cho-San was frightened. The sinking at her heart she now knew to be black doubt. Her little, unused, frivolous mind had not forecast such a catastrophe. There might have been a reason, she had conceived, for his detention aboard his ship. He was never very certain. She had not been sure that he was with her until the day before; the position of the vessel had been unfavorable for observation.

XIII
THE GOOD CONSUL'S COMPASSIONATE LYING

Demoralization set in. Even the comfort of the maid was dulled. They decided that Cho-Cho-San should go to see the good consul, while the maid and the baby remained at home to welcome him if, perhaps, he had not gone with the warship. They had already created this hope.

The maid helped her down the steepest part of the hill. Nevertheless, when she arrived at the consulate she was quite breathless. The consul was alone. There were no frivolities now. Each knew that the other understood.

— Me? I got… liddle heart-illness, I thing, — the girl panted in excuse of her lack of ceremony and the consul's pitying stare. She looked very ill; but her smile was still tragically bright.

The consul placed her a chair. She declined it. There was a moment of conscious silence. Then he went hesitatingly to his desk, and got an envelop containing money, a large sum. He silently handed her this.

She looked at him in appealing inquiry, but she did not take the money.

— It is only… only in remembrance of the… the past. He wishes you to be always happy as he says he is. He confidently hopes for your good wishes and congratulations. —

There was moisture in the consul's eyes, only questioning in hers. He suddenly saw that she did not understand. He decided that she never should. He did not speak again, nor did she for a space. Then:

— Happy… happy? — she murmured dizzily. — But *how kin* I *be happy if he do not come? How kin* he *be… happy… if he do not come? —*

The consul was silent. He still held the money toward her. She tried to smile a little, to make him think she was indifferent concerning his answer to the question she was about to ask.

— Ah… oh… ah! *You tole him 'bout, 'bout that joke, that liddle joke we make on him? —*

The consul pretended ignorance. She explained:

— That 'bout me go'n' marry with Yamadori, an' take his bebby 'way? —

He had to answer now:

— Oh, that was too, too foolish to talk about seriously. —

Pinkerton had been glad to hear it.

— But, you… tole *him? —*

She hoped now he had not.

— Well… —

He looked out of the window. He would not strike, but she would be struck.

— But, you… you tole *him? — She had raised her voice piteously.*

— Yes,— answered the consul, dully, wondering what he could say next.

She gasped, and wiped her dry lips.

— Yaes; tha' 's right. Tha' 's what I as' you do. An'… an' what he say? *— she questioned huskily.*

The consul was willing to lie as deeply as the occasion might demand. The woe in the girl's face afflicted him. He saw in her attire the pitiful preparations to welcome the husband he now knew to be a craven, and in her face what it had cost to wait for him. But in specie the lie was difficult.

— Well, — he began uncertainly, — we… it all happened about as you had supposed. He got very angry, and would have rushed right up the hill, as you thought, only, only…

— What next? The wish to lie had grown upon him wondrously as he went on. But invention flagged. The despatches on his desk caught his eye. — Only… he was not permitted a moment's leave while in the harbor. He had all these despatches to prepare for… for his government; the war, you know. All in cipher. —

He showed them to her. A brilliant thought came into his head.

— See! They are all in his handwriting. —

He had not written a line of them.

— His ship was ordered away suddenly to China; but he 'll be back here some of these fine days, and then… —

The rest was for her. At any rate, he could lie no more.

— All, all the gods in heaven bless you, — she said, sinking with the reaction.

She reeled, and he put her into the chair. Her head fell limply back, and her pallid face looked up at him with the weary eyes closed. But there was rest and peace on it, and it was still very beautiful.

Some one was approaching in haste, and he drew a screen before her.

XIV
THE BLONDE WOMAN

A woman entered.

— Mr. Sharpless, the American consul? — she asked, while crossing the threshold.

The consul bowed.

— Can you reach my husband at Kobe, by telegraph? —

— I think so. Who is your husband? —

He took up a writing-pad as he spoke.

— Lieutenant Pinkerton of the… —

— One moment, for God's sake! —

It was too late. The eyes of the little woman in the chair were fixed on his. They even tried to smile a little, wearily, at the poor result of his compassionate lying. She shook her head for silence.

— I beg your pardon; I 'm… I am ready — said the consul, roughly. He made no other explanation. — Proceed. —

— I should like you to send this telegram: "Just saw the baby and his nurse. Can't we have him at once? He is lovely. Shall see the mother about it to-morrow. Was not at home when I was there to-day. Expect to join you Wednesday week per Kioto Maru. *May I bring him along? Adelaide." —*

As she advanced and saw Cho-Cho-San, she stopped in open admiration.

— How very charming, how lovely *you are, dear! Will you kiss me, you pretty…* plaything! *—*

Cho-Cho-San stared at her with round eyes, as children do when afraid. Then her nostrils quivered and her lids slowly closed.

— No, — she said, very softly.

— Ah, well, — laughed the other, — I don't blame you. They say you don't do that sort of thing… to women, at any rate. I quite forgive our men for falling in love with you. Thanks for permitting me to interrupt you. And, Mr. Sharpless, will you get that off at once? Good day! —

She went with the hurry in which she had come. It was the blonde woman they had seen on the deck of the passenger-steamer.

They were quite silent after she was gone; the consul still at his desk, his head bowed impotently in his hands.

Cho-Cho-San rose presently, and staggered toward him. She tried desperately to smile, but her lips were tightly drawn against her teeth. Searching unsteadily in her sleeve, she drew out a few small coins, and held them out to him. He curiously took them on his palm.

— They are his, all that is left of his beautiful moaney. I shall need no more. Give them to him. I lig if you also say I sawry… no, no, no! *Glad, glad,* glad! *— She humbly sighed. —* Me? *I… I wish him that happiness same lig he wish for himself an'… an'… me.* Me? *I shall be happy, mebby. Tell him I shall be… happy. — Her head drooped for a moment.*

When she raised it she was quite emotionless, if one might judge from her face.

— Thang him — that Mr. B. F. Pikkerton — also for all that kineness he have been unto me. Permit me to thang you, *augustness, for that same. You, you… — she could smile a little now at the pretty recollection; then the tears came slowly into her eyes — you… the mos' bes' nize man in all the whole world. —*

She closed her eyes a moment, and stood quite still.

The consul said below his breath:

—… Pinkerton, and all such as he! —

— Goon night, — said Cho-Cho-San, and at the door looking back, — Sayonara, — and another tired smile.

She staggered a little as she went out.

— Alas, you also have seen her! — wailed the intuitive little maid, as she let her mistress in.

— An' she is more beautiful than the Sun-Goddess, — answered Cho-Cho-San.

The maid knelt to take off her shoes.

— She… she thing me jus' a plaything. —

She generously tried to smile at the maid, who was weeping. She touched her hair caressingly as she knelt.

— Don' weep for me, liddle maiden, account I disappoint, a liddle disappoint. Don' weep for me. That liddle while ago you as' me to res', peace, sleep, — she said after a while,

wearily. — Well, go 'way, an' I will… res'. Now I wish *to res', sleep. Long, long sleep. An' I pray you, loog, when you see me again, whether I be not again beautiful, again as a bride. —*

The maid did not go. Once more she understood her mistress.

— But… *I thing* you *loave me? —*

The girl sobbed.

—Therefore go… that I suffer no more. Go, that I res', peace, sleep. Long, beautiful sleep! Go, I beg. —

She gently took her hands and led her out.

— Farewell, liddle maiden, — she said softly, closing the shoji. *— Don' weep. —*

XV
WHEN THE ROBINS NEST AGAIN

She sat quite still, and waited till night fell. Then she lighted the andon, *and drew her toilet-glass toward her. She had a sword in her lap as she sat down. It was the one thing of her father's which her relatives had permitted her to keep. It would have been very beautiful to a Japanese, to whom the sword is a soul. A golden dragon writhed about the superb scabbard. He had eyes of rubies, and held in his mouth a sphere of crystal which meant many mystical things to a Japanese. The guard was a coiled serpent of exquisite workmanship. The blade was tempered into vague shapes of beasts at the edge. It was signed, "Ikesada." To her father it had been Honor. On the blade was this inscription:*

To die with Honor
When one can no longer live with Honor.

It was in obscure ideographs; but it was also written on her father's kaimyo *at the shrine, and she knew it well.*

"To die with honor". She drew the blade affectionately across her palm. Then she made herself pretty with vermilion and powder and perfumes; and she prayed, humbly endeavoring at the last to make her peace. She had not forgotten the missionary's religion; but on the dark road from death to Meido it seemed best now to trust herself to the compassionate augustnesses, who had always been true.

Then she placed the point of the weapon at that nearly nerveless spot in the neck known to every Japanese, and began to press it slowly inward. She could not help a little gasp at the first incision. But presently she could feel the blood finding its way down her neck. It divided on her shoulder, the larger stream going down her bosom. In a moment she could see it making its way daintily between her breasts. It began to congeal there. She pressed on the sword, and a fresh stream swiftly overran the other, redder, she thought. And then suddenly she could no longer see it. She drew the mirror closer. Her hand was heavy, and the mirror seemed far away. She knew that she must hasten. But even as she locked her fingers on the serpent of the guard, something within her cried out piteously. They had taught her how to die, but he had taught her how to live, nay, to make life sweet. Yet that was the reason she must die. Strange reason! She now first knew that it was sad to die. He had come, and substituted himself for everything; he had gone, and left her nothing, nothing but this.

The maid softly put the baby into the room. She pinched him, and he began to cry.

— Oh, pitiful Kwannon! Nothing? —

The sword fell dully to the floor. The stream between her breasts darkened and stopped. Her head drooped slowly forward. Her arms penitently outstretched themselves toward the shrine. She wept.

— Oh, pitiful Kwannon! — she prayed.

The baby crept cooing into her lap. The little maid came in and bound up the wound.

When Mrs. Pinkerton called next day at the little house on Higashi Hill it was quite empty.

David Belasco

Madame Butterfly

MADAME BUTTERFLY

UNA

TRAGEDIA GIAPPONESE

PERSONAGGI

CHO-CHO-SAN, Madame Butterfly.

Mr. SHARPLESS, Console americano.

LIEUTENANT B. F. PINKERTON, della fregata « Connecticut ».

JAMDORI, Giapponese, Cittadino di Nuova-York.

NAKODO, Sensale di matrimoni.

SUZUKI, Servente di Cho-Cho-San.

KATE, moglie di Pinkerton.

« TROUBLE » (DOLORE), bambino di 3 anni.

Servi.

SCENA.

Una casetta ai piedi della collina di Higashi, in faccia al porto marittimo.

Nota: Ad un certo punto di questo lavoro, una notte passa di mezzo, e l'azione è ripresa alla mattina seguente. — Musica all'alzarsi del sipario, una strana e dolce melodia giapponese. Tutto è giapponese, eccetto le serrature americane alle porte e i catenacci agli shosis. Vi sono dei rami di ciliegio in fiore all'esterno, e dei crisantemi in porta-fiori ed in vasi sul davanzale della finestra.

Un cassettone in fondo a destra, contenente due obis giapponesi — due grandi papaveri rossi ed un vassoio di carmino, cipria, ornamenti da testa, pettini. — Le pianelle della signora Butterfly e di Suzuki.

Madame Butterfly sta inaffiando i fiori nei vasi sulla finestra con un piccolo inaffiatoio giapponese. — Depone l'inaffiatoio, coglie due piccoli rami, li depone in un piatto di riso che mette nel reliquiario. Accende l'incenso e mette un lume in un vaso di sabbia. — S'inginocchia D C, appoggia le mani al pavimento e la fronte sulle mani.

Madame B. Oh Shaki! Ave! Ave! Osserva! Guarda giù! — Ti ho portato un sacrificio di fiori e ancora del riso. E poi, sono tutta pulita. Tremo perfino per la pulizia. Per cui concedi che egli, il luogotenente B. F. Pinkerton, possa tornare presto. (*Si alza, battendo le mani, viene verso la stuoia, vi si siede sventolandosi col ventaglio*). — (*Osservando le pastelle* — specie d'erba — *che bruciano sul pavimento*) Ah! È tardi! queste piccole pastelle che bruciano per avvertirmi che l'ora dice che sono passate le quattro. (*Smette di sventolarsi*).

Suzuki (*entrando a destra, inchinandosi*). Cosa desidera Madame Butterfly?

Madame B. Suzuki, informami, te ne prego, quanto siamo più vicine alla miseria oggi di quello che lo eravamo ieri.

Suzuki. Ahi! (*prende delle monete da una scatoletta nella sua manica, ne forma tre mucchi sul palmo della mano, toccandoli mentre parla*). Rin, yen, sen!...

Madame B. (*con aria di rimprovero*). Suzuki — quante volte ti devo dire che nessuno deve parlar altro che quella lingua degli Stati Uniti, in questa casa del luogotenente Pinkerton (*pronuncia il nome con molta difficoltà*). Una volta ancora — e ti caccio via (*facendole segno*). Shosi! Quell'è un'altra cosa — tutti possono ricordarsi — perchè questa è una casa americana — sua moglie — la sua servente.

Suzuki (*parlando a sè stessa, senza far rumore, contando sulle dita*). Due dollari (*li mette nella scatola che dà a Madame B.*)

Madame B. Oh! Come sciupiamo il magnifico danaro di mio marito. È una vergogna! Quasi tutto sfumato.

Suzuki. Questo danaro ci ha mantenuto due anni; cosa succederà di noi ora se egli non torna?

Madame B. (*deridendola, e mettendo il danaro nella manica*). Oh — se egli non torna! — S'intende che torna! — È stato via così a lungo perchè ha degli affari in quel suo gran paese. Se non è tornato a casa sua, perchè ha firmato un affitto giapponese per novecento novant'anni di vita per me? — perchè ha messo delle serrature americane per chiudere le porte e le finestre? — Rispondi a queste domande.

Suzuki (*dubbiosamente*). Non so.

Madame B. S'intende che non lo sai! Non sai nulla. — Ebbene — te lo dirò io — per tener fuori quelli che sono fuori e dentro chi è dentro. E questa sono io.

Suzuki (*D*). Ma egli non ha mai scritto nessuna lettera.

Madame B. (*D. C. si alza e va a S.*) Gli uomini americani non scrivono mai lettere. — Mai.

Suzuki (*cinicamente*). Ahi!.....

(*Madame B. si guarda indietro con imbarazzo, poi torna ad osservare fuori*).

Non ho mai, mai sentito a dire che un uomo della marina americana con una moglie giapponese sia tornato.

Madame B. (*impassibile, aggrottando le ciglia*). Parla una volta ancora di matrimonio, e ti uccido! (*Batte le mani — si sventola*).

(*Suzuki s' inchina, indietreggia rapidamente verso la porta — e sta per uscire a D*)

(*Madame B. batte le mani. Suzuki si arresta*). Non tornerà! — il luogotenente B. F. Pinkerton non tornerà! Ah! (*viene verso S C*) Io — lo so io quando tornerà. Me lo ha detto lui.... quando partiva — là su quella porta — « Madame Butterfly..... ho passato molto bene il mio tempo colla mia amante giapponese..... (*indicando sè stessa*) per cui ora torno al mio paese, ed ecco qui del danaro — e non inquietatevi per me — tornerò quando i pettirossi rifaranno il nido! » Ah, ah! È allora che tornerà — quando i pettirossi rifaranno il nido! (*Si ferma dondolando la testa con aria di trionfo e sventolandosi*).

Suzuki (*a destra, non è impressionata*). Sì, e non mi è piaciuto il modo col quale lo ha detto – come quei.... (*fa dei gesti, imitando i saluti superficiali fatti colle punte delle dita*).

Madame B. Ah, quello è una moda americana.... per salutare una fanciulla! (*ridendo*). Sì — tornerà quando i pettirossi rifaranno il nido. Gioia! Gioia! (*batte le mani con delizia*). — *Suzuki, con aria incredula si scuote per andarsene. Vedendola così, batte le mani con rabbia — e col ventaglio fa segno a Suzuki di avvicinarsi*). Di' dunque! Perchè non vi è gioia sul tuo viso? Come sei matta! Perchè? (*andando a sinistra verso la finestra*). Oh guarda! Suzuki! — un pettirosso — il primo di questa primavera. Va — guarda se si ferma per fare il nido.

Suzuki (*andando*). È un pettirosso. — Oh! Cho-Cho-San!

Madame B. (*l'abbraccia. Felice corre alla finestra S C*) Oh! Oh!

Suzuki. Ma è volato via!

Madame B. (*nel centro del palco*). Oh — come sono lenti quest'anno! Di' dunque, guarda se non ne trovi uno più attivo e domestico.

Suzuki (*guarda fuori*). Non ve ne sono ancora!

Madame B. (*venendo da S C*). Ma ora faranno presto il nido. Suzuki quando vedremo entrare in porto quel bastimento — di' — allora metteremo dei fiori dappertutto — e se è di notte — allora appenderemo più di mille lanterne, nevvero?

Suzuki (*D*?) Non c'è danaro per mille!

Madame B. (*C D*). Ebbene — venti, forse — e di' un po' quando lo vedremo salire rapidamente il sentiero (*va verso Suzuki imitando come*) *così* —

così — così — (*alza il Kimona e cammina con passo mascolino*) in cerca della sua mogliettina – io — io mi nasconderò dietro al Shosi (*va a nascondersi sulla piattaforma a destra C*) a osservare e farò credere che me ne sono andata — lasciando una letterina con scritto « Addio — sayonara — Butterfly..... » — Poi egli entra — legge il biglietto. (*Si nasconde*). Ah! E allora egli va in collera! (*sulla piattaforma S C*) e dirà ogni sorta di parole americane — diavolo — inferno! Ma prima che egli si arrabbi troppo — io correrò fuori e gli getterò le braccia al collo! (*imita con Suzuki che è trascinata via e abbraccia con ardore*). Di'! Tu non devi gettarti al suo collo — solo io! (*ridono nelle braccia l'una dell'altra*). Poi si siederà (*sedendo sui cuscini a destra C*) e canterà quella canzonetta americana — Oh! come riderà! (*canta come se non comprendesse una parola*).

« La chiamo la bella del Giappone — del Giappone.
Il suo nome è Cho-Cho-San — Cho-Cho-San
Vi è una tale tenerezza nei suoi dolci occhi.
Ve lo dico io è proprio « cchi ban! » (*ride*).
Poi io ballerò come quando ero una Geisha! (*balla*).

(*Sharpless, il Console americano, compare sulla soglia 2 destra, seguito dal Nakodo*).

Nakodo. Questa è la casa, vostra Eccellenza!

Sharpless (*levandosi le pianelle prima di entrare*). Potete aspettare (*il Nakodo s'inchina. Esce S 2 E — Sharpless entra, bussando*). Vi domando scusa.... (*non è veduto; Madame B. ricomincia a cantare. Egli va alla porta e picchia forte*).

Madame B. (*udendo*). Ah! (*s'inchina, Suzuki porta un cuscino a Sharpless ed esce inchinandosi, a D 2 E*)

Sharpless (*sinistra*). Siete Madame Cho-Cho-San?

Madame B. No, io sono la signora luogotenente B. F. Pinkerton (*ampollosamente*).

Sharpless. Vedo — perdonate la mia interruzione.... Io sono il signor Sharpless, il Console americano.

Madame B. (*inchinandosi fino a terra, tirando il respiro fra i denti per dimostrare il suo piacere*). Oh, eccellenza onoratissima, buona notte. No, (*ridendo*) non è ancora notte — scusatemi, sono un po' confusa! (*Sharpless entra*). Voglio dire, buon giorno, buona sera! (*si danno la mano*). Siate il benvenuto in questa casa americana, e più che il benvenuto a questa fanciulla americana (*indicando sè stessa — s' inchinano*). Ma sedete! (*egli si siede su un cuscino sul pavimento S C, lei siede pure. Una breve pausa*). Come va la vostra salute? Dormite bene? Come stanno i vostri onoratissimi antenati, stanno bene? e quei parenti vostri? Quella nonna (*batte le mani*) come sta?

Sharpless. Grazie, stanno tutti bene, spero.

Madame B. (*batte le mani, Suzuki entra D 2 E, mette uno sgabello fra di loro, con una scatola di tabacco portante una banderuola americana – ed esce D 2 E*) Accettate una pipa, vostra eccellenza. Oh, dimenticavo — ho ancora di quelle grandi sigarette americane (*ne prende una da un vaso*).

Sharpless. (*S. accettandola*). Grazie. (*Suzuki porta la pipa - essa riempie la propria pipa*). La mia è una visitina di informazioni, Madame Butterfly — il vostro nome, credo, tradotto nella vostra lingua. Il luogotenente Pinkerton mi ha scritto di trovarvi.

Madame B. (*quasi ansante*). Ah, avete sue notizie. Sta bene?

Sharpless. Oh! sta benissimo!

Madame B. (*sollevata*). Ah! questo mi rende la donna più felice del Giappone -- forse del mondo intiero — cosa ne dite?

Sharpless (*da una parte — fumando la sigaretta accesa da lei*). Sawdust — Pinkerton deve aver lasciato queste sigarette.

Madame B. Oh! sono così contenta che siate venuto.... Devo farvi una piccola domanda....

Sharpless. Ebbene?

Madame B. Siete pratico degli uccelli del vostro paese?

Sharpless. Un poco.

Madame B. È quello che pensavo — voi sapete tutto. È per questo che il vostro paese vi ha mandato qui.

Sharpless. Mi adulate.

Madame B. Oh no, avete una gran testa.

Sharpless (*da parte*). Frase di Pinkerton — mi par di sentirlo.

Madame B. Oh, scusatemi, scordavo l'educazione. (*Gli offre la sua pipa; egli la tocca seriamente, poi gliela rende*). Sono ancora un po' confusa.... Ebbene cosa sapete dei pettirossi?

Sharpless. Cosa?

Madame B. Quando rifanno il nido? Io — io credo che deve essere prima nel Giappone che in quegli Stati Uniti, perchè ora qui stanno facendolo.

Sharpless. Oh, credo che sia nello stesso tempo.

Madame B. (*disillusa*). Sì?... Per cui fanno il nido anche là ora? (*Guarda con imbarazzo verso la finestra, e sospira. Poi, come colpita da un' idea, in tono di speranza*). Sentite — ve lo dico io — forse *alcune volte* più presto — *alcune volte* più tardi — appunto come ne sentono il desiderio.

Sharpless. È possibile. Perchè domandate questo?

Madame B. Perchè il luogotenente B. F. Pinkerton ha detto che tornerà da me quando i pettirossi rifaranno il nido (*batte le mani*).

(*Suzuki entra D 2 col vassoio del thè. Le tazze sono già sullo sgabello D 2 E. Essa lo serve*).

Sharpless (*con un gesto sconfortante*). Quel diavolo! Uno dei suoi scherzi diabolici.

Madame B. (*battendo le mani*). Io, credo che sia tempo — sono tanto sola — ho aspettato tanto.

Nakodo (*sulla soglia D 2 E*) Il thè! Illustrissima?

Madame B. Ah! Nakodo — entrate! (*Egli saluta ed entra*). La vostra presenza illumina tutta la mia casa. (*Gli dà una tazza — egli va verso la stuoia e ascolta*).

(*Al Console — Nakodo prende un cuscino e va verso la signora B. e Sharpless*). È un uomo cattivo. Quando mio marito è partito, ha cercato di farmi rimaritare.

Nakodo (*andando verso di loro*). Il ricco Jamdori — Madame Cho-Cho-San è poverissima.

Madame B. Oh, mio caro vecchio amico — questo è affar mio.

Nakodo (*col viso lungo*). Un consiglio rifiutato rende il cuore triste.

Madame B. Ebbene, se il cuore vi fa tanto male, è meglio che non veniate più qui.

Sharpless (*a Madame B.*) Mi permettete di domandarvi — che — dove stanno i vostri parenti?

Nakodo. L'hanno rinnegata.

Madame B. Dite, non è strano? I miei parenti mi hanno fatto sposare quando non lo volevo, ed ora che sono sposata, non lo vogliono. Subito dopo che il mio onorato padre (*tutti inchinano la testa*) — (*pronuncia con difficoltà la parola «padre»*) morì.... era ufficiale.... (*abbassa il capo — il Nakodo pure — essa va a prendere la spada D C*). Questa è la sua spada (*torna verso di loro — indicando*). E scritto su (*la tiene* *quasi dietro a lei — l'iscrizione può essere letta — colla mano si copre gli occhi*).

Nakodo (*C venendo a lei, legge, curvandosi*). « Morir con onore, quando non si può più vivere con onore. » (*S'inchina — si volta — s'inchina al reliquiario — va verso la stuoia*).

Madame B. (*rimette la spada nel fodero, e la depone*). Si è ucciso perchè era soldato dell'Imperatore e fu sconfitto in guerra (*va verso D. C.*) Allora diventammo — Oh — molto poveri. Io! Io sapevo ballare un pochino. Poi ho pensato che se qualche uomo ricco mi voleva, lo avrei potuto sposare per qualche tempo — perchè la mia nonna (*s' inchina ed il Nakodo pure*). era senza nutrimento, senza obi (*gesticola*). Poi il vecchio Nakodo — disse (*Nakodo prende la sua stuoia e si allontana*) che un uomo gli aveva chiesto una bella moglie per tre mesi. Il Nakodo gli disse che non nè conosceva di più belle di me.

Nakodo (*inchinandosi*). Di più belle di voi.

Madame B. (*s' inchina*). Di più belle di me.

Sharpless (*guardando da uno all'altro — seguendo il loro esempio*). Non potrebbe essere più bella!.... (*s'inchina profondamente — tutti s' inchinano. Suzuki esce*).

Madame B. Poi il Nakodo disse.

Nakodo (*S C*) Disse — che non mi piaceva perchè era americana....

Madame B. Mi ha anche fatto osservare che era un barbaro e una bestia. Ma siccome tutti dicevano: « Sì, prendilo — prendilo bestia — ha danari. » Allora dissi, per poco tempo, forse potrò sopportarlo. Per cui il Nakodo lo condusse.....

Nakodo (*C in fondo — avendo portato giù la sua stuoia per far parte del gruppo*) ..... per farglielo vedere.

Madame B. Io? Ebbene — quel giorno là ho creduto che il luogotenente Pinkerton fosse un Dio (*facendo uno strano viso — Nakodo si scosta*) bottoni d'oro — pizzo — il suo — il suo (*gesticola*) corno (*ride*). Dapprima ero spaventata — mi teneva le mani così strette — così (*mostra come, dando le mani a Sharpless*) e mi baciava. Le fanciulle giapponesi non amano i baci.... Ma quando il luogotenente Pinkerton mi baciò — mi è piaciuto molto.... perchè dire una bugia? Non ne sono capace! (*accorgendosi che le sue mani sono in quelle di Sharpless*). Oh! vi domando scusa (*caccia le mani nelle sue maniche*). Per cui ci siamo sposati, e poi il suo bastimento fu mandato via —

ed io lo aspetto – qualche volta piangendo, qualche volta osservando — ma aspetto sempre (*Nakodo va verso la porta S 2 — guarda imbarazzato verso la finestra*).

Nakodo *(sulla soglia)*. Il mio cliente, il danaroso Jamdori, si avvicina oggi per la terza volta. *(S'inchina servilmente)*.

Madame B. *(si batte le ginocchia ridendo)*. Ora ricomincierò il mio piccolo scherzo. State attento, continua a venire per far colpo con me.

Sharpless *(da parte)*. Linguaggio di Pinkerton. *(Jamdori sontuosamente seguito da due servi, entra. I servi si fermano. Sharpless si alza e saluta cerimoniosamente. Madame B. sta seduta, piega la testa, si sventola con civetteria. Jamdori stringe la mano a Sharpless)*.

Madame B. Entrate.

Jamdori. Signor Sharpless! È sempre un piacere per me di incontrarvi qui o a Nuova-York.

Sharpless. (*C S*). Grazie, signor Jamdori.

Madame B. *(con civetteria)*. Avete ancora qualche cosa di bello da dirmi oggi?

Jamdori *(va verso il centro S)*. La perseveranza sarà la religione della mia vita *(inchinandosi)* finchè la capricciosa farfalla si degnerà di credermi.

Madame B. Mi direte di nuovo che vi uccidete se io non vi bacio?

Jamdori *(assai confuso — guarda il Console)*. Oh!

Madame B. Potete parlare liberamente. – Il Console sa tutto, gli ho raccontato io le vostre piccole pazzie.

Jamdori. Un simile trattamento, signor Sharpless, è una delle penitenze che vengono inflitte quando si è pazzamente innamorati di una bellissima donna. *(Sharpless ride)*.

Madame B. Questa è carina. Ah, ah! *(fa cenno cogli occhi a Sharpless dietro il ventaglio)*.

Sharpless. *(S da parte)*. Cielo! essa ha perfino il modo di guardare di Pinkerton. *(Madame B. serve il thè a Jamdori — egli lo beve e poi fa una sigaretta e fuma)*. — *(Nakodo porta l'union? a Jamdori)*.

Jamdori *(a Sharpless)*. Sono nel Giappone per un viaggio di piacere di due mesi — potete biasimarmi? *(Siede sul cuscino S C)* (*indicando Madame B.)*

Madame B. Ogni volta che torna al suo paese — prende un'altra donna. Deve averne almeno ottanta ora.

Jamdori Ma le ho sposate tutte...

Madame B. Oh lui! Si sposa ogni volta che gli viene in mente.

Jamdori. Ma voi sarete diversa. Seppellirò con voi i miei antenati *(a Sharpless)*. Le offrii mille servi.

Nakodo (*presso la porta C in fondo*). Mille!!!

Madame B. Ah! (*si sventola*).

Jamdori. E un palazzo per abitarvi. (*Il Nakodo è colpito da tanta generosità*).

Madame B. Ah! (*si sventola*).

Jamdori. Tutto quello che il suo cuore può desiderare.

Madame B. Ah! ah!

Jamdori. Non vi par che basti? (*essa scuote la testa*). Poi in presenza di questo ministro di onestà vi farò una solenne scrittura. (*Sharpless gli dà un'occhiata furtiva*). (*Il Nakodo è sbigottito*). Vi par che basti?

Madame B. Che cosa può importare ciò a una donna maritata? (*indicando sè stessa*).

Jamdori. Secondo le leggi del Giappone, quando una donna è abbandonata — essa è divorziata. (*Madame B. ferma di sventolarsi, ascolta senza sorridere*). Quantunque abbia viaggiato molto all'estero, conosco le leggi del mio paese.

Madame B. (*bruscamente*). Ed io conosco le leggi del paese di mio marito.

Jamdori (*sorridendo poco piacevolmente*). Essa si crede ancora sposata al giovine ufficiale — se vostra eccellenza volesse spiegarle....

Madame B. (*a Sharpless*). Dite, quando uno è sposato nei vostri Stati Uniti, non resta sposato?

Sharpless. Di solito — sì.

Madame B. Ecco, va benissimo. Io sono sposata al luogotenente Pinkerton.

Jamdori. Sì, ma con un matrimonio giapponese.

Sharpless. Il matrimonio è una cosa seria in America — non un affare temporaneo come lo è qui.

Madame B. Sì — ed è per questo che mi piace l'uomo americano — i giapponesi prendono troppe moglie, eh? (*a Sharpless*).

Sharpless (*ridendo*). Ebbene, a noi non è concessa che una alla volta.

Madame B. Sì — e non potete divorziare dalla moglie come qui dicendole di tornare dai suoi parenti, nevvero?

Sharpless. Oh, no!

Madame B. È giustissimo! Proprio. Quando ho domandato al luogotenente Pinkerton, egli mi spiegò quelle leggi di ottenere il divorzio in quegli

Stati Uniti. Mi disse che nessuno può ottenerlo se non sta davanti al giudice 2 - 3 - 4 – 7 anni. Molto noioso. Prima l'uomo deve raccontare al giudice tutto quello che sa della donna — poi la donna deve dire lei — poi alcuni avvocati litigano coi giudici, il giudice forma il *jury* e domanda cosa ne pensano, e se non lo sanno, sono tutti messi in prigione. È giustissimo (*incrocia le mani*).

Jamdori. Il vostro amico le ha raccontato tutto quello che voleva lei.

Madame B. (*che non ha fatto attenzione*). Anche quello è molto simpatico — quel Dio Americano.

Sharpless. Scusate?

Madame B. Una volta il luogotenente Pinkerton....

Jamdori (*da parte a Sharpless*). Da capo Pinkerton!

Madame B. era in gran fastidio — e disse « Che Iddio mi aiuti » — e il sole splendette *subito* e Dio lo aiutò. Molto svelto; gli Dei giapponesi impiegano maggior tempo. Tutto è presto fatto in America. Ah! — io? alle volte mi viene in mente di pregare il gran Dio americano di farlo tornar presto, ma non serve, egli non sa dove io abiti. Che cosa è questo? Sentite? (*si alza e va verso C S*).

Sharpless. No.

(*Essa corre alla finestra S — poi prende il cannocchiale*).

Sharpless (*a Jamdori*). La nave da guerra del luogotenente Pinkerton era attesa ieri — la sua giovine moglie dall'America è venuta qui per incontrarlo. (*Alla parola « moglie » Jamdori sorride — prende un ventaglio dalla manica e si sventola. Nakodo che è un po' discosto da loro, sta ascoltando — e colpito da un' idea, parte al più presto possibile da S 2*). Sono stranamente addolorato per quella fanciulla.

Jamdori (*si alza*). Allora ditele la verità.

Madame B. (*tornando col cannocchiale*). Scusatemi, ma mi par sempre di sentire dei colpi di cannone dalle navi – ah — ah — è naturale!

Jamdori (*alla signora B.*) Vi lascio per oggi. Domani gli Dei potranno consigliarvi di dar retta a me. (*saluta*) Buon giorno, Mr. Sharpless (*si danno la mano*).

Madame B. (*s'inchina*). Forse! (*Jamdori esce inchinandosi coi servi*) (*a Sharpless*) Forse no!

(*Entra Suzuki e porta via il vassoio del thè*). (*Ride*). (*va verso di lui*). Dite, in qualche modo non potreste far sapere al luogotenente Pinkerson che sono tutti quanti matti per me?

Sharpless (*S*) Madame Butterfly, sedete. (*Colpita dai suoi modi solenni, essa lo guarda ed obbedisce*) (*egli si siede sullo sgabello del thè, levandone il recipiente — essa è stupita*). Vi devo leggere parte di una lettera che ho ricevuto da Pinkerton (*prendendola dalla tasca*).

Madame B. Oh! lasciatemi almeno vedere quella lettera (*la prende mettendola sotto il suo komona sul suo cuore — con un sospiro represso — poi la rende*). Ora leggete presto — voi, il migliore uomo del mondo intiero (*ride*).

Sharpless (*legge*). « Cerca quella piccola fanciulla giapponese... » (*Madame B. sorride e si mette la mano sul petto*). Cosa è avvenuto di lei? (*i suoi occhi brillano*) « Ora può essere un impiccio. Se la piccola Butterfly si ricorda ancora di me, forse tu potrai aiutarmi e fargliela capire. Trattala con bontà. Non lo crederai, ma per due settimane dopo la mia partenza, ero ancora assai innamorato di lei. Per cui... (*è stupito di vederla smaniarsi di gioia muta*).

Madame B. Oh! Per tutti gli Dei come era dolce!

Sharpless. Ma, davvero....

Madame B. Ecco cosa temo — che egli mi ami talmente da disertare il suo paese e andare in guaio coll'aquila americana. Cosa ne dite! — Oh! è meglio aspettare piuttosto che capiti quello.

Sharpless (*ripiegando la lettera — fra sè*). È inutile — non vuol comprendere (*a lei — alzandosi*). Ma se questa aspettativa non finisse mai — che cosa succederà di voi.

Madame B. Di me? — potrei — ballare forse — o — morire?

Sharpless (S). Non dite pazzie. Vi consiglio di prendere in considerazione la proposta del ricco Jamdori.

Madame B. (*D stupita*) Voi dite questo? Voi? Il Console americano — quando sapete — che io — sono maritata.

Sharpless. Avete udito Jamdori — non è valido.

Madame B. Jamdori mente.

Sharpless. La sua offerta è un'opportunità insolita per una ragazza che — per qualunque ragazza nel Giappone.

Madame B. (*arrabbiata — batte le mani*). Suzuki (*Suzuki entra*). L'eccellentissimo Signore (*salutando sarcasticamente*) che ci ha onorate di una sua visita — vuole andarsene subito — le sue pianelle — dagliele presto. (*Suzuki prende le pianelle dalla porta S 2 E e le dà a lui — Suzuki esce C*).

Sharpless (*tenendo male le pianelle*). Sono davvero dolente. (*Si avvia per uscire a dritta*).

Madame B. No, no, non siate in collera. — Ma or ora mi avete detto — Oh Dio (*colle mani sulla testa*) che non sono la moglie del luogotenente Pinkerton... Io?

Sharpless. Pur troppo.

Madame B. Oh! (*vacilla leggermente. Sharpless va per sostenerla — essa si raddrizza e si sventola con agitazione*). Ora sto bene. Ho un po' mal di cuore... Non posso... non posso tralasciare di pensare che egli tornerà a me. Voi credete che tutto sia finito? Tutto (*lasciando cadere il ventaglio*) finito... (*Suzuki esce dalla piattaforma a D*) (*Sharpless consente. Con un grido*). Oh no! Amore non dimentica, — altrimenti a cosa servirebbe l'amore? (*batte le mani — fa dei segni*). Amore può rammentarsi di (*va verso la porta D*) (*indicando*) qualche cosa (*Il bambino entra D 2 E*).

Sharpless. Un bambino! Di Pinkerton!

Madame B. (*prende una fotografia dal muro*) Guardate! Guardate! Vedete! (*mettendola vicino al viso del bambino*) È lo stesso viso, gli stessi capelli... gli occhi cerulei...

Sharpless. Il luogotenente Pinkerton lo sa?

Madame B. No, è nato dopo la sua partenza (*mette il fanciullo in piedi sullo sgabello guardandolo con orgoglio*). Credete che il padre non tornerà più, ecco quello che credete! Ma tornerà. Scrivetegli una lettera — ditegli — di un bambino bello come non se ne vide mai. Ah, ah — dite — scommetto tutto l'oro del mondo che egli farà un milione di chilometri per vedere quel bambino. (*toccandogli il braccio*) Certo questo è un legame — il bambino! Dite — non pensavate quello che avete detto (*ansiosamente*) che io non sono — ah! avete fatto uno scherzo? (*commosso, egli acconsente colla testa*). (*Sollevata*) Ah! è quello che mi immaginavo (*mette la mano del piccino in quella di Sharpless.*) Dà la mano al Console in modo americano.

Sharpless (*stringendo la mano al bambino*) Hm... hm... come ti chiami?

Madame B. Dolore (*Trouble*). Sig. Dolore. I bambini giapponesi cambiano sempre nome. Pensavo di cambiarlo, un giorno o l'altro, quando egli tornerà in Gioia!

Sharpless (*va verso la porta a S*). Sì... sì... glielo farò sapere... (*esce rapidamente S 2 E*). (*Madame B. è in ginocchio facendo salutare il bambino colle braccia*).

Suzuki (*lamentandosi in distanza D C*). Ay... ahi... ahi...

Madame B. Questo è un lamento.

Suzuki (*più vicino*). Oh Cho-Cho-San. (*La Signora B. si alza, allarmata, incontrando Suzuki sulla soglia*). (*Suzuki entra dal centro dalla D*). Cho-Cho-San!

Madame B. Parla!

Suzuki. Siamo svergognate nella città. Il Nakodo.

Nakodo (*C comparendo in fondo C D*). Non ho detto altro che il bambino (*si avvicina*) (*indica il fanciullo*) (*Madame B. istintivamente afferra il bambino*) era una prova di vergogna per suo padre. Nel suo paese vi sono case apposite per raccogliere simili sventurati, ed essi non si alzano mai al disopra della loro classe. Sono sfuggiti e maledetti dalla nascita!

Madame B. (*D ha ascoltato intontita — ora con un grido selvaggio lo getta per terra*). Voi mentite!

Nakodo (*sul pavimento D C*). Ma Jamdori.

Madame B. Mente! Mente! Mente! (*prende la spada — col coltello in mano*).

Nakodo. Ma Jamdori.

Madame B. Ditelo ancora, e vi uccido. (*Suzuki indietreggia*). Andate.... (*Il Nakodo si alza ed esce lentamente D C*) — (*in ginocchio, tenendo il bambino*). Piccino, egli mente... Sì è una menzogna. Quando tuo padre saprà come ti disonorano egli ci condurrà via da questa cattiva gente — ci condurrà al suo paese. — Finisco qui! (*prendendo la banderuola americana dalla scatola del tabacco C*). Questo è il tuo paese — la tua bandiera! (*la dà al bambino*). Ora falla sventolare come dice papà quando è eccitato — sventolare come l'inferno (*fa sventolare la mano al bambino*). Ha'rh! Ha'rh! (*Si sente un colpo di cannone*) Ah! (*Madame B. e Suzuki si dirigono al balcone. Madame B., ricordandosi, corre indietro per il bambino — coi cannocchiali*). Guarda! Guarda! Una nave da guerra? — Aspetta — (*guarda dal balcone*) non posso vederne il nome.

Suzuki. Mi lasci.

Madame B. No — Ah! Il nome è Connecticut! La sua nave! È tornato! È tornato... (*ride, scuote Suzuki, balla — si lascia cadere sul pavi-*

mento) È tornato! (*Singhiozza — Fra le risa ed i singhiozzi, rimettendosi*). I pettirossi hanno rifatto il nido e noi non lo sapevamo. Oh! (*Con un grido di gioia, mettendo il fanciullo supino e fregandogli lo stomaco*). Piccino — piccino — tuo padre è tornato — tuo padre è tornato. Oh! oh! (*Scuotendo i rami di fiori di ciliegio, che cadono su loro due*). Questo è il più bel, bel momento da che sei nato. Ora il tuo nome è Signor Gioia! Suzuki! (*alzando il dito*). Una dea della luna ha mandato questo bambino, dritto dal ponte dal cielo, per darmi il coraggio *di aspettare* così tanto!

Suzuki. Ah, la nave è entrata... (*colpo di cannone*).

Madame B. (*alzandosi assai eccitata*). Evviva, Suzuki, piccino, guarda, fagli un posto (*indica D. Suzuki tira il paravento per formare un po' di spazio*). Dobbiamo affrettarcì (*Va fuori dal C D — Rientrando, coglie dei crisantemi dai vasi sulla finestra e li dispone nella stanza formata dai paraventi*) come se avessimo delle ali d'aquila e mille piedi. Le sue sigarette (*mette la scatola nella stanza*). Le sue pantofole. (*Suzuki le prende dalla cima del reliquiario. Rialzando la stuoia nel centro della stanza, la batte*). La sua sedia, Suzuki — presto! (*Suzuki esce D 2 E, lasciando cadere la stuoia sul pavimento — entra con una sedia da bordo e la mette capovolta*) ora il suo posto è fissato. (*Suzuki chiude gli shosis*).

(*Madama B. osserva la sedia, la mette dalla parte giusta, spargono foglie di rosa, dispongono lanterne sul pavimento nella stanza. Indica la sua cintura*). Portami la mia obi più larga, Kanzachi — per i miei capelli, dei papaveri — devo essere molto bella.

Suzuki (*C*) (*abbraccia Madama B. vezzosamente*). Il riposo è la miglior bellezza. Egli non verrà così presto. Dormite un pochino prima.

Madame B. (*D C*). No, non ho tempo (*prendendo lo specchio*). Egli deve trovarmi più bella che mai. (*guardandosi con aria di critica*) Credi che sono cambiata dopo che è partito — che non sono più così bella? (*Suzuki non risponde — abbassa gli occhi*) Cosa?... Lo sono! (*afferrando lo specchio*). Prova a dirlo!

Suzuki. Se forse si riposasse un po', diventerebbe bella ancora.

Madame B. Ancora!... (*si guarda nello specchio*).

Suzuki. Dolore — quello ha fatto una differenza... Le pene di cuore.

Madame B. Quelle cambiano molto (*guardandosi sempre nello specchio*). No, non sono più bella — ed egli verrà presto. (*Disperata, si getta* *in ginocchio davanti a Suzuki — mette la fronte sui piedi della servente*). Ah, Suzuki, sia buona con me, fammi bella — non dire che non lo puoi — lo devi fare – e domani — la volontà di Dio — Ah! sì — puoi — puoi — puoi farlo! (*Attira Suzuki a sè carezzevolmente*). Porta qui la cipria, i pettini, il carmino, l'henna, mettila nei capelli. — Ah mettila come il giorno del matrimonio. (*Si dirige al cassettone*).

(*Suzuki porta gli oggetti ed anche l'obi, i papaveri, ecc., dal cassettone a D. Siedono sul pavimento, di profilo, il bambino davanti a Madame B. Suzuki le mette il pettine nei capelli, poi due papaveri uno per parte, la ritocca colla cipria, ecc. Si alza, prende il bambino e torna indietro. Madame B. allacciando una larghissima obi al bambino che lo avvolge quasi tutto*).

Ora, piccino, quando piangerai, egli ti canterà quella canzoncina americana che canta a me quando piango io — tutti gli Americani cantano per i bambini. (*Canta sedendosi col bambino davanti a lei facendolo dondolare col braccio*).

« Roye un bel piccino
Nel Giappone
Sei come un dipinto
Di un ventaglio ».

(*Suzuki ha avuto molta difficoltà a terminare la toilette della sua padrona. — Madame B. rialza il bambino, gli dà una bambola giapponese, poi tocca le guance del piccino col carmino — e ne dà un tocco finale alle proprie*).

Ora prepariamoci ad aspettare tuo padre.

(*Mettendo la banderuola nella mani del fanciullo, lo porta presso al shosi; fa tre fori nello shosi, uno basso per il bambino. Le tre persone rappresentano il quadro descritto prima da lei. — Si suppone che la notte passi e che incominci il crepuscolo della mattina*).

Quando viene la notte, la servente accende le candele e riprende il suo posto; più tardi le candele si spengono. Quando spunta l'aurora si scopre che la servente dorme. Il bambino dorme sul pavimento. Madame B. non si è mossa — sta ancora osservando. Volge lentamente la testa, mostrando un viso pallido e tirato. Guarda gli altri — si muove e sveglia Suzuki.

Suzuki. (*balzando in piedi sorpresa — guardando in giro per la stanza*). Egli non è venuto?

Madame B. No...

Suzuki. (*compassionevole*) Oh!

Madame B. (*con gesto impetuoso*) Non « oh! » (*guarda con passione attraverso il foro*) Verrà... Porta dei fiori freschi! Una lanterna (*raduna delle lanterne, mentre Suzuki porta dei fiori freschi, li mette nei vasi. Madame B. sfoglia delle rose, ne getta le foglie nella sua stanza. Indicando il piano superiore*). Ora andrò ad osservare da lassù (*ha preso il bambino — la bambola gli cade di mano — ai piedi della scala, voltandosi*). Prepara la migliore delle colazioni per il suo arrivo.

(*Va disopra. Suzuki esce D 2 E. — Il palco è vuoto — Musica P P « Io la chiamo la bella del Giappone ». Una pausa — si ode a bussare a D 2 E*). *Si sente la voce del luogotenente Pinkerton fuori della finestra.*

Pinkerton. Madame Butterfly (*comparendo sulla soglia S 2 E*). Madame Butterfly. (*entrando nella stanza, guardando in giro*). Butterfly! (*va nel mezzo*).

Sharpless (*comparendo*). Hanno visto il bastimento... (*indicando la stanza fatta dai paraventi*) Questi ornamenti non vi erano quando venni qui io.

Madame B. (*si sente cantare*).

Roye — un bel bambino
Nel Giappone.

(*luogotenente Pinkerton va ai piedi della scala a D E e ascolta*).

Sei come un dipinto
Di un ventaglio.

Pinkerton. Sta curando la nave (*nella stanza dei paraventi*). La mia stanza... Proprio come era prima... la mia sedia (*raccatta la bambola che il bambino ha lasciato cadere*). Povero agnellino! (*Musica « Roye è un bel bambino »*). E un balocco! Povera creaturina!... Ebbene, Sharpless, lasciando questa casa ho creduto che le poche lagrime, singhiozzi e leggiero rammarico sarebbero scomparsi appena io era fuori da quella porta. Avevo avuto l'intenzione di tornar indietro un minuto ma dissi a me stesso — « non farlo.... (*Nakodo apre la finestra C e osserva*) a quest'ora essa sta battendo le tue monete d'oro per assicurarsi se sono vere. » — Perchè tu conosci questa classe di fanciulle giapponesi.

Sharpless (*voltandosi, vede il Nakodo alla finestra, il quale essendo scoperto cerca di ritirarsi*). Fermatevi, ho qualche cosa da aggiustare con voi! (*Nakodo entra con precauzione*). Perchè siete andato a cercare la moglie del mio amico in porto?

Pinkerton. Perchè le avete raccontato quella brutta storia del bambino e di tutto — rispondetemi.

Nakodo (*a Sharpless — umilmente*). Vostra eccellenza, ho pensato che se nasceva un guaio fra le due donne, egli avrebbe sicuramente lasciato Cho-Cho-San, e che allora essa sarebbe stata contenta di sposare il ricco Jamdori ed io avrei avuto una forte ricompensa. (*Esce*).

Sharpless. Ebbene!... Non l'avrete mai. (*Esce Nakodo C D — a Pinkerton*). Piuttosto morrà di fame.

Pinkerton (*D*). Sharpless, grazie a Dio, vi è una cosa che posso fare — danaro (*prende una busta*).

Sharpless. Cosa disse tua moglie?

Pinkerton. Disse — ebbene — fu un colpo abbastanza forte per lei, sposata da solo quattro mesi, ma la mia Kate è un angelo; pensa, ha offerto di prendersi il bambino... Mi ha fatto promettere di parlarne a lei (*indicando*).

Madame B. (*si sente una voce sulla scala*). Suzuki!

Sharpless. Sh! Essa viene! (*Pinkerton si nasconde istintivamente dietro il paravento*).

Madame B. (*scendendo col bambino addormentato sulle spalle*). Suzuki! vieni a prendere il bambino (*a sè stessa*). Begli occhietti, presi dal cielo azzurro, tutti chiusi. (*Gli bacia parecchie volte gli occhi*).

Pinkerton (*da parte, a Sharpless, cogli occhi fissi su madre e figlio*). No — non posso!

Suzuki (*entrando da D, lo vede mentre esce dalla finestra S C*). Ah! (*Sharpless le fa un gesto di avvertimento*).

Madame B. (*scendendo e vedendo il viso stupito di Suzuki*). Cosa? (*Mette il bambino nelle sue braccia e Suzuki esce D 2 E — vedendo il Console*). Ah! Voi — Oh! (*con gioia*). Lo avete visto?

Sharpless. Sì.

Madame B. E gli avete raccontato?

Sharpless. Appunto...

Madame B. Ma gli avete detto — del bambino?

Sharpless. Sì.

Madame B. (*asciugandosi le aride labbra*). Sì... va benissimo. Questo è quello — che io — vi ho pregato di fare... e lui... cosa *disse?*

Sharpless. Ebbene... (*prende la busta, dandole il danaro che essa prende senza guardarlo*). Egli disse — ehem — che era matto dal desiderio di vedere voi e... (*a parte*). Che cosa diavolo posso dirle! (*a lei*). Sapete che non può abbandonare in questo momento la nave (*indicando la busta nelle sue mani*). Questo è in ricordo del passato. Egli desidera che siate sempre felice... vi augura la miglior fortuna — spera di rivedervi presto — e — (*a parte*). Non posso più mentire.

Madame B. (*piegandosi per baciargli la mano*). Tutti — è pur dolce — tutti gli dei del paradiso vi benedicano! (*Sul punto di cadere per la reazione, mentre si contorce – Sharpless la afferra, la fa sedere su una sedia — essa si appoggia a lui col viso rialzato e gli occhi chiusi*).

Kate (*entrando lestamente S 2 E*). Il luogotenente Pinkerton è andato via? — Mio marito è stato qui? — (*al suono d'una voce, Madame B. apre gli occhi*).

Sharpless. Per amor di Dio (*guarda Madame B., i cui occhi fissano i suoi — a Kate*). Venite, possiamo raggiungerlo.

Kate (*a voce più bassa*). Le ha parlato del...

Sharpless (*Hs S*). No.

Kate. Allora domanderò io (*vedendo Madama B. per la prima volta si rivolge a lei*). È questa? (*Sharpless consente ed esce S 2 E. — Una breve pausa*).

(*Le due donne si guardano — Madame B. ancora seduta — poi la sua testa si abbassa lentamente — pare oppressa*). Perchè, povera piccola... chi al mondo può biasimarvi o... chiamarvi responsabile, voi, caro piccolo *gingillo* (*prende Madame B. nelle sue braccia*).

Madame B. (*con dolcezza*). No — non gingillo — sono la signora luogotenente. No — no — ora sono Cho-Cho-San — ma non *gingillo.* (*Si alza impassibile, si avanza di due passi*). Da quanto tempo siete sposata?...

ate. Da quattro mesi.....

Madame B. (*contando sulle dita, poi comprendendo*). Oh...

Kate. Dite, non mi lascierete far qualcosa per il bambino? Dov'è.

Madame B. (*indica D 2 E.*)

Kate. Oh! è carino — posso vederlo? (*si muove*).

Madame B. No — nessuno può vederlo — nessuno può toccarlo.

Kate. Pensiamo prima al fanciullo. Per il suo bene.... lasciatemi condurlo a casa mia, al mio paese.... farò per lui tutto quello che farei per il mio.

Madame B. (*impassibile*). E allora egli non mi conoscerà — io — sua madre?

Kate. È doloroso, molto doloroso, lo so, ma non è meglio?

Madame B. (*colla stessa voce, toglie una scatola dalla manica e ne leva alcune monete, che mette nella mano di Kate*). Questo è suo — due dollari — tutto quello che mi resta del suo danaro. Non ne avrò più bisogno (*dandole la busta*). Mi piacerebbe pure che gli diceste che sono dolente... No — No — No.... contenta — contenta — io? Desidero a lui la stessa felicità che egli desidera a me.... E ditegli.... che sarò felice.... forse. Ringraziatelo.... il si...gnor B. F. Pin-ker-ton per tutta la sua bontà che ha avuto per me.... e permettete ch'io ringrazi *voi*, eccellenza, per la stessa cosa.... voi — la donna più fortunata del mondo intero.... Buona notte (*in piedi come inebetita cogli occhi chiusi*).

Kate (*asciugandosi gli occhi*). Ma il bambino?

Madame B. Tornate fra quindici minuti (*inchinandosi cogli occhi ancora chiusi*) Sayonara. (*Kate esce S 2 E e chiude la porta dietro di sè*). Che Iddio mi aiuti — ma il sole non può più brillare.

(*Suzuki entra, ha ascoltato, e cade ai piedi di Madame B.*) Non pianga cuore d'oro.... perchè è disillusa, un po' disillusa.... Non pianga.

Madame B. (*passando la mano sulla testa di Suzuki inginocchiata*). Poco tempo fa anche tu mi hai detto di riposare, di dormire..... (*con stanchezza*). Ebbene — vattene — ed io ora riposerò. *Voglio* riposare... dormire.... un lungo sonno.... e quando mi rivedrai.... ti prego di guardare.... se non sono ancora bella.... come una sposa.

Suzuki (*ha compreso e singhiozza*). No — no — no!

Madame B. Per non soffrire più — addio, cuore buono.

(*Suzuki non se ne va, batte le mani, fa dei segni. Esce D 2 E. — Suzuki singhiozza uscendo*).

(*Musica*).

(*Madame B. chiude i catenacci agli shosis, tira le tende alle finestre, chiude a chiave le porte, tira la tenda dell'alcova, accende un nuovo lume davanti al reliquiario e va a prendere la spada di suo padre — ne legge la iscrizione*) — « Morir con onore.... quando non si può più vivere con onore... »

(*Passa le dita sulla lama della spada. Prende lo specchio, si mette del nuovo carmino sul viso — si aggiusta i papaveri sulla testa, s'inchina al reliquiario, e sta per infliggersi la lama nel collo — la porta D 2 E si apre. Il bambino è spinto nella stanza. Madame B. lascia cadere il coltello, afferra il bambino — e lo bacia. Si sente bussare alla porta, essa non fa attenzione, rialza il bambino portandolo avanti e lo mette sulla stuoia col viso voltato verso il paravento del fondo. Mette la bandiera in mano al fanciullo e raccattando il coltello, lo pone in una piega del suo obi e va dietro il paravento, cogli occhi fissi sul viso del bambino, mentre scompare. Si sente bussare di nuovo un po' più forte. Una breve pausa e si ode il coltello che cade. Madame B. ricompare, il suo viso é cadaverico — una cravatta di crespo attorno al collo — colla gola che si suppone essere tagliata. Suzuki apre la porta, vede la faccia della sua padrona — indietreggia lestamente dalla stanza inorridita. Madame B. saluta colla mano il bambino con un debole sorriso, e perdendo sempre più le forze si avanza e cade in ginocchio raggiungendo il piccino che ha ancora forza sufficiente da abbracciare. Una mano passa attraverso alla porta S e il catenaccio è tirato. Il luogotenente Pinkerton entra velocemente. Madame B. cade su una mano, tenendo ancora il bambino.*

Pinkerton (*scoprendo quello che lei ha fatto*). Ho! Cho-Cho-San! (*egli l'attira a sè col bambino serrato contro di lei — essa agita la mano del bambino colla banderuola — poi piega la testa. — Appena capace di articolare*).

Madame B. Gran peccato che quei pettirossi non abbiano rifatto il nido. (*Muore*).

(CALA IL SIPARIO).

MADAME BUTTERFLY

A TRAGEDY OF JAPAN

DRAMATIZED BY

David Belasco

From the Story by John Luther Long

THE ORIGINAL CAST OF CHARACTERS

Herald Square Theatre, New York, March 5, 1900.

CHO-CHO-SAN (MADAME BUTTERFLY) ....Miss Blanche Bates

SUZUKI, her servant ....Miss Marie Bates

MR. SHARPLESS, the American Consul ....Mr. Claude Gillingwater

LIEUTENANT B. F. PINKERTON, of the war ship *Connecticut*..Mr. Frank Worthing

YAMADORI, a citizen of New York ....Mr. Albert Bruning

THE NAKODO, a marriage broker ....Mr. E. P. Wilks

KATE, PINKERTON'S wife ....Miss Katherine Black

"TROUBLE"..Little Kittie

ATTENDANT ....Mr. William Lamp

ATTENDANT ....Mr. Westropp Saunders

NOTE: During the scene in which MADAME BUTTERFLY waits at the shoji for her lover, a night is supposed to pass and the story is resumed on the morning of the following day.

MADAME BUTTERFLY

The play takes place in Japan in MADAME BUTTERFLY'S *little house at the foot of Higashi Hill, facing the harbor. Everything in the room is Japanese save the American locks and bolts on the doors and windows and an American flag fastened to a tobacco jar. Cherry blossoms are abloom outside, and inside. A sword rack, a shrine on which lie a sword and a pair of men's slippers, a chest of drawers on top of which is a tray containing two red poppies, rouge, powder and hair ornaments, a stand for the tobacco jar and tea, are the only pieces of furniture in the room. As the curtain rises,* MADAME BUTTERFLY *is spraying the growing flowers with a small watering pot. She snips off two little bunches, lays them on a plate of rice which she sets reverently on the shrine, then kneels, putting her hands on the floor, her forehead on them.*

MADAME BUTTERFLY. Oh, Shaka! Hail! Hail! Also perceive! Look down! I have brought a sacrifice of flowers and new rice. Also, I am quite clean. I am shivering with cleanness. Therefore grant that Lef-ten-ant B. F. Pik-ker-ton may come back soon.

(*She rises, clasps her hands, comes down to a floor cushion, and sits, fanning herself.*)

SUZUKI. (*Entering with a low bow.*) Madame Butterfly's wish?

MADAME BUTTERFLY. Suzuki, inform me, if it please you, how much more nearer beggary we are today than yesterday?

SUZUKI. Aye. (*She takes some coins from a small box in her sleeve, and lays them in three piles on her palm, touching them as she speaks.*) Rin, yen, sen. . . .

MADAME BUTTERFLY. (*Reprovingly.*) Suzuki, how many time I tellin' you—no one shall speak anythin' but those Unite' State' languages in these Lef-ten-ant Pik-ker-ton's house? (*She pronounces his name with much difficulty.*) Once more—an' I put you outside shoji! . . . That 's one thin' aeverbody got recomlec' account it 's 'Merican house—his wife, his maid.

SUZUKI. (*Mouthing to herself, making no sound, counting on her fingers.*) Two dollar.

(*She drops the money into the box, giving it to* MADAME BUTTERFLY.)

MADAME BUTTERFLY. O, how we waste my husban's be-autiful moaneys! Tha 's shame! Mos' gone.

SUZUKI. This moaney hav' kep' us two year . . . Wha 's happen to us now, if he don' come back?

MADAME BUTTERFLY. (*Scoffing, putting the money in her sleeve.*) O, if he don' come back! . . . Course he come back! He 's gone so long accoun' he 's got business in those his large country. If he 's not come back to his house, why he sign Japanese lease for nine hundred and ninety nine year for me to live? Why he put 'Merican lock to bolt it door, to shut it window? Answer me those question.

SUZUKI. (*Doubtfully.*) I dunno.

MADAME BUTTERFLY. Of course you dunno! You don' know whichaever. Wael I goin' tell you: to keep out those which are out, and in, those which are in. Tha 's me.

(*She rises, goes to the window and looks out.*)

SUZUKI. But he don't writin' no ledder.

MADAME BUTTERFLY. 'Merican men don' naever write ledder—no time.

SUZUKI. (*Cynically.*) Aye . . . I don' naever know 'Merica navy man with Japanese wive come back.

MADAME BUTTERFLY. (*Impassively, her eyes narrowing.*) Speak concerning marriage once more, you die! (*She fans herself.* SUZUKI *salaams and backs quickly towards the door.* MADAME BUTTERFLY *claps her hands and* SUZUKI *pauses.*) Don' come back! Lef-ten-ant B. F. Pik-ker-ton don' come back! Ha! Me! I know w'en he comes back—he told me. W'en he goin' 'way, he say in tha's doors: "Madame Butterfly, I have had ver' nice times with my Japanese sweets heart, so now I goin' back to my own country and here 's moaney—an' don' worry 'bout me—I come back w'en 'Robins nes' again!'" Ha-ha! Tha 's w'en he come back—w'en robins nes' again.

(*She sways her head triumphantly from side to side, fanning herself.*)

SUZUKI. (*Not impressed.*) Yaes, I did n't like ways he said it—like those . . .

(*She imitates a flippant gesture of farewell.*)

MADAME BUTTERFLY. (*Laughing.*) Aha, that 's 'Merican way sayin' good-bye to girl. Yaes, he come back w'en robins nes' again. Shu'h! Shu'h! (*She claps her hands with delight.* SUZUKI, *with a look of unbelief starts to go.*) Sa-ey! Why no "shu'h" on you face for? Such a fools! (*Looking towards the window.*) O look! Suzuki—a robins. The firs' these Spring! Go, see if he 's stay for nes'.

SUZUKI. (*Looking.*) It *is* a robins, O Cho-Cho-San!

MADAME BUTTERFLY. (*Running to the window.*) O! O!

SUZUKI. But he 's fly away.

MADAME BUTTERFLY. O! How they are slow this year! Sa-ey, see if you don' fin' one tha 's more in-dus-trial an' domestics.

SUZUKI. (*Looking out.*) There are none yet.

MADAME BUTTERFLY. But soon they nes' now. Suzuki, w'en we see that ship comin' in—sa-ey—then we goin' put flowers aevery where, an' if it 's night, we goin' hang up mos' one thousan' lanterns—eh-ha?

SUZUKI. No got moaney for thousan'.

MADAME BUTTERFLY. Wael, twenty, mebby; an' sa-ey, w'en we see him comin' quick up path—(*imitates*) so—so—so—(*lifts her kimono and strides in a masculine fashion*) to look for liddle wive—me—me jus' goin' hide behind shoji (*making two holes with her wet finger in the low paper shoji and peeking through*) an' watch an' make believe me gone 'way; leave liddle note—sayin': "Goon-bye, sayonara, Butterfly." . . . Now he come in. . . . (*Hides.*) Ah! An' then he get angery! An' he say all kinds of 'Merican languages—debbils —hells! But before he get too angery, me run out an' flew aroun' his neck! (*She illustrates with* SUZUKI, *who is carried away and embraces her with fervor.*) Sa-ey! *You* no flew roun' his neck—jus' me. (*They laugh in each other's arms.*) Then he 'll sit down an' sing tha 's liddle 'Merican song—O, how he 'll laugh. . . . (*She sings as though not understanding a word of it.*)

"I call her the belle of Japan—of Japan
Her name it is O Cho-Cho-San, Cho-Cho-San!
Such tenderness lies in her soft almond eyes,
I tell you, she 's just 'ichi ban.'"

(*Laughs.*) Then I 'll dance like w'en I was Geisha girl.

(*She dances as* SHARPLESS, *the American consul, appears in the doorway, followed by the* NAKODO.)

NAKODO. This is the house, your Excellency.

SHARPLESS. (*Removing his clogs outside.*) You may wait.

(NAKODO *bows and* SHARPLESS *enters.*)

I beg pardon. . . .

(MADAME BUTTERFLY *still dancing, begins the song again.* SHARPLESS *goes to the door and knocks to attract her attention.*)

MADAME BUTTERFLY. Ah!

(SUZUKI, *bowing low, leaves the room.*)

SHARPLESS. This is Madame Cho-Cho-San?

MADAME BUTTERFLY. No, I am Mrs. Leften-ant B. F. Pik-ker-ton.

SHARPLESS. I see. . . . Pardon my interruption. . . . I am Mr. Sharpless, the American consul.

MADAME BUTTERFLY. (*Once more salaaming to the ground, drawing in her breath between her teeth to express pleasure.*) O, your honorable excellency, goon night, —no, not night yaet: aexcuse me, I 'm liddle raddle',—I mean goon mornin', goon evenin'. Welcome to 'Merican house, mos' welcome to 'Merican girl! (*Pointing to herself. They both bow.*) Be seat. (SHARPLESS *sits on a cushion on the floor, and* MADAME BUTTERFLY *sits at a little distance. There is a slight pause.*) How are those health? You sleepin' good? How are that honorable ancestors—are they well? And those parens'? That grandmother—how are she?

SHARPLESS. Thanks. They 're all doing well, I hope.

MADAME BUTTERFLY. (*She claps her hands;* SUZUKI *enters and puts the little stand between them and leaves the room.*) Accep' pipe, your excellency. O, I forgettin'—I have still of those large American cigarette.

(MADAME BUTTERFLY *gestures towards* PINKERTON'S *tobacco jar decorated with the flag of his country.*)

SHARPLESS. (*Accepting a cigarette while she fills her pipe.*) Thanks. I 'm on a little visit of inquiry, Madame Butterfly,—your name, I believe in our language. Lieutenant Pinkerton wrote to me to find out—

MADAME BUTTERFLY. (*Almost breathless.*) Ah, you have hear from him? He is well?

SHARPLESS. O, he 's all right.

MADAME BUTTERFLY. (*Relieved.*) Ah! Tha 's mak' me mos' bes' happy female woman in Japan—mebby in that whole worl'—w'at you thing?

SHARPLESS. Ha—ha! (*Puffing at the cigarette.*) Sawdust. Pinkerton must have left these!

MADAME BUTTERFLY. O! I so glad you came. . . . I goin' as' you a liddle question.

SHARPLESS. Well?

MADAME BUTTERFLY. You know 'bout birds in those your country?

SHARPLESS. Something.

MADAME BUTTERFLY. Tha 's what I thing—you know aeverything. Tha 's why your country sen' you here.

SHARPLESS. You flatter me.

MADAME BUTTERFLY. O, no, you got big head.

SHARPLESS. Pinkerton again—I can hear him!

MADAME BUTTERFLY. O, aexcuse me: I forgettin' my manners. I got liddle more raddle. (*She offers him her pipe which he gravely touches, returning it. She touches it again, then puts it down.*) Now, what you know 'bout jus' robins?

SHARPLESS. What?

MADAME BUTTERFLY. 'Bout when do they nes' again? Me, I thing it mus' be mor' early in Japan as in America, accoun' they nestin' here now.

SHARPLESS. O, at the same time I fancy.

MADAME BUTTERFLY. (*Disappointed.*) Yaes? . . . then they 's nestin' there. (*Then taking hope again.*) Sa-ey, I tell you—perhaps some time sooner, some time later, jus' how they feel like.

SHARPLESS. Possibly. Why do you ask?

MADAME BUTTERFLY. Because Lef-ten-ant B. F. Pik-ker-ton say he will come back to me w'en the robins nes' again.

SHARPLESS. (*To himself.*) Poor devil! One of his infernal jokes.

MADAME BUTTERFLY. (*Clapping her hands.*) Me, I thing it 's time. . . . I 've wait so long.

(SUZUKI *enters with a tea-pot.* MADAME BUTTERFLY *gives* SHARPLESS *a cup of tea.*)

NAKODO. (*Appearing at the door.*) Tea, most illustrious?

MADAME BUTTERFLY. Ah! Enter, Nakodo. Your presence lights up my entire house. (*She gives him a cup. Accepting it, he goes up to a cushion and sits.*) Tha 's bad man. W'en my husban 's gone 'way, he try for get me marry again.

NAKODO. The rich Yamadori. Madame Cho-Cho-San is very poor.

MADAME BUTTERFLY. (*Bowing politely.*) O, liddle ol' frien'; those are my business.

NAKODO. Rejected advice makes the heart sad.

MADAME BUTTERFLY. We-el, if those heart hurt you so much, you better not arrive here no more.

SHARPLESS. Madame Butterfly; may I ask—er—where are your people?

NAKODO. They have outcasted her!

MADAME BUTTERFLY. Sa-ey, tha 's foanny! My people make me marry when I don' want; now I am marry, they don' want. Before I marry Lef-ten-ant B. F. Pik-ker-ton, my honorable Father—(*she bows low*—NAKODO *bows*—SHARPLESS *bows*) die—he 's officer. These are his sword . . . (*pointing to an inscription*) 't is written. . . .

(*She holds out the sword that the inscription may be read.*)

NAKODO. (*Reading.*) "To die with honor, when one can no longer live with honor."

(*He bows, then turns and bows towards the shrine and goes back to his cushion where he sits.*)

MADAME BUTTERFLY. He 's kill' himself accoun' he soldier of Emporer an' defeat in battle. Then we get—O—ver' poor. Me? I go dance liddle. Also I thing if some rich man wish me, I gettin' marry for while, accoun' my grandmother, (*she bows respectfully*—NAKODO *bows*—SHARPLESS *politely nods*) don' got no food, no obi. Then ol' Nakodo, he say a (NAKODO *picks up his cushion and moves down to join in the conversation*) man 's jus' as' him for nice wive for three monse. Nakodo tell him he don' know none more nizer as me.

NAKODO. (*Salaaming.*) Nizer as you.

MADAME BUTTERFLY. (*Salaaming.*) Nizer as me.

SHARPLESS. (*Looking from one to the other.*) Could n't be nicer! . . .

(*He salaams profoundly—then all salaam.*)

MADAME BUTTERFLY. Then Nakodo say—

NAKODO. I say—I don' lig him account he 'Merica—jin.

MADAME BUTTERFLY. He also remark with me that he is barbarian an' beas'. But aeveryone say: "Yaes, take him—take him beas'—he 's got moaneys." So I say for jus' liddle while, perhaps I can stan'. So Nakodo bring him. . . .

NAKODO. . . . For look-at meeting.

MADAME BUTTERFLY. (*Laughing.*) Me? Well, I thing that day Lef-ten-ant B. F. Pik-ker-ton is jus' a god! Gold button—lace on his unicorn. At firs', I frightened—he hol' my hans' so close—like—(*she illustrates by giving both hands to* SHARPLESS) and kizz. Japanese girl no lig' kizz; but when Lef-tenant B. F. Pik-ker-ton kizz me, I like ver' much. . . . What 's use lie? It 's not inside of me. (*Noticing that her hands are still in* SHARPLESS'.) O, I beg your honorable pardon. (*She tucks her hands in her sleeves.*) So we 's gettin' marry and then his ship order away an' me—I am jus' waitin'—sometimes cryin', sometimes watchin', but always waitin'.

NAKODO. (*In the doorway—bowing with servility.*) My client, the prosperous Yamadori, approaches for the third time today.

MADAME BUTTERFLY. Now I have my liddle joke again. You watch, he comes all time to make smash with me.

SHARPLESS. Pinkerton's slang.

(YAMADORI *enters attended by two servants.* SHARPLESS *rises and bows ceremoniously.* MADAME BUTTERFLY *does not rise, but bends her head and fans herself coquettishly. The two servants squat.*)

YAMADORI. Mr. Sharpless: always a pleasure to meet you here or in New York.

SHARPLESS. Thanks, Mr. Yamadori.

MADAME BUTTERFLY. (*Coquettishly.*) You have somethin' nize say to me again today?

YAMADORI. Perseverance shall be the religion of my life until the capricious Butterfly deigns to believe me.

MADAME BUTTERFLY. You goin' tell me 'gain you kill yourself I don' make kizz with you?

YAMADORI. (*Very much embarrassed—looking at consul.*) O!

MADAME BUTTERFLY. You can speak—consul know—I been tellin' him 'bout your liddle foolishness.

YAMADORI. Such treatment, Mr. Sharpless, is one of the penalties we incur when madly in love with a charming woman.

MADAME BUTTERFLY. Tha 's ver' nize. Ha-ha!

(*Winks behind her fan at* SHARPLESS.)

SHARPLESS. Heavens! Pinkerton's very wink.

(MADAME BUTTERFLY *gives a cup of tea to* YAMADORI *who drinks it and rolls a cigarette.*)

YAMADORI. (*To* SHARPLESS.) I am in Japan for two months—a pleasure trip. Do you blame me?

(*Pointing to* MADAME BUTTERFLY.)

MADAME BUTTERFLY. Aevery time he come home, get 'nother woman: must have mor'en eight now.

YAMADORI. But I *married* them all. . . .

MADAME BUTTERFLY. O *he!* He jus' marry whenaever he thing 'bout it.

YAMADORI. You shall be different. I will bury *you* with my ancestors. (*To* SHARPLESS.) I offered her a thousand servants.

NAKODO. (*Stunned.*) Thousan'!

MADAME BUTTERFLY. Ha! (*Fans.*)

YAMADORI. And a palace to live in.

(*The* NAKODO *is overcome by such generosity.*)

MADAME BUTTERFLY. He!

YAMADORI. Everything her heart can wish.

MADAME BUTTERFLY. Ha! Ha!

YAMADORI. Is that not enough? (*She shakes her head.*) Then in the presence of this statesman of integrity, I will give you a solemn writing. (SHARPLESS *gives him a quizzical glance.*) Is *that* enough?

MADAME BUTTERFLY. Wha 's good of that to married womans?

(*Pointing to herself.*)

YAMADORI. According to the laws of Japan, when a woman is deserted, she is divorced. (MADAME BUTTERFLY *stops fanning and listens.*) Though I have travelled much abroad, I know the laws of my own country.

MADAME BUTTERFLY. An' I know laws of my *husban's* country.

YAMADORI. (*To* SHARPLESS.) She still fancies herself married to the young officer. If your excellency would explain. . . .

MADAME BUTTERFLY. (*To* SHARPLESS.) Sa-ey, when some one gettin' married in America, don' he stay marry?

SHARPLESS. Usually—yes.

MADAME BUTTERFLY. Well, tha 's all right. I 'm marry to Lef-ten-ant B. F. Pik-ker-ton.

YAMADORI. Yes, but a Japanese marriage!

SHARPLESS. Matrimony is a serious thing in America, not a temporary affair as it often is here.

MADAME BUTTERFLY. Yaes, an' you can't like 'Merican mans. Japanese got too many wive, eh?

SHARPLESS. (*Laughing.*) We are not allowed more than one at a time.

MADAME BUTTERFLY. Yaes, an' you can't divorce wive like here, by sayin': "walk it back to parent"—eh??

SHARPLESS. O, no.

MADAME BUTTERFLY. Tha 's right, aexactly. When I as' Lef-ten-ant B. F. Pik-ker-ton, he explain those law to me of gettin' divorce in those Unite' State'. He say no one can get aexcept he stan' up before Judge 2—3—4—7—year. Ver' tiresome. Firs' the man he got tell those Judge all he know 'bout womans; then womans, she got tell; then some lawyer quarrel with those Judge; the Judge get jury an' as' wha' they thing—an' if they don' know, they 'll all get put in jails. Tha 's all right! (*Folds hands.*)

YAMADORI. Your friend has told her everything she wanted him to tell her.

MADAME BUTTERFLY. (*Who has paid no attention.*) Tha 's ver' nize, too, that 'Merican God.

SHARPLESS. I beg your pardon?

MADAME BUTTERFLY. Once times, Lef-tenant B. F. Pik-ker-ton—

YAMADORI. (*Aside to* SHARPLESS.) Pinkerton again!

MADAME BUTTERFLY. He 's in great troubles, an' he said "God he'p me"; an' sunshine *came right out*—and God he did! Tha 's ver' quick—Japanese gods take more time. Aeverything quick in America. Ha—me—sometime I thing I pray large American God to get him back soon; but no use,—he don' know me where *I* live. (*Attracted by a sound.*) Wha 's that? . . . You hear?

SHARPLESS. No. (MADAME BUTTERFLY *runs to the window and listens; then takes up the glasses while* SHARPLESS *speaks in a low voice to* YAMADORI.) Lieutenant Pinkerton's ship was due yesterday. His young wife from America is waiting here to meet him. (*At the word "wife,"* YAMADORI *smiles—takes his fan from his sleeve and fans himself. The* NAKODO, *who is listening, is struck by an idea and departs in such haste that he tumbles over one of* YAMADORI'S *attendants who jabbers at him.*) I 'm devilish sorry for that girl.

YAMADORI. Then tell her the truth.

MADAME BUTTERFLY. Aexcuse me; but I always hearin' soun' like ship gun—ha—ha—tha 's naturels.

YAMADORI. (*Preparing to go.*) Good morning, Mr. Sharpless. (*Shaking hands. Turning to* MADAME BUTTERFLY.) I leave you today. Tomorrow the gods may prompt you to listen to me! (*He bows.*)

MADAME BUTTERFLY. (*Bowing.*) Mebby. (YAMADORI *and attendants go off, bowing. She turns to* SHARPLESS.) Mebby not. Sa-ey, somehow could n't you let that Lef-ten-ant B. F. Pik-ker-ton know they 's other all crazy 'bout me?

SHARPLESS. Madame Butterfly, sit down. (*While she, struck by his solemn manner, looks at him and obeys, he removes the tea-pot and sits on the stand, to the astonishment of* MADAME BUTTERFLY.) I am going to read you part of a letter I have received from Pinkerton. (*He takes a letter from his pocket.*)

MADAME BUTTERFLY. O, jus' let me look at those ledder! (*She slips it under her kimono on her heart and with an indrawn breath, hands it back.*) Now read quick, you mos' bes' nize man in all the whole worl'.

SHARPLESS. (*Reads.*) "Find out about that little Jap girl. What has become of her? It might be awkward now. If little Butterfly still remembers me, perhaps you can help me out and make her understand. Let her down gently. You won't believe it, but for two weeks after I sailed, I was dotty in love with her."

(SHARPLESS *is amazed to see* MADAME BUTTERFLY *convulsed with silent joy.*)

MADAME BUTTERFLY. Oh, all the gods how it was sweet!

SHARPLESS. Why really—

MADAME BUTTERFLY. Tha 's what I 'm afraid: that he loave' me so much he 's goin' desert his country an' get in trouble with American eagle—what you thing? Oh, it 's more bedder I wait than those!

SHARPLESS. (*Folding the letter.*) No use —you can't understand. Madame Butterfly, suppose this waiting should never end; what would become of you?

MADAME BUTTERFLY. Me? I could dance, mebby, or—die?

SHARPLESS. Don't be foolish. I advise you to consider the rich Yamadori's offer.

MADAME BUTTERFLY. (*Astonished.*) *You* say those? You, 'Merican consul?—when you know that me, I am marry?

SHARPLESS. You heard Yamadori: it is not binding.

MADAME BUTTERFLY. Yamadori lies!

SHARPLESS. His offer is an unusual opportunity for a girl who—for any Japanese girl in your circumstances.

MADAME BUTTERFLY. (*Enraged—she claps her hands.*) Suzuki! The excellent gentleman—(*bowing sarcastically*) who have done us the honor to call—he wish to go hurriedly. His shoes—hasten them!

(SUZUKI, *who has entered carrying a jar, gets* SHARPLESS' *clogs and gives them to him—then passes off with her jar.*)

SHARPLESS. (*Holding the clogs awkwardly.*) I 'm really very sorry.

MADAME BUTTERFLY. No, no, don' be angery. But jus' now you tol' me—O, gods! You mean— (*Looks at him pitifully.*) I not Lef-ten-ant B. F. Pik-kerton's wive—Me?

SHARPLESS. Hardly.

MADAME BUTTERFLY. O, I— (*She sways slightly.* SHARPLESS *goes to her assistance, but she recovers and fans herself.*) Tha 's all right. I got liddle heart illness. I can't . . . I can't someways give up thingin' he 'll come back to me. You thing tha 's all over? All finish? (*Dropping her fan.* SHARPLESS *nods assent.*) Oh, no! Loave don' forget some thin's or wha 's use of loave? (*She claps her hands—beckoning off.*) Loave 's got remember . . . (*pointing*) some thin's!

(*A child enters.*)

SHARPLESS. A child. . . . Pinkerton's? . . .

MADAME BUTTERFLY. (*Showing a picture of* PINKERTON'S.) Look! Look! (*Holding it up beside the child's face.*) Tha 's jus' his face, same hair, same blue eye. . . .

SHARPLESS. Does Lieutenant Pinkerton know?

MADAME BUTTERFLY. No, he come after he goe. (*Looking at the child with pride.*) You thing fath-er naever comes back—tha 's what *you* thing? He do! You write him ledder; tell him 'bout one bes' mos' nize bebby aever seen. . . . Ha—ha! I bed all moaneys he goin' come mos' one million mile for see those chil'. Surely this is tie—bebby. Sa-ey, you did n' mean what you said 'bout me not bein' marry? You make liddle joke? (*Moved,* SHARPLESS *nods his head in assent, to the great relief of* MADAME BUTTERFLY.) Ha! (*She lays the baby's hand in* SHARPLESS'.) Shake hand consul 'Merican way.

SHARPLESS. (*Shaking hands with the child.*) Hm . . . hm . . . what 's your name?

MADAME BUTTERFLY. Trouble. Japanese bebby always change it name. I was thinkin' some day w'en he come back, change it to Joy.

SHARPLESS. Yes . . . yes . . . I 'll let him know.

(*Glad to escape, he takes an abrupt departure.*)

SUZUKI. (*In the distance, wailing.*) Ay . . . ay . . . ay . . .

MADAME BUTTERFLY. Tha 's wail . . .

SUZUKI. (*Nearer.*) O, Cho-Cho-San! (MADAME BUTTERFLY *goes to the door to meet* SUZUKI.) Cho-Cho-San!

MADAME BUTTERFLY. Speak!

SUZUKI. We are shamed through the town. The Nakodo—

NAKODO. (*Appearing.*) I but said the child—(*he points to the baby, whom* MADAME BUTTERFLY *instinctively shelters in her arms*) was a badge of shame to his father. In his country, there are homes for such unfortunates and they never rise above the stigma of their class. They are shunned and cursed from birth.

MADAME BUTTERFLY. (*Who has listened stolidly—now with a savage cry, pushing him away from her until he loses his balance and falls to the floor.*) You lie!

NAKODO. (*On the floor.*) But Yamadori—

MADAME BUTTERFLY. (*Touching her father's sword.*) Lies! Lies! Lies! Say again, I kill! Go . . . (*The* NAKODO *goes quickly.*) Bebby, he lies. . . . Yaes, it 's lie. . . . When your fath-er knows how they speak, he will take us 'way from bad people to his own country.

I am finish here. (*Taking the American flag from the tobacco jar and giving it to the child.*) Tha 's your country—your flag. Now wave like fath-er say w'en excite—wave like "hell!" (*Waves the child's hand.*) Ha'rh! Ha'rh! (*A ship's gun is heard.*) Ah! (MADAME BUTTERFLY *and* SUZUKI *start for the balcony.* MADAME BUTTERFLY *runs back for the child as the gun is heard again; then returning to the shoji, looks through the glasses.*) Look! Look! Warship! Wait . . . can't see name. . . .

SUZUKI. Let me—

MADAME BUTTERFLY. No! Ah! Name is "Con-nec-ti-cut"! His ship! He 's come back! He 's come back! (*Laughing, she embraces* SUZUKI—*then sinks to the floor.*) He 's come back! Those robins nes' again an' we did n' know! O, bebby, bebby—your fath-er come back! Your fath-er 's come back! O! O! (*Shaking a bough of cherry blossoms, which fall on them both.*) This is the bes' nize momen' since you was borned. Now your name 's Joy! Suzuki; the Moon Goddess sent that bebby straight from Bridge of Heaven to make me courage to wait so long.

SUZUKI. Ah, ship 's in. . . .

MADAME BUTTERFLY. (*Rising in great excitement.*) Hoarry, Suzuki, his room. (SUZUKI *pulls out a screen to form a little room.*) We mus' hoarry—(*Picking flowers from the pots and decorating the room*) like we got eagle's wings an' thousan' feets. His cigarettes. (*Setting the jar in the room.*) His slipper. (SUZUKI *gets them from the shrine.*) His chair, Suzuki—hustle! (SUZUKI *hastens off.* MADAME BUTTERFLY *shakes a cushion and drops it on the floor.*) His bed. (SUZUKI *enters with a steamer chair, which she places upside down.*) Now his room fixed! (SUZUKI *closes the shoji.* MADAME BUTTERFLY *adjusts the chair and sets the lanterns about the room.*) Bring me my wides' obi, kanzashi for my hair, poppies—mus' look ver' pretty!

SUZUKI. Rest is bes' beauty. He not come yet. Sleep liddle firs'. . . .

MADAME BUTTERFLY. No, no time. (*Taking up a small mirror and looking critically at herself.*) He mus' see me look mos' pretty ever. You thing I change since he went away—not so beauty? (SUZUKI *is silent.*) W'at? . . . I am! (*Brandishing the mirror.*) Say so!

SUZUKI. Perhaps you rest liddle, once more you get so pretty again.

MADAME BUTTERFLY. *Again?* . . .

SUZUKI. Trouble, tha 's make change. . . .

MADAME BUTTERFLY. Moach change. (*Still looking in the glass.*) No, I am no more pretty—an' he come soon. (*On her knees in front of* SUZUKI—*resting her forehead on the maid's feet.*) Ah, Suzuki, be kin' with me—make me pretty . . . don' say you can't—you moas'. An' tomorrow, the gods will. Ah, yes! You can—you can—you got to! Bring powder, comb, rouge, henna, fix it hair like on wedding day. (SUZUKI *brings the toilet articles and they sit on the floor.* SUZUKI *puts the poppies and pins in* MADAME BUTTERFLY'S *hair, and she, in turn, dresses the baby, enveloping him in an obi, so wide that it almost covers the child.*) Now, bebby, when you cry, he 'll sing you those liddle 'Merican song he sing me when I cry—song all 'Merican sing for bebby. (*Sitting with the baby in front of her, swaying it by the arms, she sings.*)

"Rog' a bye bebby,
Off in Japan,
You jus' a picture,
Off of a fan."

(SUZUKI *has found it very difficult to finish the toilet, but at last she accomplishes it.* MADAME BUTTERFLY *lifts the baby up, gives it a doll, then touches it with rouge and adds a final dash of rouge to her own face.*) Now for watch for pa-pa!

(*Putting the flag in the child's hand, she takes it up to the window and makes three holes in the shoji, one low down for the baby. As the three look through the shoji, they form the picture she has already described.*)

(*During the vigil, the night comes on.* SUZUKI *lights the floor lamps, the stars come out, the dawn breaks, the floor lights flicker out one by one, the birds begin to sing, and the day discovers* SUZUKI *and the baby fast asleep on the floor; but* MADAME BUTTERFLY *is awake, still watching, her face white and strained. She reaches out her hands and rouses* SUZUKI.)

SUZUKI. (*Starting to her feet, surprised*

and looking about the room.) He no come?

MADAME BUTTERFLY. No. . . .

SUZUKI. (*Pityingly.*) Oh!

MADAME BUTTERFLY. (*With an imperious gesture.*) No "Oh"! He will come. . . . Bring fresh flowers. (*She collects the lanterns as* SUZUKI *brings in fresh flowers.* MADAME BUTTERFLY *tears up the roses and throws their leaves in Pinkerton's room. Then pointing to the upper part of the house.*) Now I watch from liddle look out place. (*She picks up the child whose doll drops from its hand.* Have mos' bes' nize breakfas' ready w'en he come.

(*She leaves the room and* SUZUKI *goes to prepare the breakfast.*)

(*The stage is empty. Very faintly a strain of "I call her the Belle of Japan" is heard.* MADAME BUTTERFLY *is singing that she may not weep. A pause. Some one knocks on the door.* LIEUTENANT PINKERTON'S *voice calls outside the shoji.*)

LIEUTENANT PINKERTON. Madame Butterfly? Madame Butterfly? (*Coming into the room, he looks about.*) Butterfly?

SHARPLESS. (*Following him.*) They've seen the ship—these decorations were not here when I called.

MADAME BUTTERFLY. (*Singing to hush the baby.*)

"Rog'—a—bye, bebby,
Off in Japan,"

(LIEUTENANT PINKERTON *listens to the song coming from above.*)

"You jus' a picture,
Off of a fan."

LIEUTENANT PINKERTON. She is watching the ship. (*Noticing the screened off part of the room.*) My room . . . just as it used to look . . . my chair. (*Picking up the doll which the child has dropped.*) Poor kid! Poor little devil! . . . Sharpless, I thought when I left this house, the few tears, sobs, little polite regrets, would be over as I crossed the threshold. I started to come back for a minute, but I said to myself: "Don't do it; by this time she's ringing your gold pieces to make sure they're good." You know that class of Japanese girl and—

SHARPLESS. (*Seeing* NAKODO *who is at the shoji.*) Look here: I have something to settle with you! (NAKODO *comes in cautiously.*) Why did you seek out my friend's wife at the pier?

LIEUTENANT PINKERTON. Why did you tell her that story—the child and all? Answer me?

NAKODO. (*To* SHARPLESS.) Your Excellency, I but thought if trouble came between the two women, he would surely break with Cho-Cho-San, and then she would be glad to marry the rich Yamadori and I get big fee. (*Exit.*)

SHARPLESS. You'll never get it. (*To* PINKERTON.) She'll starve first.

LIEUTENANT PINKERTON. Sharpless, thank God, that's one thing I can do—money.

(*He takes out an envelope containing some money.*)

SHARPLESS. What did your wife say, Pinkerton?

LIEUTENANT PINKERTON. Well, it was rather rough on her,—only married four months. Sharpless, my Kate's an angel, —she offered to take the child . . . made me promise I'd speak of it to Butterfly.

MADAME BUTTERFLY. (*Calling from above.*) Suzuki?

SHARPLESS. She's coming.

(PINKERTON *instinctively draws behind the screen.*)

MADAME BUTTERFLY. (*Coming down the stairs with the sleeping baby on her back, calling.*) Suzuki? Come for bebby. (*Kissing the child.*) Nize liddle eye, pick out of blue sky, all shut up.

LIEUTENANT PINKERTON. (*Aside to* SHARPLESS, *his eyes fixed on the mother and child.*) I can't face it! I'm going. Give her the money.

SUZUKI. (*Entering, and seeing* PINKERTON *as he passes out of the door.*) Ah!

(SHARPLESS *gives her a warning gesture.*)

MADAME BUTTERFLY. (*Seeing* SUZUKI'S *astonished face.*) Wha'—? (*She puts the baby in* SUZUKI'S *arms.* SUZUKI *goes out quickly.* MADAME BUTTERFLY *sees the Consul.*) You! Oh! (*Joyously.*) You seen him?

SHARPLESS. Yes.

MADAME BUTTERFLY. An' you tole him?

SHARPLESS. Well . . .

MADAME BUTTERFLY. But you tole him . . . of bebby?

SHARPLESS. Yes.

MADAME BUTTERFLY. (*Wiping her dry lips.*) Yaes . . . tha's right. Tha's what I—as' you do . . . an'—an' what he *say?*

SHARPLESS. Well . . . (*Taking out the envelope, and giving her the money which she takes without looking at it.*) He said—er—he was crazy to see you and—(*Aside*) What the devil can I say! (*To her.*) You know he can't leave the ship just yet. (*Pointing to the package in her hand.*) That is in remembrance of the past. He wishes you to be always happy, to have the best of luck; he hopes to see you soon—and— (*The lies die out on his lips.*)

MADAME BUTTERFLY. (*Bending and kissing his hand.*) All—all the gods in the heavens bless you!

(*Overcome, she staggers.* SHARPLESS *catches her, puts her into the chair —she leans against him—her face upraised, her eyes closed.*)

(KATE, *entering hurriedly.*)

KATE. Has Lieutenant Pinkerton gone? Has my husband been here?

(MADAME BUTTERFLY *hears and opens her eyes.*)

SHARPLESS. For God's sake—(*He looks at* MADAME BUTTERFLY *whose eyes are fixed on his with a look of despair.*) Come, we can overtake him.

KATE (*In a lower voice.*) Did he speak to her of the—

SHARPLESS. No.

KATE. Then I will ask. (*For the first time seeing* MADAME BUTTERFLY.) Is this—(SHARPLESS *nods and goes. There is a short pause, while the two women look at each other, then* MADAME BUTTERFLY, *still seated, slowly bows her head.*) Why, you poor little thing . . . who in the world could blame you or . . . call you responsible . . . you pretty little plaything.

(*Takes* MADAME BUTTERFLY *in her arms.*)

MADAME BUTTERFLY. (*Softly.*) No—playthin' . . . I am Mrs. Lef-ten-ant B. F.—No—no—now I am, only—Cho-Cho-San, but no playthin'. . . . (*She rises, then impassively.*) How long you been marry?

KATE. Four months. . . .

MADAME BUTTERFLY. (*Counting on her fingers.*) Oh . . . four.

KATE. Won't you let me do something for the child? Where is he? (MADAME BUTTERFLY *gestures toward the next room.* KATE, *seeing the child.*) Ah! The dear little thing! May I—

MADAME BUTTERFLY. No! Can look . . . no can touch. . . .

KATE. Let us think first of the child. For his own good . . . let me take him home to my country. . . . I will do all I would do for my own.

MADAME BUTTERFLY. (*Showing no emotion.*) He not know then—me—his mother?

KATE. It 's hard, very hard, I know; but would it not be better?

MADAME BUTTERFLY. (*Taking the money box from her sleeve, and giving the coins to* KATE.) Tha 's his . . . two dollar. All tha 's lef' of his moaneys. . . . I shall need no more. . . . (*She hands* KATE *the envelope which* SHARPLESS *has just given.*) I lig if you also say I sawry—no—no—*no*—glad—*glad!* I wish him that same happiness lig he wish for me . . . an' tell him . . . I shall be happy . . . mebby. Thang him . . . Mister B. F. Pik-ker-ton for also that kindness he have been unto me . . . an' permit me to thang *you,* augustness, for that same. . . . You—you mos' bes' lucky girl in these whole worl'. . . . Goon-night—

(*She stands stolidly with her eyes closed.*)

KATE. (*Wiping her eyes.*) But the child?

MADAME BUTTERFLY. Come back fifteen minute. . . . (*With closed eyes, she bows politely.*) Sayonara. (KATE *reluctantly goes.*) God he'p me, but no sun kin shine. (SUZUKI, *who has listened, sinks at* MADAME BUTTERFLY'S *feet.*) Don' cry, Suzuki, liddle maiden . . . ac-coun' I dizappoint, a liddle dizappoint' —don' cry. . . . (*Running her hand over* SUZUKI'S *head—as she kneels.*) Tha 's short while ago you as' me res'—sleep. . . . (*Wearily.*) Well—go way an' I will res' now. . . . I *wish* res'—sleep . . . long sleep . . . an' when you see me again, I pray you look whether I be not beautiful again . . . as a bride.

SUZUKI. (*Understanding, sobbing.*) No—no—no.

MADAME BUTTERFLY. So that I suffer no more—goon bye, liddle maiden. (SUZUKI *does not go.* MADAME BUTTERFLY *claps her hands, and sobbing,* SUZUKI *leaves the room.* MADAME BUTTERFLY *bolts the shoji, and the door, lights fresh incense before the shrine, takes down her father's sword and reads the inscription:*) "To die with honor . . . when one can no longer live with honor." . . .

(*She draws her finger across the blade, to test the sharpness of the sword, then picks up the hand glass, puts on more rouge, re-arranges the poppies in her hair, bows to the shrine, and is about to press the blade of the sword against her neck, when the door is opened and the child is pushed into the room by* SUZUKI, *who keeps out of sight.* MADAME BUTTERFLY *drops the sword and takes the baby in her arms. A knocking is heard but she pays no heed. She sets the child on a mat, puts the American flag in its hand, and picking up the sword, goes behind the screen that the child may not see what she is about to do. A short pause—the sword is heard to drop.* MADAME BUTTERFLY *reappears, her face deathly—a scarf about her neck to conceal the wound.* SUZUKI *opens the door, sees the face of her mistress—backs out of the room in horror.* MADAME BUTTERFLY *drops to her knees as she reaches the child, and clasps it to her. A hand is thrust through the shoji and the bolt is drawn.*)

(KATE *enters quickly urging the reluctant* PINKERTON *to follow her.*)

LIEUTENANT PINKERTON. (*Discerning what she has done.*) Oh! Cho-Cho-San!
(*He draws her to him with the baby pressed to her heart. She waves the child's hand which holds the flag —saying faintly.*)

MADAME BUTTERFLY. Too bad those robins did n' nes' again. (*She dies.*)

Indice / *Contents*

Riproduzioni: Fotolito Galli Thierry s.a.s. Milano
Stampa: Galli Thierry Stampa s.r.l. Milano
Finito di stampare nel mese di Aprile 2004